Jürgen Hagel

Saurier, Pest und Brotkrawall

Jürgen Hagel

Saurier, Pest und Brotkrawall

Episoden aus Stuttgarts Vergangenheit

Silberburg-Verlag

Bildquellen-Nachweis

Archiv des Verfassers: S. 65, 67 unten, 77, 111, 147, 153, 155, 177
Archiv Silberburg-Verlag: S. 20/21, 49 oben, 50, 69, 99, 132, 145, 146
Aufnahmen des Verfassers: S. 30, 31, 40, 42, 46, 55, 61, 62, 81, 83, 131, 135, 141, 143, 165, 169, 173, 178
Aus Beschreibung des Stadtdirektionsbezirks Stuttgart, 1856: S. 9 (Kartengrundlage)
Aus Fraas: *Aëtosaurus ferratus*, Stuttgart 1877: S. 170
Aus Heyd: Handschriften und Handzeichnungen, Stuttgart 1902: S. 121
Aus Illustrirte Zeitung, Leipzig: S. 82, 85
Aus Müller: Sillenbuch, Stuttgart 1987: S. 163
Aus Ruexner: Ursprung unnd herkommen, Simmern 1530: S. 75
Aus Sammlung merckwürdiger Nachrichten, Frankfurt 1750: S. 25
Aus Sautter u. Dobel: Die Abfuhr und Verwertung, Stuttgart 1880: S. 58
Aus Städtisches Reinigungsamt: Das Reinigungswesen, Stuttgart 1930: S. 57, 59
Aus Über Land und Meer 1889 bzw. 1861: S. 137, 157
Aus Vasold: Pest, Not und schwere Plagen, München 1991: S. 91
Aus Wais: Alt-Stuttgart, Stuttgart 1954: S. 89, 134, 185
Aus Weckherlin: Triumf, Stuttgart 1616: S. 74
Daimler-Chrysler AG, Stuttgart: S. 138, 139
Hauptstaatsarchiv Stuttgart: S. 15, 41, 49 unten, 53, 67 oben, 119, 129
Herzog-August-Bibliothek Wolfenbüttel: S. 73
Hessische Landes- und Hochschulbibliothek Darmstadt: S. 79, 175
Landesbildstelle Stuttgart: S. 13
Staatliches Museum für Naturkunde Stuttgart: S. 171
Staatsarchiv Ludwigsburg: S. 117
Stadtarchiv Stuttgart: S. 29, 63, 128, 130, 149, 167
Städtisches Museum Ludwigsburg: S. 95, 127
Württembergische Landesbibliothek: S. 43, 44
Württembergisches Landesmuseum: S. 97

Die vollständigen Buchtitel und Archiv-Signaturen sind dem Literatur- und Quellenverzeichnis für das jeweilige Kapitel zu entnehmen.

1 2 3 4 5 04 03 02 01 00

Druck: Maisch + Queck, Gerlingen.
Printed in Germany.

ISBN 3-87407-300-9

Inhaltsverzeichnis

Vorwort

Seit 1981 veröffentlicht das Amtsblatt Stuttgart Beiträge von mir mit historischem, geographischem und kartographie-historischem Inhalt. Viele Bekundungen zeigen, dass diese Artikel – es sind mittlerweile mehrere hundert – großes Interesse fanden und nach wie vor finden. Autor und Verlag entschlossen sich deshalb, mit Zustimmung des Presse- und Informationsamts der Landeshauptstadt Stuttgart eine Auswahl besonders interessanter Berichte in einem Buch zusammenzufassen.

Alle hier wiedergegebenen Beiträge wurden neu durchgesehen, viele aufgrund neuer Recherchen in Literatur und Archiven ergänzt und einige zusammengefasst oder umgeschrieben. Einzelne Kapitel, nämlich jene über die Turniere und über die Saurier, werden hier erstmals veröffentlicht. Auch die großen Tabellen über Himmelserscheinungen und den Weinbau sind in dieser Form bisher nicht publiziert. Ferner wurden – sowohl als Belege wie auch als Hinweise für weitere Arbeiten – die Literatur- und Quellen-Nachweise beigefügt.

Soweit die Beiträge auf die Geschichte Bad Cannstatts eingehen, wird der Titel »Bad« weggelassen, weil die Stadt ihn erst 1936 erhielt, die beschriebenen Ereignisse sich aber durchweg vor dieser Benennung abgespielt haben.

Mein Dank gilt Frau Susanne Wetterich vom Presse- und Informationsamt der Landeshauptstadt Stuttgart und ihren Mitarbeiterinnen und Mitarbeitern für ihre Unterstützung sowie dem Silberburg-Verlag für die verlegerische Betreuung. Wichtige Hinweise verdanke ich zum Kapitel über die Himmelserscheinungen Herrn Professor Dr. Götz Schneider vom Institut für Geophysik der Universität Stuttgart und zum Kapitel über die Saurierfunde Herrn Dr. Rupert Wild von der Paläontologischen Abteilung des Staatlichen Museums für Naturkunde Stuttgart.

Ich widme dieses Buch dem Andenken an meine geliebte Frau, die alle meine Beiträge für das Amtsblatt vor der Abgabe gelesen und mich mit ihren Hinweisen und ihrem Verständnis für meine Arbeit stets liebevoll unterstützt hat.

Dr. Jürgen Hagel

Aus der frühen Zeit der Stadt

Die frühen Dörfer des Nesenbachtals sind verschwunden

Ehe Herzog Hermann I. von Schwaben im lang gestreckten Tal des Nesenbachs einen Stutengarten einrichtete – das dürfte zwischen 926 und 948 geschehen sein –, bestanden dort bereits drei Siedlungen: Frankenbach, etwa beim heutigen Charlottenplatz gelegen, Tunzhofen nördlich des heutigen Hauptbahnhofs und Immenhofen etwa südöstlich des Wilhelmsplatzes. Sie dürften allerdings nicht sehr groß gewesen sein, vielleicht waren es nur Hofgruppen, allenfalls Weiler. Was ist aus ihnen geworden?

Als diese Siedlungen entstanden, gab es noch keine schriftliche Überlieferung. Wir wissen jedoch, dass Orte mit Namensendungen, die auf Wohnstätten hinweisen (wie -dorf, -hausen, -hofen, -stetten), im 6. bis 8. Jahrhundert und solche mit Hinweisen auf Gewässer (zum Beispiel -bach, -au) im 8. bis 10. Jahrhundert entstanden sind. Der erste Teil der älteren Namen geht in der Regel auf das Oberhaupt der Gründer zurück, bei Tunzhofen und Immenhofen auf Männer namens Tunzo und Immo. In der schriftlichen Überlieferung finden wir diese Namen erstmals im 13. und 14. Jahrhundert erwähnt, so 1229 Tunzhove, 1265 Tunczhofen und 1280 Dunzehoven, 1334 Ymmenhofen.

Der Flurnamenforscher Helmut Dölker meinte, die im Nesenbachtal begrenzten Möglichkeiten zum Ackerbau hätten kaum zur Ansiedlung gereizt, vielmehr habe wohl eher die Rebenkultur den Anstoß dazu gegeben. Sie entwickelte sich im Stuttgarter Raum seit dem 8. Jahrhundert (siehe Seite 109).

Gewiss sind die kleinen Siedlungen im Nesenbachtal mit der allmählichen Zunahme der Bevölkerung nur langsam gewachsen, die Größe der heutigen schwäbischen Dörfer erreichten sie zweifellos nicht. Über ihr Verschwinden gibt es keinerlei schriftliche Nachricht; wir sind deshalb weitgehend auf Hypothesen angewiesen.

Frankenbach lag oberhalb der Einmündung des Dobelbachs in den Nesenbach. Vor der Mündung hatte sich Schutt aus dem Dobelbach abgelagert, sodass an dieser Stelle ein Weg den Nesenbach leicht queren konnte. Dieser Weg verzweigte sich wohl im Ort Frankenbach und führte einerseits zum Bopser, andererseits über die alte Esslinger Steige, die heutige Gaisburgstraße, im Zuge Eugensplatz–Wagenburgstraße nach Esslingen. Die Siedlung selbst war an einer Stelle angelegt worden, wo keine Hochwassergefahr bestand. Vielleicht gehörten die 1878 beim Olgaeck gefundenen alamannischen Gräber zu Frankenbach. Von einem Dorf in dieser Lage konnten die Bewohner sowohl das noch einigermaßen ebene Gelände im Bereich der Olgastraße wie auch das feuchte Wiesental des Nesenbachs und die Hänge oberhalb des Olgaecks nutzen. Der Landesgeschichtler Hansmartin Decker-Hauff nimmt sogar an, dass der Hauptbach des Stuttgarter Tales damals Frankenbach hieß und erst später den Namen Nesenbach erhielt.

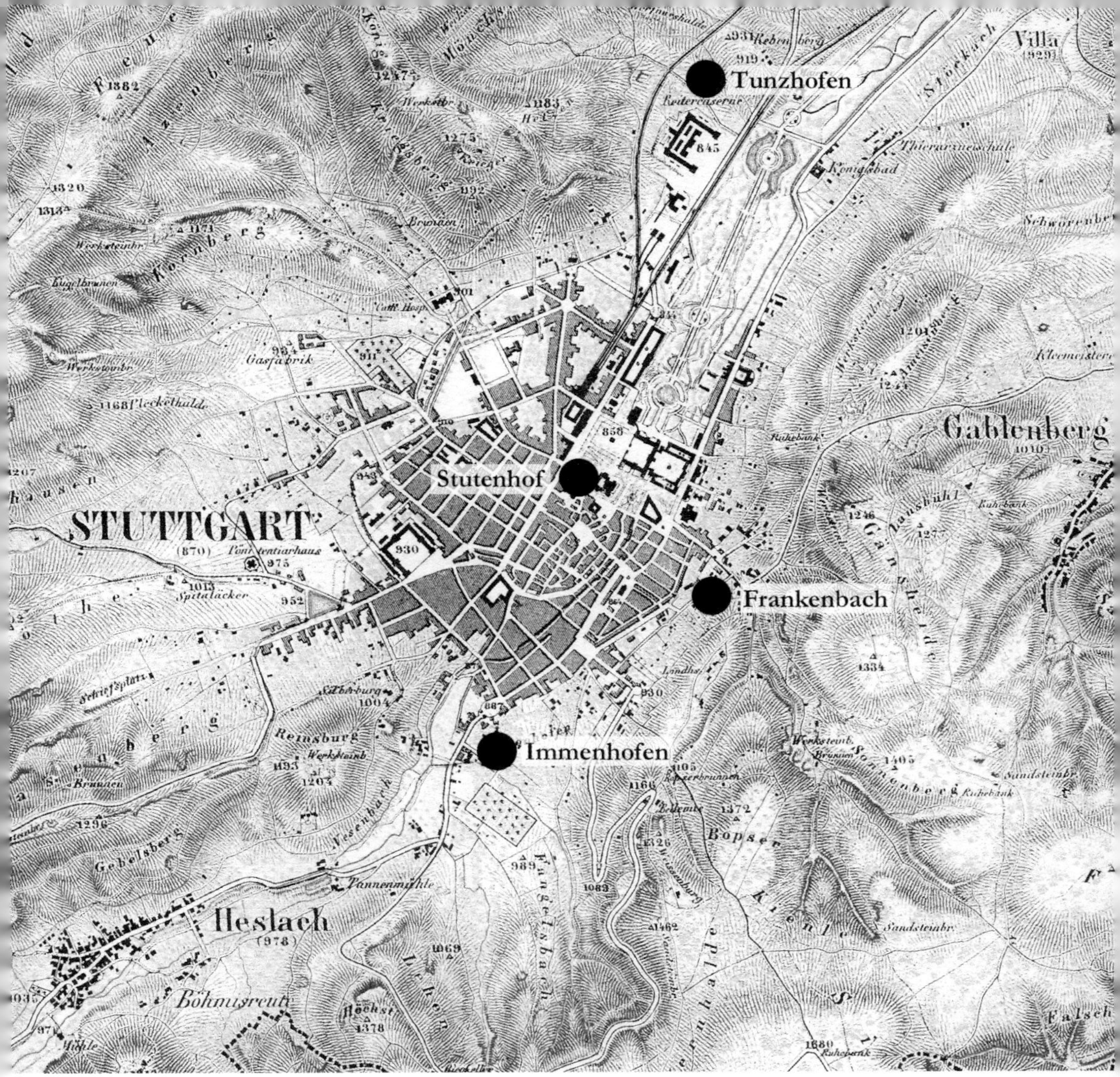

Die Lage der früheren Dörfer im Tal des Nesenbachs lässt sich nicht genau angeben, sondern nur angenähert erschließen. Außer einem Friedhof in der Nähe von Frankenbach sind nämlich keine Funde überliefert. Die Karte entspricht dem Stand von 1856.

Dieser Ort verschwand als Erster. Man kann vermuten, dass die Bewohner um 1030/1038 zum Stutengarten umgesiedelt wurden und die Markung von Frankenbach dem Flecken Stuttgart zugeschlagen wurde. Keimzelle der neuen Siedlung könnte das Gebiet um die Stiftskirche gewesen sein. Alle früher erwähnten »Steinhäuser«, die Sitze von Adligen, standen nämlich in dem Bereich Kirchstraße – ehemalige Grabenstraße (zwischen der Stift- und der Schulstraße) – Straße »Am Fruchtkasten«.

Immenhofen ist als Ort urkundlich nicht belegt. Wenn in Lagerbüchern die Rede von Weingärten, Äckern und Wegen zu Ymmenhofen die Rede ist, so kann dies eine Flurbezeichnung sein, wie sie auch im 19. Jahrhundert noch üblich war. Allerdings lässt die Namensendung auf -hofen darauf schließen, dass es tatsächlich eine Siedlung Immenhofen gab. Dafür spricht auch, dass in ihrer Gegend Wege vom Bopser, von Degerloch und vom Hasenberg aufeinander trafen.

Wurde früher nahe bei bestehenden Dörfern eine Stadt gegründet, so siedelte der Gründer nicht selten die Dorfbewohner in seine neue Stadt um, denn sie musste ja bevölkert werden. Dies könnte für Immenhofen zutreffen, als Markgraf Hermann V. von Baden zwischen 1218 und 1245 Stuttgart zur Stadt erhob. Vermutlich wies er den Immenhofenern jenen Teil der Stadt an, der ihrer Flur am nächsten lag, nämlich um den heutigen Gänsepeterbrunnen, und schlug die Markung der Stadt zu. Damit ließe sich leicht erklären, warum gerade im Süden der Innenstadt gehäuft Weingärtner wohnten, denn wahrscheinlich bildete der Weinbau schon in Immenhofen eine wichtige Wirtschaftsgrundlage. Immerhin beziehen sich die alten Nennungen vorwiegend auf Weingärten zu Immenhofen.

Ähnliche Umsiedlungen könnte es übrigens auch bei Cannstatt gegeben haben, dem Kaiser Ludwig IV. von Bayern 1330 das Stadtrecht bestätigte. Für Cannstatts Umgebung wurden 1268 noch Niederhofen und 1275 Uffkirchen genannt, die später nicht mehr als Siedlungen erscheinen, während Cannstatt in der Zwischenzeit zur Stadt ausgebaut worden sein dürfte. Möglicherweise gilt die Umsiedlungs-Theorie auch für das verschwundene Kanbach/Kienbach bei Cannstatt.

Tunzhofen lag wahrscheinlich am Fuß der Wolframshalde und damit ebenfalls in einem trockenen Bereich. Zu seiner Gemarkung gehörten sowohl viele Wiesen im Tal des Nesenbachs, also des heutigen Schlossparks, wie auch Parzellen am Hang. Da für 1265 eine Kelter in Tunzhofen belegt ist, muss der Weinbau hier an der Sonnenseite des Tales eine wichtige Rolle gespielt haben. Bis 1372 war Tunzhofen bewohnt, 1393 mit Sicherheit nicht mehr. Was ist in dieser Zwischenzeit geschehen?

Zwei Gründe könnten erklären, warum die Bewohner Tunzhofen verlassen haben: die Zerstörungen im Städtekrieg und eine Epidemie.

Im Städtekrieg musste Stuttgart im Juli 1378 vierzehn Tage lang die Beschießung durch das Heer der schwäbischen Reichsstädte erleiden. Weil dieses Heer die Stadt aber nicht erobern konnte, so schrieb der Historiker Karl Pfaff 1845, »verheerte es deren Umgebung aufs Ärgste, hieb die Obstbäume um, schnitt die Reben ab, verderbte Gärten und Felder und verbrannte die umliegenden Ortschaften«. Dabei dürften auch Tunzhofen zerstört und viele seiner Einwohner umgebracht worden sein.

Es könnte aber auch sein, dass die seit 1348 wiederholt aufgetretenen Pestwellen die Bevölkerung derart dezimierten, dass die wenigen Überlebenden irgendwann das Dorf verließen. Es war damals nicht selten der Fall, dass Bauern in solchen Fällen in oder vor eine nahe Stadt umsiedelten und die Flur nun von dort aus bewirtschafteten. Damit bildete sich in den Städten die Schicht der Ackerbürger aus. Immerhin traten in der fraglichen Zeit in Stuttgart mehrere Epidemien auf, nämlich 1348, 1357/58, 1364/65 und 1382 die Pest sowie 1391 und 1393 zwei andere Seuchen. Vielleicht gab der Krieg 1378 nur den letzten Ausschlag.

Sicher ist eines: Die Überlebenden des Weinbaudorfes Tunzhofen siedelten über nach Stuttgart, und zwar vermutlich in das Gebiet bei der Feldkapelle vor den Toren der Stadt, die dem heiligen Leonhard geweiht war. Schon 1304 standen dort einige Häuser, und ab der Mitte des 14. Jahrhunderts ist eine Judengasse bezeugt, die heutige Brennerstraße. Mit dieser Hypothese ließe sich leicht erklären, warum gerade im Bohnenviertel so viele Weingärtner ihr Quartier hatten.

Die Markung Tunzhofen blieb zunächst noch erhalten und war zudem mit Grenzsteinen bezeichnet, ehe auch sie Stuttgart zugeschlagen wurde. Das Tor, durch das die Straße bei der Alten Kanzlei die Stadt in Richtung Pragsattel verließ, hieß dementsprechend das Tunzhofer Tor, ab 1575 aber auch Kanzleitor.

Die Namen der Siedlungen Tunzhofen und Immenhofen hielten sich als Flurbezeichnungen noch lange und gingen, als die Bebauung der wachsenden Stadt immer weiter hinausgriff, in Straßennamen ein. Anders bei Frankenbach. Und doch gibt es auch hier einen Bezug zur Gegenwart, nämlich in den Bezeichnungen Jakobschule und Jakobstraße. Denn im Jahr 1020 weihte Kaiser Konrad II. in Frankenbach eine Kirche dem heiligen Jakobus d. J. Daran knüpfte der Name des Sankt-Jakob-Friedhofs an – auch Lazarett-Friedhof genannt –, den man 1564 auf dem Gelände der heutigen Jakobschule für die Opfer einer Pestepidemie angelegt hat. Vom Friedhof wiederum sind die Namen der Straße und der Schule abgeleitet.

Mit der Hypothese der befohlenen oder freiwilligen Umsiedlung in oder vor die Stadt ließe sich die Verteilung der drei Weingärtnerviertel in Stuttgart erklären, wie sie sich durch das erste Adressbuch der Stadt von 1794 nachweisen lassen. Das kleinste lag im Süden des Altstadt-Ovals, das größte im Süden und Osten der Leonhards-Vorstadt und das dritte in der Reichen Vorstadt zwischen Fritz-Elsas-Straße und Hospitalkirche. Dieses muss als das jüngste angesehen werden, weil die Reiche Vorstadt sich erst ab dem 15. Jahrhundert ausbildete und es in ihr am Rand liegt. Vermutlich entstand es ab dem 16. Jahrhundert durch Aussiedlung jüngerer Generationen aus den beiden anderen Vierteln. Ein Beweis für diese Annahmen oder deren Widerlegung stehen allerdings noch aus. Hierzu müsste geprüft werden, ob die Weingärtner der Innenstadt, deren Viertel aufgrund der Lage das älteste sein muss, ihre Weinberge hauptsächlich in Immenhofen, die der Leonhards-Vorstadt dagegen am Kriegsberg – nämlich im Bereich des alten Tunzhofen – hatten und wo die Rebberge der Weingärtner aus der Reichen Vorstadt lagen. Vielleicht lässt sich auch über Vergleiche der Familiennamen ein Schluss ziehen.

Frankenbach, Immenhofen und Tunzhofen sind »abgegangen«, wie die Fachleute sagen. Ein Dorf im Nesenbachtal hat jedoch überdauert: Berg nahe der Mündung des Baches in den Neckar. Ende des 11. oder Anfang des 12. Jahrhunderts als Burgsiedlung entstanden, lag Berg zu weit von Stuttgart entfernt, um für eine Umsiedlung der Bewohner in Frage zu kommen.

Eine neue Ordnung für die Stadt – Stuttgart zur Zeit der Entdeckung Amerikas

»Neue Welt entdeckt! Columbus an unbekannten Küsten gelandet!« So oder ähnlich würden die Schlagzeilen in der Presse wohl lauten, wäre Columbus in unserer Zeit unterwegs. Damals, vor gut 500 Jahren, erreichte die Kunde von der »Entdeckung« der »Neuen« Welt Stuttgart, Cannstatt und die umliegenden Dörfer sicherlich erheblich verspätet, und wahrscheinlich erfuhr so mancher Einwohner überhaupt nichts davon. Große Bedeutung besaß die Meldung hier ohnehin nicht, denn die Folgen des Columbus-Unternehmens – wie beispielsweise die Übernahme der Kartoffel – zeigten sich erst sehr viel später. Zudem hatte man hier, im Übergang vom Mittelalter zu Renaissance lebend, ganz andere Sorgen.

Es herrschten im Lande nämlich unruhige Zeiten. Täglich, so klagte Graf Eberhard im Bart im November 1492 in seiner neuen Stadtordnung für Stuttgart, erfahre man »Mangel und Gebrechen« in der Stadt. Und in der 1495 erlassenen Landesordnung stellte er fest, Wege und Stege im Fürstentum seien schlecht, und die Wirtschaft sei hochbeschwert und »anders denn ziemlich« (also anders als es sich geziemte). Er ließ deshalb nicht nur mit den beiden genannten Ordnungen neue Richtlinien setzen, sondern er verbesserte auch Landesverteidigung, Verwaltung und Rechtswesen erheblich. In der Tat gelang es ihm, im Lande Ordnung zu schaffen. Nicht zuletzt profitierte auch Stuttgart von seinen Maßnahmen, zumal Eberhard 1483 von Urach hierher übersiedelte.

Die 1492 speziell für Stuttgart erlassenen »etlich artickel, ordnungen und satzungen« (die eine ältere, inhaltlich nicht bekannte Stadtordnung aus dem 13. Jahrhundert ablösten) sandte Graf Eberhard dem damaligen Vogt der Stadt, Dr. Martin Nüttel, mit dem Befehl, »die Gemeinde mit der Glocke und sonst zu versammeln und ihnen solche Ordnungen und Satzungen, die, wie wir hoffen, uns, unseren Erben und Nachkommen, gemeiner Stadt Stuttgart und aller Ehrbarkeit daselbst zu gutem Nutzen und Frommen gereichen werden, zu verkünden und einzuhalten zu gebieten«. Weil die einzelnen Bestimmungen das Alltagsleben regeln sollten, ist diese Stadtordnung ein gutes Spiegelbild des Lebens in jener Zeit.

In Stuttgart lebten um 1500 wohl an die 6000 Einwohner. Das entsprach damals einer Mittelstadt. Cannstatt gehörte mit etwa 1200 Einwohnern dagegen zur Gruppe der Kleinstädte. Wie die neue Stadtordnung erwähnte, war Stuttgart »in kurzen Zyten mercklich gewachsen«. Sie berichtete an anderer Stelle aber auch, dass »bißher viel unendlichs lychtvertiges Folcks von allen Landen in diß unser Statt vil Nachtails und Beschwerd bracht hat«. Wirtschaftsflüchtlinge in Stuttgart vor 500 Jahren?

Die Folge derartigen Wachstums war, dass »Irrungen und Spenne« (Späne, das heißt Händel) sich mehrten, so dass Vogt und Richter mehr Arbeit hatten und ihre anderen Geschäfte vernachlässigen mussten. Deshalb setzte der Landesherr fest, welche Fälle mit welcher Besetzung des Gerichts verhandelt werden sollten. Überhaupt nehmen die Regelungen für Gericht und Richter den größten Teil der Ausführungen ein.

Stuttgart und Cannstatt um 1500 bis 1530, etwas nach der Zeit, als die neue Stadtordnung erlassen wurde, von Norden nach Süden gesehen. Die Ortsansichten sind nicht naturgetreu, denn die Darstellung der Siedlungen erfolgte damals nur symbolisch. Auch die Lagebezeichnungen stimmen nicht. Das Bild ist ein Ausschnitt aus der »Abconterfectur des löblichen Fürstentums Wirtemberg«, die nach einer Zeichnung von Hans Georg Schäufelin oder Johannes Stöffler von Georg Lang in Nürnberg in Holz geschnitten und gedruckt wurde.

So legte Graf Eberhard zum Beispiel fest, wie das Gericht einzuberufen war. Am Abend vor der Sitzung sollten die Richter Bescheid erhalten; dann sollte morgens geläutet werden, damit die Richter aufstehen, sich anziehen und zur Messe gehen konnten. Nach einem weiteren Läuten sollte »ufgesetzt werden ain fiertail (Viertel) ainer Sandtstunde und ee das gar ußloufft (ausläuft), sol der amptmann sich schicken nider zu Gerichte ze sitzen.« Anders gesagt: Eine Viertelstunde nach diesem Läuten sollte die Sitzung beginnen. Die Erwähnung der Sanduhr mag uns daran erinnern, dass die Taschenuhr erst 1510 von Peter Henlein erfunden wurde, das Uhrpendel sogar noch später.

Diejenigen Einwohner, die ihre Schulden nicht mit Geld oder Pfand bezahlen konnten oder »die Kind oder Wyb (Weib) lass nach Brot geen«, durften weder feier- noch werktags »zum Win (Wein) geen«, ausgenommen zu Hochzeitsfeiern von Verwandten und nächsten Freunden. Ergriff man einen Mittellosen beim Weintrinken in der Wirtschaft, so sollte er sofort ins Gefängnis kommen »und allain mit Wasser und Brote gespyset werden«.

Weil ein jeder Arbeiter seines Lohnes würdig ist und derjenige, der die meiste Arbeit tut, billigerweise den meisten Lohn erhalten soll – heißt es übertragen in der Stadtordnung –, so sollen auch die Richter je nach ihrer Tätigkeit entlohnt werden. Es gab also auch damals schon das Leistungsprinzip. Bemerkenswert ist übrigens die Bestimmung, dass beim Aufrufen von Pfändern zwei Richter, »die schryben und lesen« konnten, anwesend sein und ein Register führen sollten. Diese Festlegung erschien notwendig, weil damals noch ein guter Teil der Richter eben weder schreiben noch lesen konnte. Auch von den Geistlichen hatte zu dieser Zeit kaum einer die Hochschule besucht, war doch die Universität Tübingen erst 1477 von Graf Eberhard gegründet worden.

Weil das Bauen in Fachwerk weitaus vorherrschte, war die Brandgefahr relativ groß. Die Vorsorge gegen Feuersgefahr nahm deshalb einen großen Raum in der neuen Stadtordnung ein. So hieß es, dass niemand in seinem Haus über dem Feuerplatz (der Herdstelle) Holz, Reisig, Späne, Stroh oder anderes brennbares Material lagern durfte. Die Kamine sollten regelmäßig gesäubert werden, und niemand durfte in seinem Haus Schmelzen oder andere Anlagen mit großem Feuer benutzen. In der 1495 erlassenen Landesordnung befahl der Landesherr zudem den »Feuerbesehern«, »so dick das Nott thut«, von Haus zu Haus zu gehen, Kamine und Feuerstellen zu überprüfen und Gefahren beseitigen zu lassen.

Das war sehr wichtig, denn Löschwasser war nicht in größerer Menge verfügbar. Es gab nämlich lediglich die Nesenbach-Wette, auch Untere oder Ross-Wette (Pferdeschwemme) genannt, sowie drei Stauseen entlang der heutigen Schlossstraße, deren größter erst 1440 angelegt worden war. Weitere Wetten und der Feuersee entstanden erst wesentlich später, und fließendes Wasser aus ständig laufenden Brunnen stand nur sehr begrenzt zur Verfügung.

Wurde dennoch einmal wegen Feuers oder aus einem anderen Grund mit den Glocken Sturm geläutet, so sollten 120 dazu eingeteilte Männer sich mit Harnisch und Wehr eilends auf dem Marktplatz einfinden und dort den Befehl des Hauptmanns erwarten. Außerdem sollten dann alle Keltern geöffnet werden, damit man die dort verwahrten Bütten und Zuber holen konnte. Auch musste in jeder Kelter ein Wagen mit einem Fass voller Wasser bereitstehen. Wer das erste Fass an die Brandstelle brachte, sollte ein Pfund Belohnung erhalten, der Zweite 15, der Dritte zehn und der Vierte fünf Schilling.

Gefahr drohte aber nicht nur durch Brand, sondern auch vom Nesenbach her. Das mag seltsam klingen, weil man diesen heute kaum vom Sehen her kennt. Zwischen Vaihingen, Kaltental und Heslach, wo er noch nicht durchgehend in den Untergrund verbannt ist, bildet er ein schmales Rinnsal. Zu Zeiten jedoch, als es noch keine Kanalisation gab, ergossen sich nicht nur die zahlreichen größeren und kleineren Bäche aus den Stuttgarter Klingen und Seitentälern in den Nesenbach, sondern er bildete überhaupt die einzige Entwässerung des ganzen Stuttgarter Tals. So lässt sich denken, dass nach anhaltendem Regen oder bei Schneeschmelze der Nesenbach gewaltig anschwellen und dann durchaus großen Schaden stif-

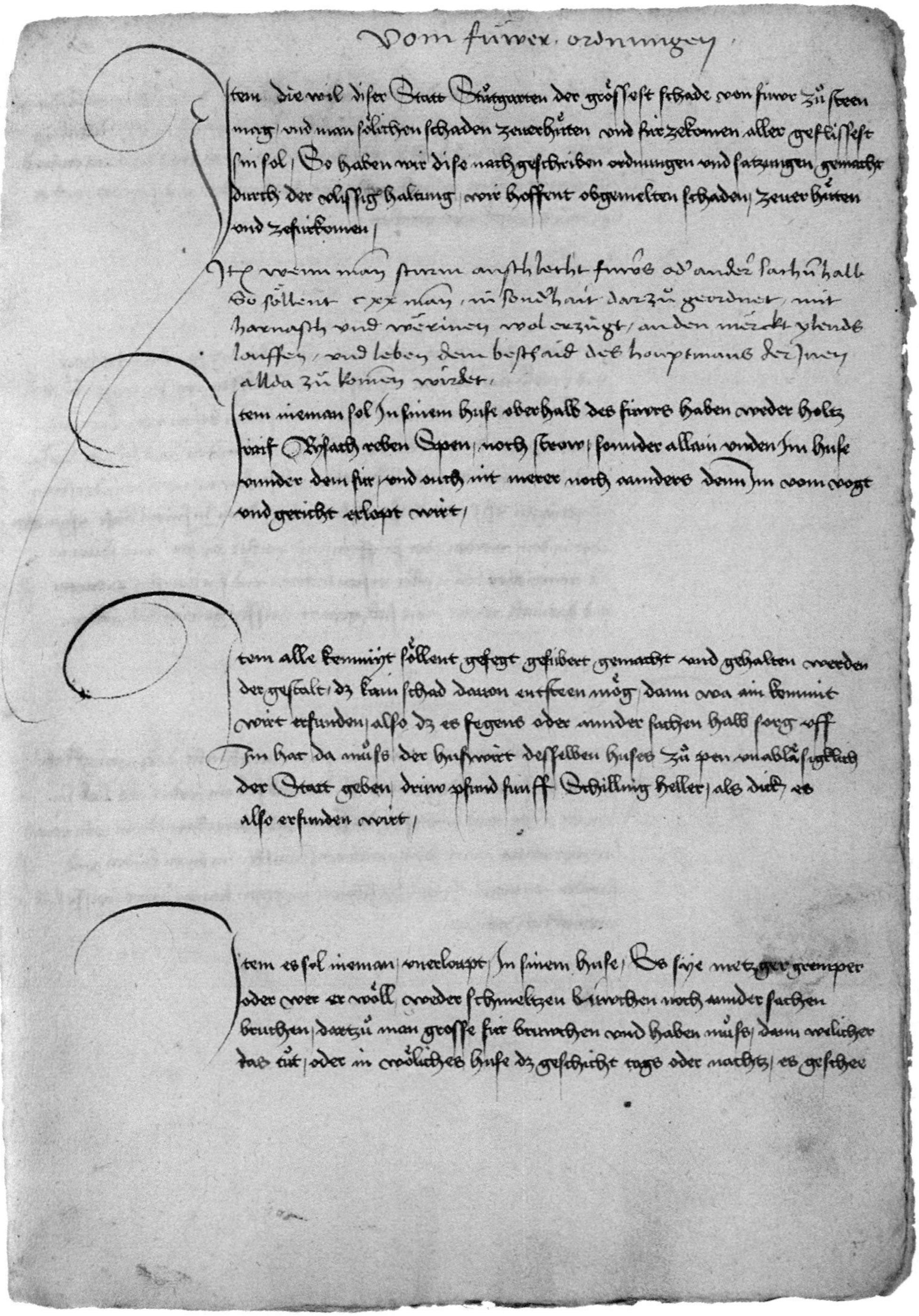

Eine Seite aus der neuen Stadtordnung des Grafen Eberhard im Bart von 1492. Dargestellt ist der Anfang der Feuer-Ordnung.

ten konnte. Am 28. März 1492 fielen beispielsweise durch Nesenbach-Hochwasser einige Häuser ein und begruben mehrere Einwohner unter sich, und am 31. Juli 1508 stand nach einem Wolkenbruch der Stuttgarter Marktplatz mannshoch unter Wasser. Auch diesmal stürzten einige Häuser zusammen, elf Menschen kamen ums Leben.

Die Stadtordnung schrieb weiterhin vor, dass der Mist jede Woche am Freitag oder Samstag abzufahren war. Der »Winkel« – ein schmaler Abstand zwischen den Häusern, in den das Abwasser geleitet wurde – sollte alle 14 Tage gesäubert werden. Strafe drohte jedem, der Müll, Spreu, tote Tiere und »ander unflätig Ding« in den Nesenbach warf. Dass auch die Reinhaltung der Brunnen angestrebt wurde, versteht sich von selbst.

Die Zeit vor 500 Jahren brachte für Stuttgart wesentliche Verbesserungen in der Ver- und Entsorgung. Die Versorgung mit Trinkwasser erfolgte noch durch Ziehbrunnen. Laufbrunnen, denen das Wasser von Quellen, die oberhalb der Stadt lagen, durch hölzerne Rohrleitungen zugeführt wurde und die deshalb ständig liefen, gab es erst in geringer Zahl. Darum war es ein großer Fortschritt, als Graf Eberhard um 1490 eine Holzrohrleitung von Quellen bei Kaltental ins Brunnenhaus im Alten Schloss und zu einigen Brunnen in der Stadt leiten ließ. Zumindest ist es die erste Leitung, die urkundlich für Stuttgart nachgewiesen ist. Aus dem Jahr 1490 stammt auch der älteste Beleg für eine Abwasserleitung in der Stadt, die vom Dominikanerkloster (bei der Hospitalkirche) zum Großen See (jenseits der Schlossstraße) führte. Das schließt allerdings nicht aus, dass es auch vorher schon Abwasserleitungen gab, von denen aber keine Nachweise erhalten sind.

Besonders hervorgehoben sei die Vorsorge des Landesherrn für Notzeiten. In der Landesordnung von 1495 bestimmte er – auch für seine Nachfolger –, jährlich 300 Gulden oder entsprechend viel an Feldfrüchten zurückzulegen. In Kirchheim/Teck, Markgröningen, Herrenberg und Rosenfeld sollten Fruchtkästen erbaut und darin Vorräte verwahrt werden, die in Notzeiten an die ärmere Bevölkerung ausgegeben werden konnten.

Die Verteidigung der Städte oblag vor 500 Jahren nach wie vor den Bürgern selbst; ein stehendes Heer gab es noch nicht. Deshalb sollte gemäß der Stadtordnung von 1492 jeder Bürger Harnisch und Wehr instand und in Ehren halten. Allerdings zeigte eine Musterung der Landeswehr im selben Jahre, dass es in Stuttgart an einer guten Ausrüstung mangelte. Um ein Magazin zu haben, veranlasste Stadtvogt Dr. Nüttel deshalb den Bau des »Landhauses« durch das »Amt« Stuttgart, also gewissermaßen die Kreisverwaltung. Es entstand 1492 hinter dem Kloster, Ecke Lange und Firnhaberstraße.

Wer Bürger der Stadt werden wollte, musste zwei Gulden Annahmegebühr entrichten und den Bürgereid ablegen. Außerdem war jeder Bürger vom 18. bis zum 60. Lebensjahr waffenpflichtig, und ohne Harnisch und Wehr konnte ein Mann weder das Bürger- und Mannrecht erhalten noch das Recht zur Heirat und zur Ausübung eines Gewerbes. Einzelne Gesellschaften sorgten für die Ausbildung der Männer, so die schon im 15. Jahrhundert in Stuttgart nachgewiesene »Stahl- und Armbrust-Schützengesellschaft« wie auch die im Jahr 1500 gegründete »Büchsenschützen-Gesellschaft«, die noch heute in der Schützengesellschaft als dem ältesten Verein Stuttgarts weiterbesteht. Sie hatten ihre Übungsplätze am Rande der Stadt. Durch wertvolle Preise bei großen, mit Volksfesten verbundenen Wettkämpfen verstanden es Landesherr und Stadt, das Interesse an den Schießübungen wachzuhalten (siehe Seite 78).

Nachdem die Artillerie bei der Eroberung Konstantinopels durch Mehmet II. im Jahr 1453 drastisch ihre Möglichkeiten bewiesen hatte, musste man das Festungswesen erheblich verbessern. Nicht so in Stuttgart, wo man die vorhandenen Lücken in der Stadtmauer 1490/91 lediglich durch einen Palisadenzaun schloss. Hier behielten Mauern und Tore nur ihre Abgrenz- und Kontrollfunktion. In Cannstatt dagegen wurde, wenn auch erst in den fünfziger Jahren des 17. Jahrhunderts, der Bau neuer Wälle und starker Bastionen immerhin geplant.

Die Renaissance brachte neue Ideen auch hinsichtlich der Stadtgestaltung. Das wird am Grundriss der Reichen Vorstadt mit ihren geradlinigen Straßen deutlich. Zudem forderte Leon Battista Alberti 1485 in seinem umfangreichen Werk über die Architektur, die Städte mit Gärten, Plätzen und grünen Anlagen auszustatten. In Stuttgart machte die Gattin des Grafen Eberhard, Barbara Gonzaga, den Anfang. Sie erwarb 1491 den Garten an der Stelle des heutigen Karlsplatzes, der ursprünglich 1380 von ihrer Landsmännin Antonia Visconti, der Gattin von Graf Eberhard dem Milden, angelegt worden war. Die 36-Jährige vergrößerte ihn und gestaltete ihn neu. In seine Mitte setzte sie ein Gartenhaus mit allerlei seltsamen Tieren aus Stein, die in natürlichen Farben angestrichen waren, und im Garten zog sie ebenso heimische Kräuter wie fremde, ungewohnte Gewächse. Botanische Gärten, Lauben und Grotten, Wasserspiele und Vogelkäfige, Spielwerke und Irrgärten kamen damals in Mode, auch in Stuttgart.

Auf den Dörfern, meinte Graf Eberhard, wurde zu aufwendig gebaut, so dass bei Schadensfällen zu viel kostbares Vermögen unersetzbar verloren ging. Deshalb befahl er 1495, die Häuser auf dem Lande – Pfarr- und Wirtshäuser ausgenommen – nur noch zweigeschossig und zudem im Erdgeschoss möglichst aus Stein zu errichten. In den Städten durfte höher gebaut werden, doch sollte auch dort – aus Gründen des Feuerschutzes – im Erdgeschoss Stein verwendet und sollten die Dächer mit Ziegeln gedeckt werden. Landesherrliche Vorschriften prägten also stark das Bild der Dörfer und Städte.

Die Erbauung der Stiftskirche zog sich über eine lange Zeit hin. Zwischen 1327 und 1347 hatte man den frühgotischen Chor errichtet, aber erst in den Jahrzehnten um 1500 konnten nach und nach die letzten Teile die Türme vollendet werden:

- 1488 wurde der kleine Turm erbaut;
- 1489 verkaufte ein päpstlicher Legat Ablassbriefe zugunsten des weiteren Baus der Kirche;
- 1490 begann man, den großen Turm zu bauen;
- 1495 war der untere Umgang am großen Turm fertig gestellt;
- 1513 wurde der mittlere Umgang abgeschlossen;
- 1531 wurde das letzte Stück vollendet.

Auch die Leonhardskirche erhielt ihren Turm erst 1491, und 1490 bis 1493 wurde mit dem Chorgestühl die Hospitalkirche ebenfalls fertig gestellt, freilich noch ohne den Turm.

Innerhalb der Kirche bahnte sich gleichfalls ein Wandel an; denn neben die Pfarrer, welche die Messe lasen, traten nun die Prediger. Sie sollten studiert haben und in deutscher Sprache predigen. An der Stiftskirche sind Prediger bereits seit 1491 nachgewiesen, an der Leonhardskirche seit 1511.

Graf Eberhard wandte sich nicht nur gegen großen Aufwand beim Bauen, sondern auch gegen zu üppiges Schenken. So wiederholte er am 10. Januar 1495 ein schon »vor etwa lang« erlassenes Gebot, das die damals üblichen Geldgeschenke begrenzte, um – wie er sagte – unnötigen Schaden zu verhüten. So durften auf einer Hochzeit ein Ehemann nur fünf, ein »lediger Gesell« nur zwei und eine Jungfrau oder Tochter höchstens einen Schilling geben; nur die Eltern, Geschwister und deren Kinder »sollten die Fryhait haben, zu schenken nach ihrem Willen«. Zur Taufe eines Kindes sollten nicht mehr als fünf Frauen berufen werden, und das übliche Totengeld zum Begräbnis sollte von einem Mann drei, von einer Frau zwei Schilling nicht übersteigen. Als Strafe wurde für jede Übertretung ein Betrag von zehn Pfund Heller festgesetzt.

Viele Streitfälle gab es, so hieß es in der Landesordnung von 1495, immer noch dadurch, dass Privatbesitz durch Erbschaft an Klöster und Kirchen kam. Um dies zu vermeiden, verlangte der Landesherr, dass nunmehr jeder, der Kinder oder Verwandte in ein Kloster gehen ließ, diese vor einem Gericht mit einem Eid aus der Erbschaft entlassen sollte. Stattdessen musste er ihnen etwas mitgeben – es wird nicht ausdrücklich gesagt, aber es war wohl Geld gemeint –, damit sie nicht ganz auf Almosen angewiesen waren. Mit dieser Bestimmung verhinderte der Landesherr zugleich, auch wenn er dies nicht ausdrücklich sagte, dass weiterhin Besitz der Pflicht, Abgaben an ihn zu leisten, entzogen wurde.

Allgemein verbreitet war auch ein »grosser Mangel an Holtz«, denn zum Hausbau und als Brennmaterial zum Kochen und Heizen wurde zu viel aus den Wäldern geholt. Zudem ließ man das Vieh zur Waldweide gehen, wodurch der aufkeimende Jungwuchs vernichtet wurde. Graf Eberhard befahl deshalb 1495, das Vieh nicht mehr in den Wald zu treiben, »damit man künftiglich das Holtz müg haben«; stattdessen sollte das im Wald wachsende Gras als Heu geschnitten werden. Überhaupt wollte der Graf die Forstwirtschaft durch neu aufzustellende Forstordnungen geregelt wissen.

Wurden mit diesen Regelungen wichtige Fortschritte erzielt, so blieb doch manches im Rückstand. So vermittelte Graf Eberhard einerseits erfolgreich zwischen streitenden Fürsten, vertrieb aber andererseits die Juden aus dem Land und forderte, keiner seiner Erben dürfe sie jemals wieder einbürgern. Auch blieb der Aberglaube noch lange verbreitet. Als zum Beispiel 1562 ein heftiger Hagelschlag schweren Schaden anrichtete, glaubten viele, dies sei ein Werk von Hexen gewesen, und man zerrte die vermeintlichen Teufelsbündlerinnen vor Gericht, verurteilte und verbrannte sie. Und während die »Ehrbarkeit«, jene rund 30 Familien, die Stuttgarts Geschicke lenkten und sich deutlich nach unten abgrenzten, wertvolle Kunstwerke wie 1501 den »Ölberg« an der Leonhardskirche stiftete, musste ein fremder Besucher den Nesenbach »Wälz-im-Dreck« nennen. So lagen Glanz und Primitivität nebeneinander.

Das schönste Bild vom alten Stuttgart

Vor rund vierhundert Jahren wurde sie gezeichnet, fast dreihundert Jahre blieb sie im Verborgenen, ehe sie der engagierte Heimatforscher Max Bach wiederentdeckte: die »Warhaffte Conterfactur der Fürstlichen Hauptstatt Stutgarten in dem hochlöblichen Fürstenthumb Würtemberg 1592«, angefertigt von dem herzoglichen Archivar Jonathan Sautter. Heute gilt sie als die schönste und zuverlässigste Darstellung Alt-Stuttgarts, neben die erst im 18. Jahrhundert Gleichwertiges trat. Mit staunenswerter Akribie hat der Autor in diesem Vogelschaubild eine Fülle von Details abgebildet, die im Rahmen dieser kurzen Beschreibung gar nicht voll ausgeschöpft werden kann.

Der Blick auf die damals 9000 Seelen beherbergende Stadt scheint vom Stafflenberg (unterhalb der Wieland-Wagner-Höhe) aus gesehen zu sein, schaut man doch auch heute von der Aussichtsplatte unterhalb der Villa Reitzenstein geradewegs in die Charlottenstraße hinein. Diese präsentiert sich hier noch als breiter, unbefestigter Fahrweg mit vielen Spuren, wie es auch alle anderen in der Abbildung erkennbaren Überlandverbindungen noch sind. Rechts daneben ist das Bett des Dobelbachs an zwei kleinen Brücken erkennbar. Die Wege vom Bopser und von der Esslinger Steige (heute Gaisburger Straße) treffen am unteren Bildrand aufeinander. In leichtem Bogen führt der Weg auf den Holzgarten zu, an dessen Stelle heute das Alte Waisenhaus am Charlottenplatz (heute Institut für Auslandsbeziehungen) steht. Es sind sogar die Holzstapel auf dem Lagerplatz angedeutet.

Vor dem Holzgarten mündet von rechts der Weg von Cannstatt und von Berg her ein. Links vor dem Holzgarten sichert ein kleines, doppeltürmiges Tor die Zufahrt in die Stadt: das äußere Esslinger Tor. Rechts vom Hauptweg zieht sich der harmlos wirkende Dobelbach hin, der aber gelegentlich bei starken Regenfällen das Esslinger Tor mit seinem Schutt total verstopfte. An der linken Seite des Weges im Vordergrund erkennt man nahe beim Turm einen Bildstock, der noch bis 1867 dort stand.

Auch an der linken Seite ist ein zweitürmiges Tor sichtbar: das Hauptstätter Tor, aus dem der Weg aufwärts ins Nesenbachtal führt. Am linken Bildrand steigt der breite Fahrweg nach Calw den Hasenberg hinan, während links von der Bildmitte ein anderer breiter Weg gen Botnang verläuft. Etwas rechts der Bildmitte verliert sich der Herdweg in den Weinbergen, und weiter rechts zieht sich die Stäffelesfurch auf die Feuerbacher Heide hinauf.

Die 26 bemerkenswertesten Gebäude hat Sautter mit Nummern versehen, die er links unten erläutert. Die größten Bauten bestimmen noch heute das Bild der Stadt: das Alte Schloss (aber noch ohne den dicken Turm an der linken Ecke) mit dem davor gelegenen Garten der Herzogin (heute Karlsplatz), die Stiftskirche, die Hospitalkirche (damals noch ohne großen Turm) und die Leonhardskirche. Rechts vom Schloss führt eine Brücke über den Graben in den herzoglichen Garten. Dort stehen die Hofbäckerei und die Hofmühle. Großen Raum nimmt die Rennbahn vor dem Alten Lusthaus ein, auf der einige Reiter für Turniere üben; an dieser Stelle steht heute das Neue Schloss. Den rechten Teil des herzoglichen Gar-

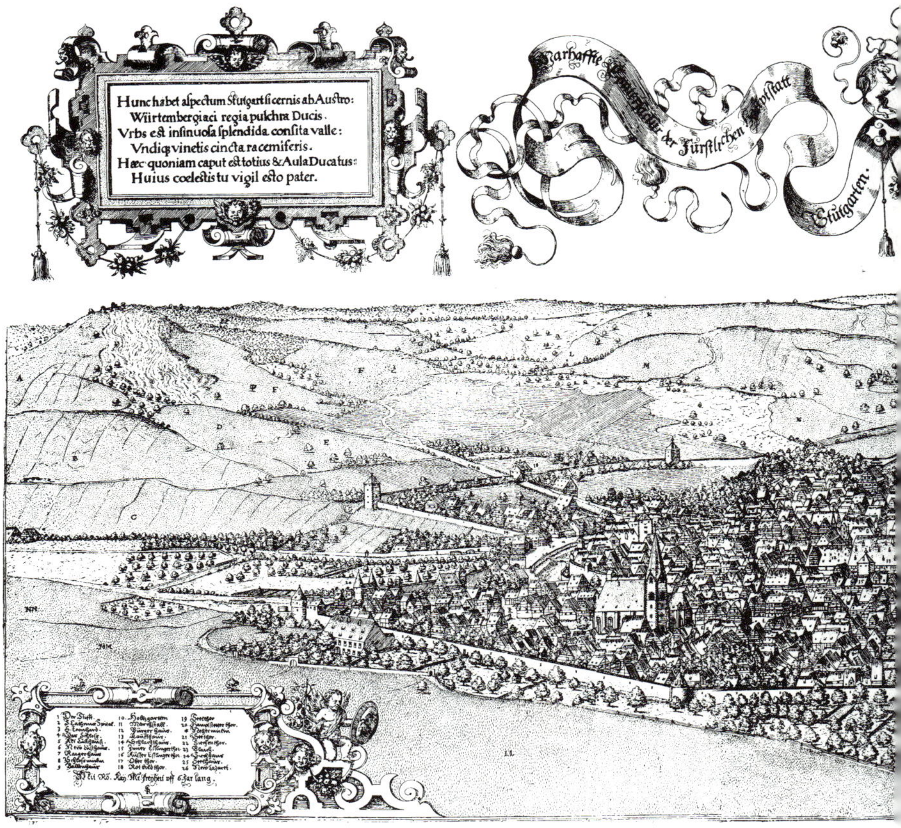
Hunc habet aspectum Stutgart si cernis ab Austro:
Würtembergiaci regia pulchra Ducis.
Vrbs est insinuosa splendida consita valle:
Vndiqꝫ vinetis cincta racemiferis.
Hæc quoniam caput est totius & Aula Ducatus:
Huius coelestis tu vigil esto pater.
Stütgarten.

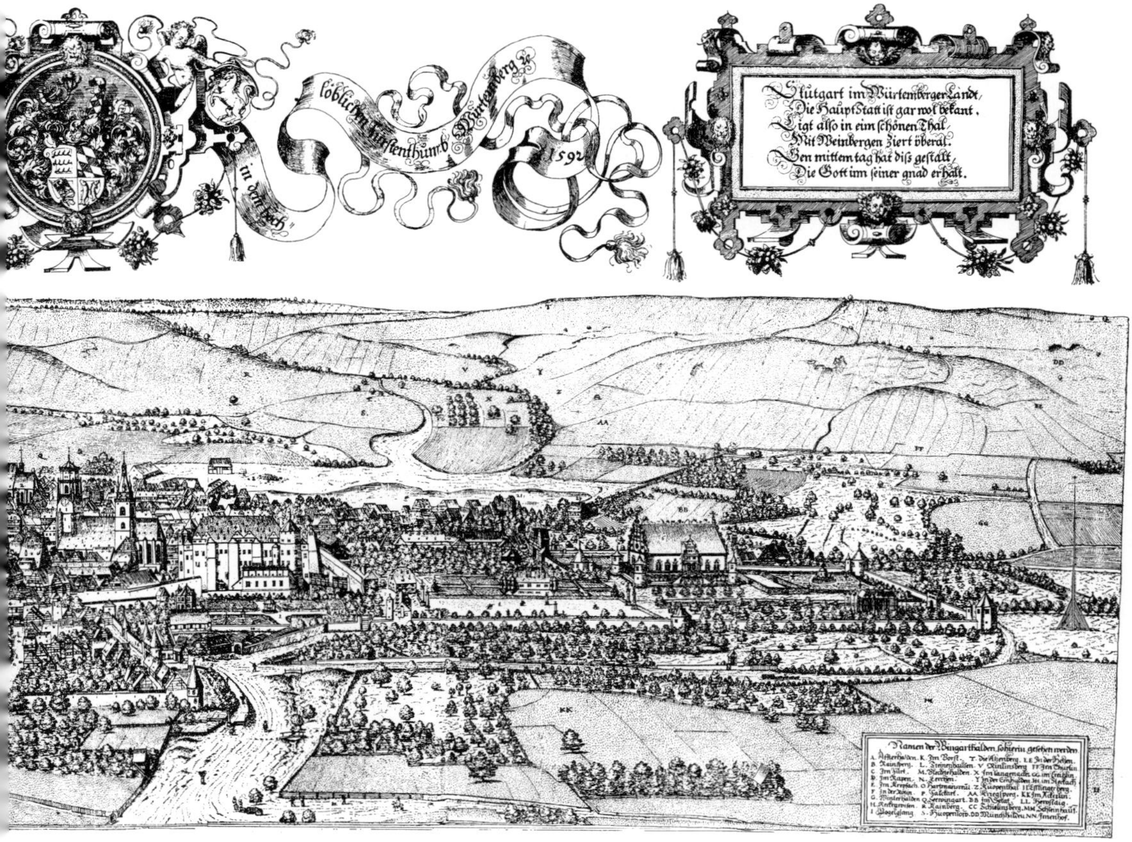

Die Abbildung Stuttgarts von Jonathan Sautter aus dem Jahre 1592 zeigt eine Fülle von Details, wie sie für diese Zeit ungewöhnlich ist.

tens beherrscht das Neue Lusthaus, das damals kurz vor seiner Fertigstellung stand. Eine Mauer fasst die gesamte Gartenanlage ein. Links vom Neuen Lusthaus begrenzt das Tunzhofer oder Siechen-Tor die Stadt (an der heutigen Königstraße), rechts von ihm steht das Siechenhaus, in das man die Aussätzigen verwies. Links vom Tunzhofer Tor fällt ein lang gestrecktes Haus auf, wo heute der Schlossplatz an die Königstraße stößt: das 1566 errichtete Jägerhaus, der Sitz des Jägermeisters und der Meisterjäger mit dem mehrere tausend Hunde beherbergenden Hundestall.

Bemerkenswert sind der an seinen langen Dächern erkennbare Alte Marstall vor der Stiftskirche und rechts vor ihm der Neue Marstall (heute Markthalle), ferner das hochgiebelige Haus links vor der Stiftskirche, die herrschaftliche Kleine Kelter, sowie ein hohes Gebäude etwas weiter links in der Mitte der Stadt, das in den Erläuterungen als »Kauffhaus« bezeichnet, aber auch als Herrenhaus bekannt ist. In diesem Bau befanden sich unten zahlreiche Verkaufsstände und oben ein Gerichtssaal. Vor ihm steht – im Zuge der älteren Stadtbegrenzung – das Innere Esslinger Tor (Marktstraße). Links hinter dem Herrenhaus erkennt man das Rathaus an seinem langen Dach mit dem kleinen Dachreiter.

Links vorne vor der Stadtmauer befindet sich in einem ummauerten Bereich das Lazarett – heute steht dort die Feuerwache an der Katharinenstraße –, das anfangs für Pestkranke bestimmt war; Herzog Christoph hatte es 1560 einrichten und Herzog Ludwig 1572 in Stein neu erbauen lassen. Als Krankenhaus wurde es bis 1828 genutzt. Links von ihm liegt vor der Mauer der runde Block der Richtstätte, die als Hauptstätte bezeichnet wurde und der Hauptstätter Straße den Namen gab. Ganz links am Bildrand ist die Nähermühle am Nesenbach noch sichtbar.

Im vorderen Teil der Esslinger Vorstadt blickt man gerade in die Rosenstraße hinein, an deren Ende über dem Nesenbach von 1585 bis 1866 das Schlachthaus stand. Dass von ihm eine beträchtliche Verschmutzung des Baches ausging – die Metzger warfen die Abfälle einfach in ihn hinein, so dass er mitunter ganz schön gestunken hat –, ist hinreichend belegt. Vorne und auch weiter links sind in der Esslinger Vorstadt Gärten erkennbar, wie sie durch Bäume auch in der später so genannten Reichen Vorstadt angedeutet sind. Diese Gärten lassen sich in späteren Stadtplänen bis ins 19. Jahrhundert hinein nachweisen.

Bemerkenswert erscheint ferner, dass links vor dem Schloss ein Stück der alten Stadtmauer (entlang der Eberhardstraße) eingezeichnet ist. Auch links von der Leonhardskirche ist ein Stück der inneren Mauer (aus der Zeit vor der Stadterweiterung) sichtbar, an die sich nach links der Graben mit einer kleinen Außenmauer und einer Brücke anschließt. Dieser Stadtgraben im Zuge der Eberhard- und Königstraße wurde erst im 18./19. Jahrhundert aufgefüllt. In der Verlängerung des Graben-Bogens überragt das Obertor die Bürgerhäuser.

Die Stadtmauer ganz im Vordergrund war gerade 25 Jahre zuvor fertig gestellt worden. Ein Teil des zugehörigen Grabens, durch den vom Nesenbach abgeleitetes Wasser zur Hofmühle geführt wurde, ist rechts beim Schellenturm (Ecke Weber-/Kanalstraße) erkennbar. Als dieser Turm 1811 abgebrochen wurde, ging sein Name auf den in der Bildmitte sichtbaren Kastkellereiturm über. Seinen Namen hat er nach den Sträflingen, die, mit Schellen versehen, in ihm untergebracht waren. Die Mauerecke links sichert der Nachrichter- oder Richtturm, an den sich das Haus des Scharfrichters anschließt. Der Name Richtstraße weist noch heute darauf hin. Dieser Turm hieß im Volk auch Schinders Kleiderkasten, weil der »Nachrichter« dort Felle eingegangener Tiere trocknete.

Weiter hinten zieht sich in der Bildmitte jener Mauerabschnitt hin, von dem zwischen Marienpassage und Sophienstraße noch heute ein Rest erhalten ist. Den viereckigen Folterturm an seiner Ecke hat Herzog Christoph 1566 erbauen lassen. Das mehr stadteinwärts gelegene Seeltor (am Beginn der Tübinger Straße) ist kaum zu erkennen. Im weiteren Verlauf der äußeren Stadtmauer überragen diese das Rotebild- (Rotebühl-)Tor und der ebenfalls 1566 errichtete Pulverturm (an der heutigen Weimarstraße).

Hinter der Reichen Vorstadt lagen damals im Tal des Vogelsangbachs zwei landesherrliche Stauseen, die der Sicherung der Stadt, der Fischzucht sowie als Löschwasserbecken, Schweineschwemme und Waschplatz dienten. Von ihnen ist gerade noch der Große oder Untere See halb rechts teilweise sichtbar. Man erreichte sein unteres Ende durch das Seetor, das man im Bild an seinen zwei Giebeln erkennt. Ein wenig weiter rechts ist die herrschaftliche Bleiche angedeutet. Eben vor dem rechten Bildrand ragt die Vogelstange hoch auf, die für Schießübungen der Armbrustschützen diente. Zum selben Zwecke waren die Schießscheiben am Büchsensee (im Bereich Liederhalle) aufgestellt, von der eine eben rechts der Hospitalkirche in Höhe des Chorfirstes angedeutet ist.

In den tieferen Lagen des Talbereichs wurde Ackerbau betrieben, wie es die Signaturen andeuten. Er reichte jedoch für die Versorgung der Stadt nicht aus, so dass zusätzlich Getreide eingeführt werden musste. Die Hänge rundum wurden für den Weinbau genutzt, der die wichtigste Kultur der Stuttgarter war. 36 Lagen hat Sautter mit Buchstaben bezeichnet und diese rechts unten erläutert. Wald wird nur fern auf der Höhe sichtbar.

Es war damals üblich, derartige Bilder reich zu verzieren. Dementsprechend hat Sautter oben in der Mitte groß das Wappen des Landesherrn abgebildet und zu seinen beiden Seiten etwas kleiner das Wappen der Stadt Stuttgart dargestellt, wobei das Wappentier einmal nach rechts, das andere Mal nach links springt. Der Spruch oben rechts ist ein Loblied auf Stuttgart und seinen Wein:

> Stutgart im Würtemberger Landt,
> Die HauptStatt ist gar wol bekant.
> Ligt also in eim Schönen Thal,
> Mit Weinberg ziert überal.
> Gen mittem tag hat diß gestalt,
> Die Gott inn seiner gnad erhalt.

Links oben ist die latenische Version dieses Textes wiedergegeben. Der Ausdruck »gen mittem Tag« meint: zur Mittagszeit hin gewandt, während die lateinische Formulierung »ab austro« besagt: Blickrichtung von Süden. Richtig ist: Der Blick ist nach Westnordwesten gerichtet.

Die für ihre Zeit ungewöhnliche Genauigkeit der Darstellung lässt die Frage aufkommen, ob es mit dieser Abbildung vielleicht eine besondere Bewandtnis habe. Dies umso mehr, als das Original des Kupferstichs 1,8 Meter lang und 47,5 Zentimeter hoch und aus acht Einzelblättern zusammengesetzt ist. Max Bach hält es für höchst wahrscheinlich, dass Sautter auch jenes Bild von Stuttgart gemalt hat, das zusammen mit anderen Abbildungen aus dem Fürstentum in dem gerade um dieselbe Zeit fertig gestellten Neuen Lusthaus aufgehängt wurde. Vielleicht besteht zwischen beiden Bildern ein Zusammenhang. Diente das eine als Vorlage für das andere?

Von Sautters Kupferstich wurde offenbar keine große Auflage gedruckt. In Stuttgart war bis zur Mitte der vorigen Jahrhunderts nur ein einziges, zudem beschädigtes Exemplar vorhanden. Als Max Bach ein zweites, ebenfalls beschädigtes Exemplar fand, setzte er beide zu einem vollständigen Bild zusammen. Dabei war ihm der Autor, der nur mit JS signierte, zunächst nicht bekannt, und erst über eine namentlich bezeichnete Darstellung eines Stammbaums der Württemberger, dem das Stuttgart-Bild unterlegt ist, kam Bach auf Sautters Namen. Im Jahr 1933 konnte der Direktor des Stadtarchivs, Dr. Stenzel, ein aus Wien stammendes Exemplar des Stiches für das Archiv erwerben, womit auch Stuttgart selbst ein vollständiges Original erhielt.

Der Autor des Bildes, Jonathan Sautter, 1549 in Ulm geboren, hatte schon früh künstlerische Fähigkeiten gezeigt. Er lebte in Ulm als Schulmeister, ehe er 1588 als herzoglicher Archivar an den Hof nach Stuttgart kam. Er fertigte übrigens 1611 eine weitere Ansicht von Stuttgart an, diesmal vom Esslinger Berg her gesehen. Sie findet sich auf einer Ahnentafel des württembergischen Fürstenhauses, die im Württembergischen Landesmuseum verwahrt wird. Sautter starb am 20. September 1612.

Naturereignisse und Naturkatastrophen

Eine »ägyptische Plage« befiel den Stuttgarter Raum

Man nennt sie eine »ägyptische Plage«, die riesigen Heuschreckenschwärme. Als eine der zehn Strafen, die Jahwe gegen den Pharao über das Land schickte, damit er das Volk Israel ausziehen lasse, fielen sie über Ägypten her und fraßen alles weg, was im Lande wuchs. So kann man es im 2. Buch Mose im Vers 10 nachlesen. Doch nicht nur Ägypten, auch andere Länder des Orients und Nordafrikas hat-

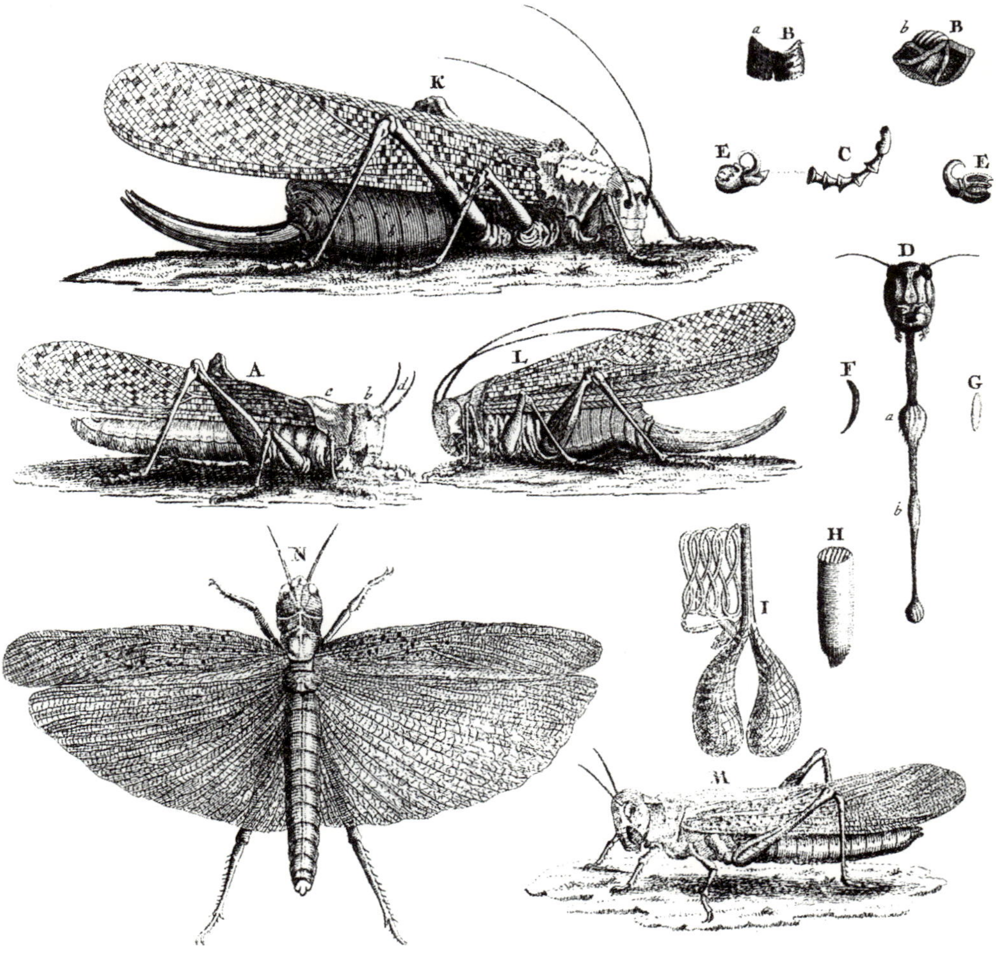

Die 1750 erschienene Sammlung bemerkenswerter Nachrichten über die Heuschrecken enthielt eine Kupferstichtafel, die nicht nur die Tiere im Ganzen, sondern auch einzelne Körperteile zeigte. Bei K ein besonders großes Weibchen mit seiner Legeröhre, bei D der Verdauungstrakt, bei F ein Ei, bei H ein Gelege.

ten bis in unsere Zeit hinein nur zu oft unter den gefräßigen Geradflüglern zu leiden. Gelegentlich flogen riesige Schwärme der bis sechs Zentimeter langen Europäischen Wanderheuschrecke *Locusta migratoria* auch nach Europa, so wiederholt über den Balkan nach Bayern, Franken, Thüringen und Sachsen. Gedenkmünzen erinnern an diese Invasionen der gefräßigen und deshalb Angst und Schrecken verbreitenden Tiere. Im Mai 1613 fiel ein riesiger Schwarm in Südfrankreich ein, fraß binnen acht Stunden so viel Gras, wie es zur Fütterung von 4000 Rindern ausgereicht hätte, und fiel anschließend über die Kornfelder her. Im Mittelalter kamen die Heuschrecken zumindest einmal sogar bis nach Stuttgart.

Die älteste Nachricht, die von den gefräßigen Hautflüglern berichtet, stammt aus dem Jahre 873. In immer neuen Schwärmen seien die Heuschrecken in Südwestdeutschland eingefallen, heißt es, und auch im folgenden Jahr sei die Plage groß gewesen (vermutlich von Abkömmlingen der Vorjahrsgeneration).

Der nächste Bericht stammt aus dem August 1337, als »ungeheure Schwärme von Heuschrecken, welche die Sonne verdunkelten«, von Osten her in das Land einfielen. Nach Erzählungen von Zeitgenossen sollen die Tiere sechs Flügel gehabt haben und ein »beinhartes, wie Edelsteine glänzendes Gebiss«, nach dem man sie »Hürnen Snabel« (Hornschnäbel) nannte, berichtet Karl Pfaff in seiner Geschichte der Stadt Stuttgart. Dass die Überlieferung den Tieren zwei Flügel zu viel andichtete, zeigt, wie die mündliche Weitergabe von Berichten Sachverhalte verfälschen kann. Jedenfalls fraßen die Tiere, wohin sie kamen, in kurzer Zeit alles Grüne total ab.

Mit dem Eintritt der Winterkälte verschwanden die Heuschrecken zwar, erschienen jedoch im Frühling 1338 und 1339 erneut. Vermutlich handelte es sich auch hier um neue Generationen aus den jeweils im Jahr zuvor abgelegten Eiern. Nasse und kalte Witterung hemmte dann ihre weitere Entwicklung, Störche, Stare, Krähen und andere Vögel vertilgten unzählige Tiere, und die Menschen rotteten die restlichen aus.

Im Jahr 1693 drangen Heuschrecken aus der Türkei über Ungarn, Österreich und Böhmen bis nach Thüringen vor, und in den Jahren 1747 und 1748 gelangten große Schwärme aus der Türkei über Siebenbürgen und Ungarn bis nach Polen und 1749 durch Österreich, Bayern und Franken bis in das Bistum Würzburg, wo sie ausgerottet werden konnten. Kaiserin Maria Theresia erließ deshalb am 25. Juni 1749 eine gedruckte Beschreibung der Tiere mit Angaben zur ihrer Bekämpfung. Durch eine 1750 in Frankfurt erschienene »Sammlung merckwürdiger Nachrichten« über die Heuschrecken fand ihr Bericht auch weit über Österreich hinaus große Verbreitung, ja ein Exemplar dieser »Sammlung« gelangte auch in die württembergische Hofbibliothek. Der Begriff »merkwürdig« meint hier: zu merken würdig, bemerkenswert.

In dem Büchlein konnte man alles Wissenswerte über die gefräßigen Tiere nachlesen. »Ihre Menge ist entsetzlich, dass sie sogar die Sonne in ihrem Zuge verfinstern«, hieß es zum Beispiel. Auch wurde zutreffend berichtet, ein Weibchen lege 60 bis 90 Eier und bette das Gelege in Schaum. Es sei einen Finger lang und dick oder mehr. Richtig gesehen war ebenfalls, dass der Wind die Richtung der Schwärme bestimmt.

Verständlicherweise sorgte man sich auch in Württemberg sehr um die Sicherung der landwirtschaftlichen Erträge. Deshalb ließ die hiesige Regierung am 31. Dezember 1750, als man den Anflug eines neuen Schwarms vom Osten her befürchtete, eine vierseitige Druckschrift austeilen mit näherer »Nachricht und Unterricht von denen aus Orient in Teutschland hin und wieder in letzten Jahren mit grossen ohnzahlbaren [unzählbaren] Heeren sich eingefundenen lands verderblichen Heuschrecken, wie selbigen zu begegnen und sie zu vertilgen oder auszurotten«. Im Jahr 1749 seien die gefräßigen Flügeltiere bis fast in unsere Gegend gekommen, hieß es in dem Blatt, eine »Land-Plage, mit welcher Göttliche Allmacht manchmahlen die Länder heimgesuchet und bestraffet«. Man sah demnach, der Bibel glaubend, in den Schwärmen ein göttliches Strafgericht, eben eine »ägyptische Plage«, wie sie auch in den Psalmen 78 und 105 beschrieben ist.

Die Tiere kommen, so hieß es in der herzoglichen Druckschrift, aus östlichen Ländern, vornehmlich aus der »Östlichen Tartarey« oder den großen tartarischen Wüsten. Hier bei uns seien sie Fremdlinge, und »weil sie, gleich wie einige Arten von Vögeln, ihren Strich halten«, würden sie auch als »Strich-Heuschrecken« bezeichnet. Im Osten seien sie schon oft erschienen, gelegentlich auch in Frankreich und England (wobei es sich, was nicht gesagt wurde, um die über Spanien aus Nordafrika eingefallene kleinere Marokkanische Wanderheuschrecke gehandelt haben dürfte). Auch in Deutschland seien sie gesehen worden.

In ihrer Schrift informierte die Regierung darüber, wie die Heuschrecken sich verhalten und wo sie ihre Eier ablegen. Wo Schwärme aufgetreten seien, solle man bis in den Mai/Juni nach den Ei-Ablagen suchen und sie vernichten. Nach der dritten Häutung, so hieß es weiter, kröchen die Tiere zusammen, und man könne sie in vorbereitete Gräben treiben und lebendig begraben oder totschlagen. Auch wenn es wegen des Klimas unwahrscheinlich sei, dass die Brut hier schlüpfe, sei dennoch darauf zu achten.

Nahe sich ein neuer Schwarm, so müsse man zu Gott beten, empfahl die Regierung den Bürgern. Da die Tiere von Osten nach Westen flögen, solle man sie nach Westen treiben, damit sie sich nicht seitwärts ausbreiteten. Gegen Abend fielen die Tiere in das Gelände ein, hieß es weiter, sie könnten morgens aber erst dann wieder auffliegen, wenn der Tau auf ihren Flügeln abgetrocknet sei. Man müsse sie also vorher vernichten. Man könne auch mit Wasser aus Feuerspritzen verhindern, dass sie wieder aufflögen. Im Flug könne man sie mit großen Wasserspritzen und durch Schießen mit Sand zu Boden bringen und dann töten.

Zur Vernichtung der Tiere empfahl die Druckschrift, sie mit Dreschflegeln und großen Besen zu erschlagen. Man könne sie auch in Säcke füllen und dann töten. Von Bäumen solle man sie abschlagen, abschütteln oder mit Besen abkehren. Schließlich könne man auch ihren Lagerplatz mit Stroh bestreuen und dieses anzünden, sodass ihnen die Flügel versengt würden und man sie dann vernichten könne.

Die Bekämpfung der massenhaft auftretenden Tiere erforderte viele Leute. Deshalb sei, so die herzogliche Druckschrift, nachbarschaftliche Hilfe nötig. In Ungarn hätten übrigens Schweine, Hunde und Katzen Heuschrecken gefressen, ohne Schaden zu nehmen (was aber allein gewiss nicht zur erfolgreichen Bekämpfung ausgereicht haben dürfte). Vor allem hielt man es 1750 für wichtig zu betonen, dass die Tiere schon bald und tief vergraben werden müssten, da sie »einen gantz besondern und unerträglichen, der Gesundheit höchst schädlichen Gestank verursachen«. Zudem fürchtete man, die verfaulenden Körper-Massen könnten das Wasser durch Fäulniskeime verunreinigen und damit Seuchen auslösen. Das wurde in dem Flugblatt zwar nicht gesagt, doch war die gedankliche Verbindung Heuschrecken – Seuchen früher weit verbreitet. Andererseits wurden Heuschrecken nach entsprechender Zubereitung – sei es gesotten und mit Öl angerichtet oder getrocknet und zu Mehl gemahlen – durchaus auch verzehrt, nicht nur in Nordafrika und in Griechenland, sondern beispielsweise auch bei einer Sitzung des Stadtrats in Frankfurt. »Dieses wird zwar manchem bey uns seltsam vorkommen, weil sie unter uns eine ungewöhnliche Speise sind«, meinte der Autor des Büchleins von 1750 und fügte hinzu, der Geschmack sei wie der von Krebsen oder Krabben. Trotzdem war von der Möglichkeit, die Heuschrecken auf diese Weise zu vertilgen, in dem württembergischen Flugblatt nicht die Rede.

Von großer Wassersnot und »schröcklichem Hagel«

Die siebziger Jahre des 20. Jahrhunderts brachten Stuttgart und Umgebung mehrere schwere Unwetter, an die sich viele noch gut erinnern: 1972 – mit sechs Toten und 42 Verletzten –, 1975, 1977, um die schwersten zu nennen. Sind diese »Wassersnöte« eine Folge des Stadtwachstums, das heißt der vermehrten Überbauung und des dadurch veränderten Abflusses und Stadtklimas? Offensichtlich nicht, denn wenn auch die veränderte Thermik über der Stadt eine Rolle spielen mag, so zeigt ein Blick in die Geschichte doch, dass schwere Unwetter und Überschwemmungen in Stuttgart seit dem Hochmittelalter für jedes Jahrhundert mehrfach belegt sind, die Hochwasser am Neckar gar nicht gerechnet. In einigen Fällen waren die Folgen sogar noch schlimmer als in unserem Jahrhundert.

Das früheste Hochwasser im Nesenbachtal, von dem wir wissen, trat 1272 nach ungewöhnlich großer Regenmenge auf. Für das 14., 15. und 16. Jahrhundert sind jeweils vier Überschwemmungen überliefert, dazu ein schweres Hagel-Unwetter 1551. Für das 17. Jahrhundert wird zwölfmal – davon viermal allein aus den 1650er-Jahren – und für das 18. Jahrhundert zehnmal von Wassersnöten berichtet.

Die meisten Hochwasser treten im Sommer auf: Von den 19 datierbaren Überschwemmungen in der Zeit von 1272 bis 1797 traten allein 13 in den Monaten Juni und Juli sowie eine im Mai auf; vier ereigneten sich im Januar und Februar, eine im März. Diese jahreszeitlichen Häufungen zeigen an, dass die meisten Hochwasser durch vor- und frühsommerliche starke Regenfälle, nicht selten in Verbindung mit heftigen Gewittern oder »schröcklichem Hagel«, bedingt waren. Die Hochwasser im Winter dagegen sind vorwiegend – wenn auch nicht ausschließlich – auf rasches Tauwetter zurückzuführen.

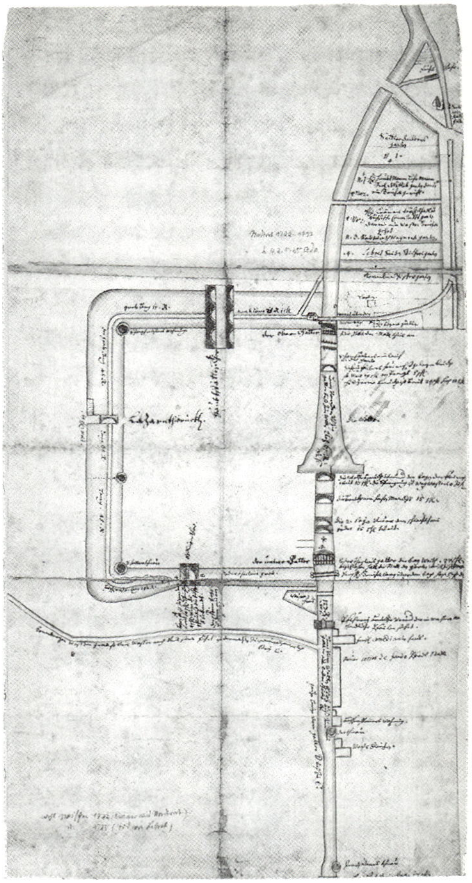

Der Nesenbach mit allen Wehren und Brücken um 1740. Durch die Beschriftung ist unter anderem angegeben, wo ein störender Pfeiler steht, wo der Dobelbach viel Schlamm bringt und wo die Reinigung durch die Stadt und wo sie durch die Landesherrschaft erfolgen muss.

Hatte schon das nach einem Wolkenbruch am 28. März 1492 nachts aufgetretene Hochwasser des Nesenbachs schwere Folgen – es wurden einige Häuser in der Esslinger Vorstadt zerstört, und mehrere Menschen kamen ums Leben –, so wurde es noch übertroffen von der Katastrophe am 31. Juli 1508. An diesem Tag kam das Wasser mit solchem Schwall das Tal herab, dass es die Hälfte des Hauptstätter Tores mitsamt einigen benachbarten Häusern hinwegriss. Elf Menschen fanden den Tod, und der Marktplatz war übermannshoch überflutet.

Schwere Schäden gab es auch am 11. Juli 1596, als ein Wolkenbruch die Esslinger Vorstadt unter Wasser setzte. Ein Jahr zuvor hatte rasches Tauwetter eine Überschwemmung bewirkt. Am 16. Mai 1612 fiel ein solcher Hagelschlag, dass es überall weiß war. »Unglaubliche Mengen Schleims und Erden« wurden ins Tal geschwemmt. Vor dem Esslinger Tor (am Charlottenplatz) lagen Schlamm und Geröll, die der Dobelbach herabgespült hatte, halbmannshoch, in der Vorstadt selbst kniehoch. Am 3. August 1562 erschlug der Hagel auf den Seewiesen (um den heutigen Stadtgarten herum) eine Kuh und zwei Pferde, vernichtete den Wein und zertrümmerte in der Stadt unzählige Fensterscheiben.

Vom 29. Juni 1640 wird berichtet, dass nach einem Wolkenbruch im Heslacher Tal viele Keller in der Altstadt und der Esslinger Vorstadt unter Wasser standen, der Markt überschwemmt war und einige Häuser einstürzten. Diese Katastrophe war den Einwohnern sicherlich noch in schlechter Erinnerung, als am 6. Januar 1651 nach rascher Schneeschmelze erneut Hochwasser in die Stadt drängte. Mit Vieh und Habseligkeiten flüchteten die Menschen aus der Esslinger Vorstadt auf die Hänge.

Schon ein Jahr darauf führte ein Wolkenbruch erneut zu einer Katastrophe: Der Marktplatz wurde etwa halbmannshoch überflutet, sämtliche Brücken über den Nesenbach wurden beschädigt, die Ufermauern teilweise eingerissen und das Esslinger Tor vom Dobelbach mit Geröll

Starke Regenschauer ließen den Nesenbach bis in unsere Zeit hinein in jedem Jahrhundert mehrmals stark anschwellen. Das Bild wurde Ende März 1978 mit Blick ins Neckartal aufgenommen.

blockiert. Unterhalb des herzoglichen Gartens, wo man den Nesenbach rechtwinklig entlang der Umfassungsmauer des Grundstücks geführt hatte, brach der Bach aus seinem Bett aus und suchte sich einen neuen Lauf.

Im Sommer 1768 richteten zwei Gewitterregen im Dobelbachtal schwere Schäden an. Nicht nur wurde das Bett vom heutigen Charlottenplatz an »bis zu oberst im Dobel« streckenweise einen Meter hoch zugeschüttet, sondern der Bach riss zudem im Gewann Sonnenberg, wo heute die Sonnenbergstraße verläuft, eine Wand fort und nahm sogar Steinblöcke von ein bis zwei Zentnern Gewicht mit. Dass bei solcher Gewalt auch die Ausmauerung des Baches in seinem untersten Teil (am heutigen Charlottenplatz) erheblich beschädigt oder gar mitgerissen wurde, kann kaum überraschen. Ein besonderes Problem ergab sich dadurch, dass der Dobelbach mit seinem Schutt das Bett des Nesenbachs verstopfte, so dass dieser zurückgestaut wurde und Überflutungsgefahr drohte, wie dies bei einem Unwetter anno 1777 dann tatsächlich geschah. Schon 1621 und 1623 mussten die Stuttgarter das Bett des Nesenbachs säubern, weil der Dobelbach es zugeschüttet hatte.

Zweifellos wurden die Hochwasser durch die Wetter-Ereignisse herbeigeführt. Daneben spielten aber auch die Geländeverhältnisse eine Rolle. So schießt der Dobelbach auf nur zwei Kilometer Strecke von 440 Meter Höhe auf 246 Meter hinab. Der Höhenunterschied beträgt also 194 Meter. Das entspricht einem Gefälle von 9,7 Prozent. Lässt man die weniger steile Strecke der Charlottenstraße außer Betracht, sind es sogar mehr als zehn Prozent Gefälle. Im Sünder beträgt der Höhenunterschied auf rund einen Kilometer etwa 112 Meter, also rund elf Prozent. Unter solchen Bedingungen haben die Bäche bei starkem Regen große Erosionskraft. Da der Dobelbach zudem in seinem besonders steilen Oberlauf leicht ausräumbare Mergelschichten des Keupers durchfließt, wird seine hohe Schlamm-Last verständlich.

Freilich hatte auch der Mensch seine Hand im Spiel. So hatte die Umwandlung des natürlichen Waldbestandes in Weinberge eine Verstärkung der Abtragung zur Folge. Im Wald verdunstet nämlich ein Teil des Niederschlags bereits in den Baumkronen, und das alte Laub am Boden hält einen weiteren Teil zurück. Beides entfällt in den Weinbergen; dort fließt nicht nur mehr Wasser ab, es strömt auch rascher. Die Hochwassergefahr im Tal wird damit ebenso vergrößert wie die Abspülung am Hang und die Ablagerung im unteren Lauf.

Außerdem hatte man gerade im Bereich des Dobelbachs mehrere Steinbrüche angelegt und damit das Gelände total entblößt. Dadurch wurde der Abfluss verstärkt; Steinbruchschutt wurde mitgespült. Überdies schütteten die Besitzer der Gärten und Steinbrüche ihren Unrat häufig an den Rain oder gar in den Bach, so dass ihn das Regenwasser mit hinabwusch.

Die einfache Bachverbauung im Romantischen Täle erfolgt noch heute ähnlich wie früher mit durchlässigem Holzwerk, die festere, wie hier im Bild, mit Mauerwerk.

Solange der Schwemmfächer des Dobelbachs nicht intensiv genutzt wurde, brauchte das nicht zu interessieren. Mit der Anlegung der Esslinger Vorstadt, also etwa seit 1400, kam man dem Schwemmfächer jedoch schon zu nahe, und so blieben denn Kalamitäten wie 1612 und 1652 nicht aus. Mit der Errichtung von Gebäuden im Mündungsbereich des Dobelbachs – 1705 wurde das Waisenhaus gebaut, 1740 bis 1745 die Untere Kaserne, die spätere Hohe Karlsschule – waren weitere Schwierigkeiten vorprogrammiert.

Zusätzlich erhöhten Bequemlichkeit und Uneinsichtigkeit vieler Anwohner die Gefahr erheblich. Das beweisen die Akten eindeutig. 1630 zum Beispiel wurde geklagt, der Nesenbach sei etwa halbmannshoch mit Schlamm, Kies und Unrat angefüllt, sodass schwerer Schaden drohe, wenn der Missstand nicht beseitigt werde. Zehn Jahre später, 1640, stellten mehrere Deputierte der Stadt fest, das Bett des Baches sei innerhalb der Stadt derart verstopft, dass große Wassermassen nicht rasch genug abfließen könnten und sich in die Stadt zurückstauen müssten. Außerdem behindere im oberen Teil eine zu enge Brücke bei Hochwasser den Abfluss. Reinigung und Ausbesserung seien notwendig, ehe wieder ein »großes Wasser« komme.

Nach dem Hochwasser vom Juli 1652 kam eine sechsköpfige Kommission nach einer Ortsbesichtigung zu dem Ergebnis, dass mehrere Brücken zu niedrig seien und den Hochwasser-Abfluss behinderten und dass weggeschwemmte Misthaufen und Holzstöße die Brücken-Durchflüsse blockierten. Außerdem stellte sie fest, dass der Stadtgraben bei Hofstetters Garten (an der Südwestseite der Esslinger Vorstadt) zugeschüttet worden war. Niemand aber wusste, wer dazu eine Anweisung oder Genehmigung gegeben hatte.

Schuld an diesen Missständen waren nicht nur die Anlieger des Nesenbachs, die ihre Abfälle kurzerhand in das Bachbett warfen, in das sie übrigens auch ihre Abwässer leiteten. Nein, der Bach selbst führte nicht mehr genug Wasser, um sein Bett selbst freihalten zu können. Dazu hatte die Obrigkeit beigetragen, indem sie zahlreiche Quellen im Einzugsbereich des Baches hatte fassen lassen, um das Wasser durch Holzröhren zur Trinkwasserversorgung in die Stadt zu leiten. Der Bau der ersten Stuttgarter Fernwasserleitung – über rund fünf Kilometer von Kaltental zum Alten Schloss – im Jahre 1490 war technisch zweifellos ein bemerkenswerter Fortschritt, ökologisch jedoch eine Verschlechterung für den Wasserhaushalt des Nesenbachs.

Immerhin wurden auch Maßnahmen ergriffen, die Abhilfe schaffen sollten. Die erste, von der wir wissen, geht auf Herzog Christoph zurück. Er ließ ab 1566 die obere Glems in den Pfaffenwiesen aufstauen und durch den nach ihm benannten Stollen zum Nesenbach ableiten. Er vergrößerte also künstlich das Einzugsgebiet des Nesenbachs, hauptsächlich, um den Betrieb der Wassermühlen zu verbessern (siehe Seite 60).

Daneben ist die Säuberung des Bachbetts zu nennen, die man mindestens seit 1508 immer wieder vornahm. Nicht nur die Einwohner der Stadt mussten dabei helfen, sondern gelegentlich auf herzogliche Anweisung auch die des Amtes Stuttgart und mitunter auch die der benachbarter Ämter, etwa 1642 die des Amtes Cannstatt.

Diese Maßnahme konnte allerdings nur dann dauerhaft Erfolg bringen, wenn man das Bachbett nicht weiter als Abfallgrube benutzte. Deshalb verbot Herzog Eberhard III. im Jahr 1640, Abfälle in den Bach zu schütten. Offensichtlich befolgten jedoch nicht alle diese Anweisung, denn zwei Jahre später bestimmte der Herzog, die Anwohner müssten die zum Nesenbach gerichteten Fenster vergittern, damit sie nichts dorthin auskippen könnten. Bald nach 1700 stellte man jedoch erneut fest, dass die Anwohner all ihren Kutter einfach in den Bach schütteten. 1737 wurde sogar Bauschutt hineingeworfen.

Man versuchte aber auch, die Gefahr durch Baumaßnahmen zu mildern. Eine Erweiterung des Bachbetts, die Erhöhung von Brücken und ein Durchstich unterhalb der herzoglichen Gärten wurden ins Auge gefasst. Anscheinend wurde um 1750 auch erwogen, den Nesenbach in einem kleinen See aufzustauen und diesen täglich in einem Schwall abzulassen, um das Bett damit immer wieder durchzuspülen. Ausgeführt wurde das Projekt allerdings nicht. 1785 und 1807/08 erneut aufgegriffen, wurde der Plan erst 1811/12 verwirklicht. 1853 war der Stausee allerdings schon nicht mehr vorhanden.

Schon 1631 schlugen die herrschaftlichen Baubeamten vor, in den Klingen des Dobelbachs an mehreren Stellen Dämme und Schwellen einzubauen, um den Schotter aufzufangen. Man hätte dann jeweils für einige Jahre Ruhe, meinten sie. Diese »Wildbachverbauung«, die in Gebirgen üblich ist, wurde zunächst anscheinend nicht verwirklicht, war aber dann in der zweiten Hälfte des 18. Jahrhunderts üblich. Man setzte jetzt nicht nur »Krippen«, also Flechtwerk oder Stein, in das Bachbett, sondern baute auch »Senklöcher«, in denen sich Schlamm und Geröll absetzen sollten. Für das Flechtwerk wurde Tannenholz verwendet. 1783 bezog man auch eine nicht mehr benötigte Brücke in die Bachverbauung ein, indem man sie mit Brettern abdichtete, jedoch so, dass das Wasser noch abfließen konnte.

Nach dem Unwetter vom Sommer 1768 mussten beim Kienle und am Dobelbach insgesamt rund 20 Krippen renoviert oder neu angelegt werden, teils aus Geflecht, teils aus Quadersteinen. Letztere wurden halbkreisförmig angeordnet und waren ungefähr einen Meter hoch. Wo die Wand abgerutscht war, wollte man den Hang durch Krippen und tief eingeschlagene Pfähle sichern.

Man war sich dabei durchaus der Problematik bewusst und hatte erkannt, »dass einer solchen Wassersgewalt mit keiner menschlichen Art vorzubeugen ist« und der Dobelbach sich auch durch solche Maßnahmen »nicht hindern lässt, Steine, Erden, Schutt und dergleichen fortzunehmen«. Dass Krippen und Senklöcher rasch zugeschüttet wurden, ist angesichts der Geländeverhältnisse verständlich. Man musste sie also häufig reinigen und reparieren.

Bleibt als Fazit, dass technische Maßnahmen die Probleme nicht lösten, sondern allenfalls verlagerten und damit neue Maßnahmen notwendig machten.

Hochwasser des Nesenbachs in der Zeit bis 1800

Datum		Ereignis
1272		Ungewöhnliche Regenmenge, Überschwemmung
1306		Überschwemmung
1343		Hochwasser
1368		Überschwemmung »bei Stuttgart«; Brücken und Mühlen zerstört
1374		Überschwemmung
1430		Überschwemmung
1433		Überschwemmung
1481		Überschwemmung
1492	28. März	Nachts einige Häuser durch Hochwasser nach Wolkenbruch zerstört, mehrere Tote
1508	31. Juli	Nach Wolkenbruch großes Hochwasser, Marktplatz übermannshoch überflutet, 11 Tote, Hauptstätter Tor zum Teil eingerissen und mehrere Häuser zerstört. Große Hilfeleistung aus dem gesamten Umland
1595		Überschwemmung durch rasches Tauwetter
1596	11. Juli	Großer Wolkenbruch setzt Esslinger Vorstadt unter Wasser, erhebliche Schäden
1597	12. Juli	Schäden in der Esslinger Vorstadt
1605	Januar	Überschwemmung
1605	Februar	Überschwemmung
1612	16. Mai	Starker Hagelschlag. Esslinger Vorstadt überschwemmt
1619		Schäden in der Esslinger Vorstadt
1624	28. Juni	»Schröcklicher Hagel und Gewässer«, 900 Morgen übel verflözt
1624	30. Juni	ebenso
1640	29. Juni	Wolkenbruch im Heslacher Tal bringt »große Wassersnot«, in Esslinger Vorstadt und Altstadt viele Keller überflutet, einige Häuser eingestürzt, Markt überschwemmt
1651	6. Januar	Hochwasser nach rascher Schneeschmelze und Wolkenbruch. Mit Vieh und Habseligkeiten flüchten die Einwohner aus der Esslinger Vorstadt. Hochwasser auch in Cannstatt und Esslingen
1652	2. Juli	Hochwasser nach Gewitter. Alle Nesenbachbrücken beschädigt, Marktplatz etwa halbmannshoch überflutet, Esslinger Tor durch Geröll blockiert
1656		Wolkenbruch bringt »Wassersnot«
1658		Hochwasser
1690	Juni	Starke Gewitter mit Platzregen bewirken Überschwemmung
1702	13. Juli	Esslinger Vorstadt und Teile der Altstadt überflutet
1704		Überschwemmung
1707		»Entsätzliche Wassergüße«
1709	21. Juni	Gewitter und Platzregen, Esslinger Vorstadt überschwemmt, ein Knabe ertrunken
1740		Hochwasser
1750		Hochwasser
1786	27. Juni	Große Wasserflut und Schäden im Heslacher Tal
1789	30. Juni	Überflutung bringt viel Schaden
1795	Februar	Hochwasser nach Tauwetter
1797	9./11. Juni	Überschwemmungen nach starken Regengüssen

Seltsame Himmelserscheinungen: Blutregen, Höhenrauch und Nebensonnen

Liest man die vor gut 150 Jahren erschienene zweibändige Geschichte Stuttgarts von Karl Pfaff oder die Chronik der Stadt von Julius Hartmann aus dem Jahr 1886, so stößt man gelegentlich auf zwei Begriffe, die man sich zunächst nicht zu erklären vermag: »Blutregen« und »Höhenrauch«. Nahezu phantastisch muten mitunter die zugehörigen Beschreibungen an. Was hat es damit auf sich?

Am 15. November 1642 staunten die Stuttgarter sehr: Der Regen fiel rötlich vom Himmel. Etliche Bürger holten schnell Gläser, um diesen »Blutregen« aus dem Ablauf vom Dach aufzufangen. Sie brachten die Proben zum Magistrat, doch wusste auch dieser keine Erklärung für das Phänomen. In Cannstatt wunderte man sich gleichfalls über »rotfärbiges Wasser«.

Am 7. Dezember fiel erneut »blutfärbiges Wasser«, und die Cannstatter meldeten ebenfalls, dass sich dort »rotfärbiges Wasser habe sehen lassen«. Hans Georg Adlung und Elisabeth Zimmermann, die in Stuttgart in der Esslinger Vorstadt wohnten, gaben darüber zu Protokoll, sie hätten nachmittags zwischen drei und vier Uhr, nachdem es eine Weile geregnet hatte, bemerkt, »das der Regen kein natürlich Waßer, sondern mehrer theil braunroth seye«. Adlung stieg aufs Dach und ließ die Tropfen auf ein Blatt Papier fallen, das nach dem Trocknen braunrot gefärbt war. Elisabeth Zimmermann stellte einen Kübel unter die Dachrinne und ließ ihn etliche Mal voll laufen, und das Wasser war immer rötlich gefärbt. Auch Adlung fing in einem Glas Wasser aus der Rinne auf. Es habe »wie Bier, oder Seiffenwasser geschaumbt«, gab er zu Protokoll. Der Sohn des Buchbinders Rösslin bestätigte das Ereignis.

Ähnliches wurde auch an anderen Orten beobachtet. In Aich bei Nürtingen zum Beispiel fielen am 19. Juli 1642 und in Vaihingen an der Enz am 16./17. Februar 1643 bei hellem Himmel angeblich Blutstropfen auf die Erde. Man glaubte an ein göttliches Mahngericht, zumal am 18. November 1642 ein Erdbeben die Stadt Stuttgart erzittern ließ, und suchte sich durch den Besuch von Bußpredigten zu entlasten. Mitte März 1721 verzeichnete man in Stuttgart abermals einen »Blutregen«. Ob der am 10. April 1009 in Süddeutschland gefallene »Blutregen« auch in Stuttgart beobachtet wurde, ist leider nicht überliefert, aber wahrscheinlich.

Heute können wir das Phänomen erklären. Wir wissen, dass Vulkane ihre Asche bis in große Höhen blasen können, wo der Wind sie um die Erde weht. Im Jahre 1642 wurde solcher Staub durch den Regen ausgewaschen. Zum zweiten können starke Winde in der Sahara den Wüstenstaub hoch aufwirbeln und bis nach Mitteleuropa verfrachten. Auch dieser Staub kann rötlich gefärbt sein. Das lässt sich aus den Verwitterungs-Vorgängen in den Trockengebieten erklären: Eisen und Mangan bilden dort an der Oberfläche von Steinen und Sandkörnern eine Kruste, die rötlich erscheint und auch Dünen in der Sahara diesen Farbstich verleiht. Ein gelb- bis rotbrauner Staub fiel übrigens am 26. Februar 1983 im Stuttgarter Raum, ohne dass es regnete. Fällt der Niederschlag in fester Form, kann es den »Blutschnee« geben.

Beim so genannten »Blutwasser« dagegen, wie es mitunter in Brunnen auftrat, wird die Rotfärbung durch unzählige kleine Rotalgen verursacht. Als ab dem 5. August 1583 in Beilstein an vielen Stellen des Wassergrabens über mehr als acht Tage lang ein solches »Blutwasser« beobachtet wurde und zudem noch ein Nordlicht auftrat, sah man darin ein »schröckliches Wunder, uns zu einer Vätterlichen Warnung zugeschickt« von Gott. In Schorndorf wurde im September 1644 in der Altlache »Blutwasser« beobachtet.

Am 18. Juni 1643 wollen die Stuttgarter Torwächter gesehen haben, wie eine Feuerkugel auf den Graben (die heutige Königstraße) fiel. Und als im März 1665 der Spitalmeister Hans Dannenmayer und der »Zins-Sämbler« Christoph Schmid morgens zwischen fünf und sechs Uhr nach Möglingen fuhren, um Zehntfrüchte abzuholen, sprachen sie vom jüngst beobachteten Kometen, schauten zum Himmel und entdeckten ihn auch. Da fiel ihnen ein besonders heller Stern auf, der plötzlich anfing, sich »zue der Erden zu senckhen ... und mehr dann eines Tisch breits lautter Fewer herab [zu sprühen] auch ... bey dem Cantstatter wäldlin allwa die Zuffenhäußer weingardt anfangen, zu boden gefallen«. Der Spitalmeister war so voller Furcht, dass er umgekehrt wäre, wäre er allein gewesen. Wahrscheinlich handelte es sich in beiden Fällen um eine Sternschnuppe, die sich in Blickrichtung zur Königstraße beziehungsweise zum Cannstatter Wäldchen hin bewegte, wenn nicht sogar um einen Meteoriten.

Vom Jahre 1628 berichtet Karl Pfaff, am 27. und 30. April habe man am Himmel »ein Wunderzeichen« erblicken können, nämlich »feurige Striemen, gleich als ob zwei Kriegsheere mit einander stritten und eine Totenbahr erschien.« Vielleicht war auch dies nichts anderes als Höhenrauch. Denn in denjenigen Fällen, in denen es sich um Nordlichter handelte, erwähnt Pfaff dies besonders. Bezeichnend für »Höhenrauch« ist, dass er auch bei Tageslicht und manchmal sogar mehrere Tage lang zu sehen ist, sofern nicht Wolken ihn den Blicken entziehen.

Solchen Höhenrauch (auch Herauch, Hehrrauch genannt) beobachtete man in Württemberg und sicherlich auch über Stuttgart zusammen mit dem Blutregen am 10. April 1009, in Stuttgart ferner im Jahr 1505, am 23. bis 25. April 1546 und dann vor allem am 19. Juni 1783, als die Sonne feurig erschien. Das Phänomen war fast den ganzen Sommer 1783 über zu beobachten.

Am 23. Mai 1642 meldete der Vogt von Cannstatt seinem Herzog, etliche Personen hätten ihm berichtet, »welcher Gestalt die liebe Sonn bey dem Uffgang mit ohngewöhnlicher Farben und Größin, so breit, alß dem Augenmaaß nach ein Tisch, und mehrentheils sich feurig erzeiget«. Von ihr seien »ohnzahlbar vil Feuerstraalen, Dampf, Rauch, dann auch Kuglen« ausgegangen und scheinbar auf den Boden gefallen. Abends eilten die Leute auf den Wasen, und der Vogt erblickte selbst sie Sonne feuerrot mit schwarzen Strichen. Zuvor hatten etliche Bürger die Sonne »bluetrot« gesehen; sie habe »viel hundert Kuglen, welche uff alle Seyten gegen Leonberg, Stuedtgard, Hailpronn und abwerts, vil auch gegen Canntstatt ußgefahren«. Eine Kugel sei auf das auf der Bleiche ausgelegte Leinen gefallen, andere in den Neckar, die Weinberge und die Äcker. Ähnliche Beobachtungen wurden dem Herzog aus Böblingen, Weilheim und Hepsisau gemeldet.

Nach diesem Ereignis bat der Cannstatter Pfarrer den Herzog, er möge mit den Konsistorialräten »communiciren« und beraten, was in den Kirchen des Herzogtums zu tun sei, um »die antrohende Straffen und Gefahr« abzuwenden und den »Pfarrkindern selbiges und die darmit angetrohte große Sündenstraffen beweglich zu Gemüth zu führen, sie zu wahrer Bueß und Gottesforcht ernst an- und von fernern Sünden unnd Lastern abzuhalten«.

Ein anderes Phänomen konnte man am 30. Juni 1820 in Stuttgart beobachten: einen Ring um die Sonne, einen so genannten Halo. Er war, wie Karl Pfaff schrieb, »vollkommen rund, milchweiß und innen wie schief abgeschnitten«, und die Sonne strahlte in seinem Mittelpunkt ungewöhnlich stark. Zugleich zeigte sich bis zwei Uhr nachmittags auch Höhenrauch, und mit diesem verschwand zugleich der Ring um die Sonne, bildete sich aber etwas später noch einmal. Diese Schilderung bezeugt, dass beide Erscheinungen miteinander zusammenhingen.

Aus dem Jahre 1831 beschrieb Pfaff für den 7. Januar nicht nur ein Nordlicht, sondern auch einen gegen 5.30 Uhr morgens (also noch bei Dunkelheit) aufgetretenen großen, weißen Kreisbogen. Der von ihm eingeschlossene Kreisabschnitt zeigte, so Pfaff, gegen den übrigen, ziemlich stark umnebelten Horizont eine sehr deutlich abstechende, weißliche Beleuchtung. Um sechs Uhr erschienen an mehreren Stellen des Kreisbogens rosenfarbene Flecken, wie Wolken, von denen senkrechte Strahlen herab in den Kreisabschnitt liefen. Neben ihnen zogen sich auch weiße und dunkle Streifen über den Himmel. Diese Erscheinung verschwand einige Male, kehrte aber immer wieder. Gegen neun Uhr erreichte sie ihre größte Pracht. Um zwölf Uhr aber war nur noch der weiße Kreisabschnitt vorhanden, der gegen Osten nach und nach abnahm und schließlich verschwand. Noch einmal zeigte sich Höhenrauch am 19./20. April 1839.

Die Färbung am Himmel wird durch weitverteilten Staub verursacht, den die Sonne bescheint. Er kann – ähnlich wie der Mond – auch dann leuchten, wenn die Sonne unter dem Horizont steht, ihr Licht aber den Staub trifft. Dieser Staub ist nichts anderes als Rauch von Wald-, Steppen- oder Moorbränden, den der Wind weithin verfrachtet hat, oder von besonders heftigen Vulkanausbrüchen, deren Aschewolken in großer Höhe von Winden um die Erde transportiert wurden. Die Häufung seltsamer Himmels-Phänomene 1642/43 spricht dafür, dass bei ihnen Ascheteilchen im Spiele waren. Was es mit den Beobachtungen der im Mai 1642 in Cannstatt angeblich niedergegangenen feurigen Kugeln auf sich hat, müssen wir allerdings dahingestellt sein lassen. Hatten die Leute zu lange in die Sonne geschaut und davon Augenflimmern bekommen?

Es ist allerdings schwierig festzustellen, welcher Vulkan zu dieser Zeit seine Asche in die Atmosphäre geschleudert hat, weil hierüber keine Angaben existieren. Prüft man die Chronik der Vulkan-Ausbrüche, so bleiben nur wenige übrig, deren Eruptionen stark genug waren, um in Frage zu kommen. War es der Komaga-Take auf Hokkaido in der Zeit vom 31. Juli bis 9. Oktober 1640, oder war es der Awu auf der Sangihe-Insel in Indonesien am 3. Januar 1641? Beide erreichten die höchsten Explosions-Werte dieser Jahre. Nicht ganz so stark, aber noch im-

Himmelsphänomene der Jahre 1642/43/44

Jahr	Tag	Ort	Erscheinung
1642	23.5.	Cannstatt, Böblingen, Weilheim, Hepsisau	Stark verfärbte Sonne mit Höhenrauch, Feuerkugeln
	17.7.	Aich	Gegen 10 bis 11 Uhr einzelne Tropfen Blutregen
	8.8.	Altensteig	Sonderbares »Gewölk«, das sich schwarz färbte
	15.11.	Stuttgart, Cannstatt	Blutregen
	25.11.	Stuttgart	Mond-Halo
	7.12.	Stuttgart	Blutregen
1643	17./18.2.	Vaihingen/Enz	Einzelne Tropfen Blutregen
	23.4.	Lauffen a. N.	Blutfarben, grün und gelb getönte Sonnenstrahlen
	18.6.	Stuttgart	Feuerkugel niedergegangen
	18.7.	Hildrizhausen	Rote Wolken, in schwarz übergehend
1644	3.1.	Schorndorf	Feuerkugel mit Schweif
	20.2.	Großglattbach	Blutregen
	25.3.	Köngen/Kirchheim	Blutroter Höhenrauch, Kugeln
	3.5.	Schorndorf	Abends bis nachts weißer Höhenrauch

Quelle: Hauptstaatsarchiv Stuttgart A 202 Bü 1821

mer herausragend waren der Llaima in Chile 1640 und der Kelut auf Java 1641. Immerhin können sich die Aschewolken, wie man von jüngeren Vulkan-Ausbrüchen weiß, mehrere Jahre lang um die Erde bewegen.

Der am 19. Juni 1783 in Stuttgart beobachtete Höhenrauch stammte von dem Ausbruch der Lakagigar-Spalte (Vulkan Laki) auf Island am selben Tag, dem zwei Tage später ein weiterer folgte. Bei dieser Eruption wurden große Lavafontänen ausgeworfen und riesige Aschewolken in die Höhe geschleudert. Die Isländer sprachen von einem »nationalen Unglück«, denn der dadurch verursachte Schaden war unbeschreiblich. Nicht nur über Island hing ein bläulicher Dunst, sondern die Asche wurde bis nach Nordafrika und Westasien geweht. Mehrere Monate lang herrschte kaltes Wetter. Die Temperatur lag um ein bis zwei Grad niedriger als sonst, doch das reichte, dass der folgende Winter lange Zeit als »der kalte Winter« in Erinnerung blieb. In ganz Italien ging eine feine Staubschicht nieder, in Schottland verdarb die Ernte, viele Menschen klagten über gesundheitliche Beschwerden, und 9340 Personen sollen infolge der schlechten Ernte verhungert sein.

Der 1820 beobachtete Höhenrauch hatte seine Ursache wahrscheinlich im Ausbruch des Tamboro auf den Sunda-Inseln 1815/16, der 1816 weltweit zu einer Hungersnot führte (siehe Seite 96), vielleicht auch in dessen erneutem Ausbruch 1819. Überdies gab es 1819 und 1820 zahlreiche Ausbrüche anderer Vulkane.

Das bekannteste Beispiel für derartige Vorgänge ist der Ausbruch des Krakatau zwischen Java und Sumatra am 26. August 1883. Dreißig Kilometer stieg die Rauchwolke in die Höhe, und der feine Staub wurde in der Atmosphäre bis in 90 Kilometer Höhe um die ganze Welt geweht. Auf Ceylon (Sri Lanka) sah man die Sonne grün, auf Trinidad blau. Da der Staub die

Sonneneinstrahlung verringerte, sank die Jahresdurchschnittstemperatur – wie übrigens auch schon 1783 beim Ausbruch des Laki und 1816 beim Ausbruch des Tamboro – weltweit etwas ab. Bis 1894 konnte man farbenprächtige Sonnenuntergänge mit rotleuchtenden Staubwolken sowie »leuchtende Nachtwolken« beobachten. Beim Ausbruch des Mount St. Helens (USA) im Sommer 1980 ging auch in Stuttgart Vulkanstaub nieder.

Als im September 1950 mit Höhepunkt am 22./23. September in Kanada in der Gegend um Wanham der Rauch von etwa 30 großen Waldbränden den Himmel verdunkelte, konnte man vom 27. September bis in die ersten Oktobertage hinein von Schottland und England bis nach Nordskandinavien und Portugal, so auch in Südwestdeutschland, eine blaue Sonne und einen blauen Mond sehen. Das bewirkte, wie die »Stuttgarter Zeitung« meldete, beträchtliche Aufregung, rege Diskussion des Publikums und zahlreiche Telefonanrufe. Die Zeitung schrieb nach Rücksprache mit dem Wetteramt, weder der Waldbrand noch eine Atombombe hätten das Phänomen bewirkt, sondern sehr dünne Altostratus-Wolken in 3000 bis 4000 Meter Höhe. Es war aber doch die Lichtstreuung an den unzähligen, sehr kleinen Rauchteilchen, die zu dieser seltenen Erscheinung führte.

Ein anderes optisches Phänomen entsteht – der Meteorologe Fritz Möller spricht von »Schmuckstücken des Himmels« –, wenn das Sonnen- oder Mondlicht durch Wassertropfen oder Eiskristalle gebrochen wird. Die bekannteste dieser Erscheinungen ist der farbenprächtige Regenbogen. Ihn kann man sehen, wenn man, von der Sonne abgewandt, auf Regen blickt, der von der Sonne beschienen wird. Die ein- oder zweimalige innere Spiegelung des Sonnenlichts im Regentropfen lässt uns den Bogen sehen. Schaut man dagegen in Richtung zur Sonne, so kann man bei leichten Schleierwolken, die überwiegend aus Eiskristallen bestehen, den schon erwähnten Halo sehen (von griechisch halos = runde Fläche): leuchtende Regenbogenfarben verschiedener Form. In welcher Gestalt sie erscheinen, hängt von der Form und Lage der Kristalle in der Luft ab sowie davon, ob und unter welchem Winkel das Licht gebrochen oder ob es gespiegelt wird.

Am häufigsten sind eine oder zwei Nebensonnen oder schwach ausgebildete Lichtkreuze zu erkennen, nämlich je nach der Wolkenverteilung auf nur einer Seite der Sonne oder beidseits. Mitunter kann man einen größeren oder kleineren Kreisbogen sehen, manchmal auch einen Ring, eine Untersonne oder eine Lichtsäule. Bei Wasserwolken kann um Sonne oder Mond auch ein Kranz auftreten, dessen innersten Teil eine helle, weißleuchtende Scheibe um die Lichtquelle bildet.

Drei Nebensonnen erwähnt Karl Pfaff (1850) auch für den 3. Januar 1513. Am 28. Juni 1633 beobachtete man einen Kreis um die Sonne mit zwei Nebensonnen. Von zwei Nebensonnen, die am 15. Januar 1646 in Tübingen zu sehen waren, gibt es sogar eine gezeichnete Darstellung.

Der Verfasser sah am 14. April 1999 am Spätnachmittag einen Halbkreis oberhalb der Sonne, am 1. Juli 1999 nachmittags einen vollen Ring, und am 17. Juli 1999 gegen 13.20 Uhr (Sommerzeit) bei Ansbach Segmente eines inneren und eines äußeren Ringes.

In der Nacht vom 25. zum 26. November 1642 bemerkten zwei Nachtwächter der Esslinger Vorstadt in Stuttgart ab Mitternacht etwa eine Stunde lang ein »Wunderzeichen«, nämlich »bei hellem Himmel rings umb den Mon ainen roten, weiten Ring«. Dann begann der Ring sich »zu entferben, allso das der Ring, welcher volkhommen verblieben, endtlich gantz weis worden«. Die Ursache hatten wir schon angesprochen. Vom 9. Mai und 20. Juni 1841 erwähnt Pfaff einen »Mondregenbogen von seltener Deutlichtkeit«. Der Verfasser beobachtete zufällig am 30. Mai 1999 nachts um drei Uhr, wie der Rand einer feinen Wolke, die sich vor den Vollmond geschoben hatte, als kleiner Halo in den Regenbogenfarben leuchtete, und am 3. Juli 1999 nachts um vier Uhr einen vollen kleinen Ring.

Eine besonders schöne Mond-Erscheinung ist uns sogar in einer Zeichnung überliefert. Als der Arzt Dr. Johann Ludwig Mögling in Tübingen am 30. März 1659 nachts ab drei Uhr einen hellen Ring um den Mond mit zwei Nebenmonden beobachtete, hielt er das Bild sogleich in einer Zeichnung fest. Der Himmel war klar, die Sterne waren sichtbar. Die Nebenmonde hätten, so schrieb Mögling, »zwar nit so eben hell alß der wahre und mittlere Mon geleuchtet, aber doch einen Lichtschein, gleich alß der Mon durch einen Nebel oder dünne Wolckhen schim-

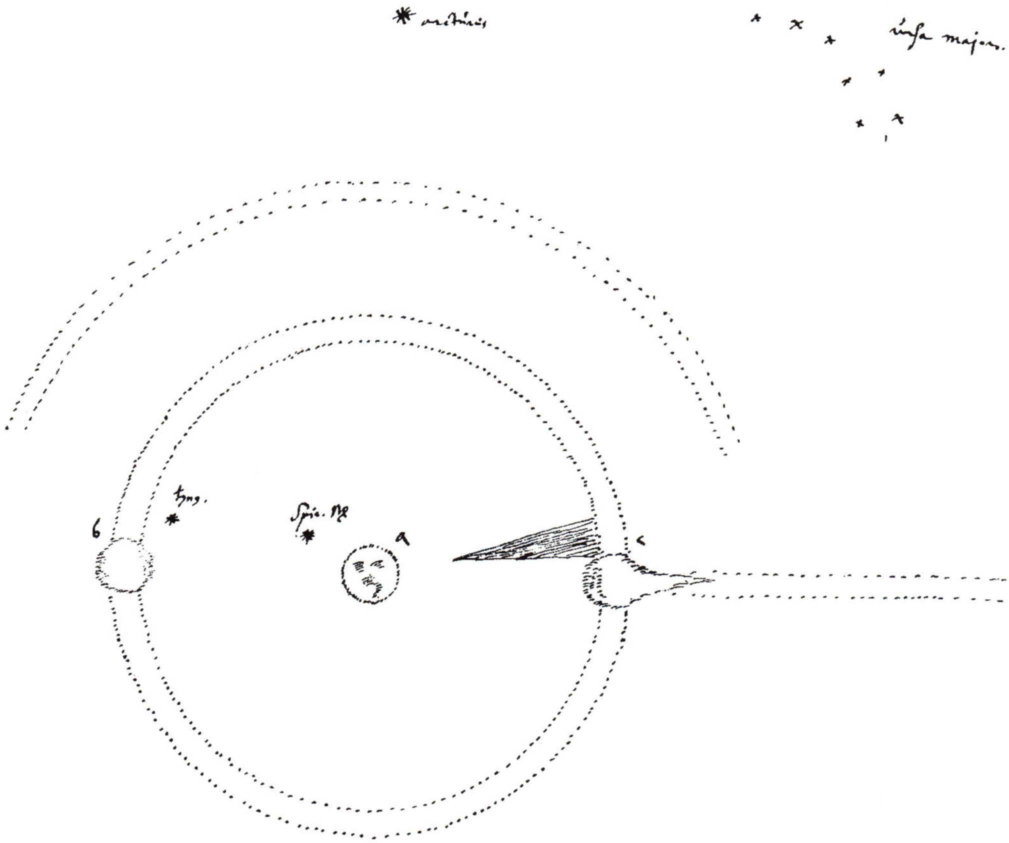

So sah der Arzt Dr. Johann Ludwig Mögling in Tübingen den Mond-Halo vom 30. März 1659.

Halo (Ring im oberen Teil des Bildes), beobachtet am 20. Juni 1999 in Raidwangen. Eine Wolke verdeckt die Sonne (unten).

mert, von sich gegeben«. Der rechte Nebenmond zeigte dazu einen Schweif wie ein Komet und in dessen Verlängerung einen hellen Streifen. Das Ganze umzog ein äußerer Halbkreis. Links vom Mond sah Mögling die Spica, rechts oben vom linken Nebenmond den Saturn und oben am Himmel Arkturus und den Großen Bären.

Eine andere Ursache hat die Rotfärbung des Vollmonds. Sie ist zu beobachten, wenn der Mond in den Halbschatten der Erde wandert.

Mit Sicherheit stellen die wenigen Halos, die Pfaff anführt, nur einen sehr geringen Bruchteil der tatsächlich aufgetretenen Erscheinungen dar, konnte ich doch in nur vier Jahrzehnten über Stuttgart und Umgebung Dutzende von Halos beobachten – weitaus mehr, als Pfaff für vier Jahrhunderte erwähnt. Und auch das ist wenig, gibt es doch rund hundert Halo-Tage im Jahr. Pfaff führt übrigens nicht alle Phänomene auf, die in den Akten des Hauptstaatsarchivs geschildert werden.

Warum man nur wenige Halos registriert, lässt sich damit erklären, dass viele Menschen den Himmel nur wenig beobachten, schon gar nicht gegen die Sonne, und deshalb das oft nur schwach in den Regenbogenfarben schimmernde Licht nicht wahrnehmen. Sicherlich wurde früher auch so mancher Halo zwar beobachtet, darüber aber nichts aufgezeichnet.

Vor einer großen Schlacht soll ein christlicher Heerführer am Himmel ein leuchtendes Kreuz gesehen und gesagt haben: »In hoc signo vincis« (in diesem Zeichen wirst du siegen). Was er beobachtete, war zweifellos ein Halo.

Ein Hochwasser spülte die Volksfestzelte weg

Das Jahr 1851 brachte vielen Orten des Neckarlandes eine ungeahnte Katastrophe. Dreimal binnen zwei Monaten lösten lange anhaltende Regenfälle gewaltige Überschwemmungen aus. Schwere Schäden entlang vieler Flüsse versetzten zahlreiche Einwohner in große Not.

Das erste Hochwasser ereignete sich am 1. und 2. August. In den vorausgegangenen Wochen hatte es viel geregnet, und als sich nun ein Gewitterguss entlud, trat der bereits stark angeschwollene Neckar über seine Ufer. Die tiefer gelegenen Teile von Cannstatt wurden überschwemmt; in der Brückenstraße zum Beispiel stand das Wasser etwa 30 Zentimeter hoch. Auch Wangen und Hedelfingen mussten schwer leiden. In Untertürkheim schwammen zehn Badehäuschen davon, und in Cannstatt trieb die auf Pontons schwimmende Badeanstalt fort und blieb zunächst an der Wilhelmsbrücke hängen, ehe sie zerbrach.

An der Einfahrt der Mühle in Berg wurden nach jedem großen Hochwasser Marken für die Höhe angebracht. Die oberste Marke zeigt den 1824 erreichten Stand an, die zweite den von 1851, die dritte den von 1817. Das Tor steht heute im Lapidarium der Stadt Stuttgart.

In Obertürkheim riss das Wasser den Steg hinweg. In Untertürkheim stauten sich an der alten Holzbrücke Floßholz und Treibgut derart an, dass die hölzernen Pfeiler dem Druck schließlich nicht mehr standhielten: Am 1. August gegen 19.30 Uhr brachen zwei Joche der Brücke zusammen. Man hatte dies übrigens schon vorher befürchtet. In Cannstatt kam ein Maler ums Leben, als er versuchte, abtreibendes Holz zu bergen.

Durch die Überschwemmung waren nicht nur viele Postverbindungen im ganzen Land unterbrochen, auch der Bahnverkehr war gestört. Bei Obertürkheim zum Beispiel hatte das Wasser die Bahnstrecke derart beschädigt, dass die Passagiere dort aussteigen und die Schadensstelle zu Fuß passieren mussten.

Die nächste Hiobsbotschaft kam am 11. August aus Untertürkheim: Weil die Brücke nicht mehr benutzbar war, wollten drei Männer und drei Frauen ihre Feldfrüchte per Boot über den Fluss bringen. In der Mitte des Stromes ging ihr Boot jedoch unter – angeblich weil es überladen war –, und die sechs Personen trieben weit flussabwärts. Doch sie hatten Glück im Unglück und konnten alle gerettet werden.

Diese zeitgenössische Darstellung des Hochwassers von 1851, eine Lithographie nach einer Zeichnung von C. Schacher, zeigt die bereits zerstörte Brücke bei Untertürkheim. Im Vordergrund versuchen zwei Männer, Rinder zu retten bzw. zu bergen.

Das nächste Hochwasser folgte am 25./26. September. Diesmal stieg das Wasser noch etwas höher an, nämlich in Cannstatt um rund 5,70 Meter. Jetzt standen sämtliche Keller des Kurorts unter Wasser, und auch Berg und Wangen meldeten 1,75 Meter Überschwemmung. Auf dem Cannstatter Wasen waren bereits die Stände für das Volksfest aufgebaut – das Wasser riss alles mit sich. Das Fest musste ausfallen – ein schwerer Schlag für die Schausteller!

Kaum hatte sich der Neckar in sein Bett zurückgezogen, als am 27. September abermals anhaltender Regen einsetzte. Erneut überschwemmte der Fluss das breite Tal. Diesmal wurde die Brücke in Neckarweihingen schwer beschädigt. Der Graswuchs in den Tälern war total verdorben, das reife Obst fiel großenteils ins Wasser und wurde fortgeschwemmt. Wirtschaftliche Erträge waren im Neckartal in diesem Jahr kaum zu erzielen, und auch jene, die im Talbereich Ackerbau betrieben, gerieten in Not. Am alten Tor der Berger Mühle – es steht heute im Lapidarium in der Mörikestraße – kann man ablesen, wie hoch das Wasser dort damals stand und dass es nur 1824 ein schlimmeres Hochwasser gab.

Das 19. Jahrhundert war im Vergleich zu früheren Zeiten reich an Hochwassern, und das Jahr 1851 war nicht das einzige, das gleich mehrere Überschwemmungen

Als Ersatz für die 1851 zerstörte Holzbrücke erhielt Untertürkheim 1852/53 die rechts im Bild sichtbare Gitterbrücke. Die Abbildung stammt aus dem Jahr 1855 (Ausschnitt).

brachte. Auch 1856 gab es dreimal Hochwassernot: im Mai, im Juni und im Dezember; ebenso 1876: im Februar, im März und im Juni. Im Jahre 1877 trat der Neckar im Februar und im April über die Ufer. 1893 gab es zweimal, nämlich am 31. Januar und vom 2. bis 4. Februar, großen Eisgang, der in Obertürkheim, Untertürkheim und Wangen schwere Schäden anrichtete. Das Hochwasser von 1851 war jedoch eine der größten Katastrophen: Solange die Geschichtsschreibung von Hochwassern berichtet, wurde es nur zweimal übertroffen, nämlich nach 36-stündigem Regen Ende Mai 1817 und am 29./30. Oktober 1824.

Früher sah man in solchen Katastrophen eine Strafe Gottes. Deshalb ging man nach dem Hochwasser vom 6. Januar 1524 in Stuttgart zu einer Bittprozession, und das Tanzen wurde für 14 Tage verboten. Heute ist klar, dass der Mensch selbst ein gut Teil Schuld an den Schäden trägt: durch die starke Überbauung des Bodens und durch Begradigung der Wasserläufe, nicht zuletzt auch durch das Bebauen von tief liegenden Flächen in den hochwasserbedrohten Tälern.

Von der Hygiene in der Stadt

Der Mist lag auf Stuttgarts Straßen

Wer die handgezeichneten Pläne von Stuttgart des Ingenieur-Hauptmanns Johann Adam Riediger und seines Sohnes, des Ingenieur-Leutnants Heinrich Riediger, aus den Jahren 1740 bis 1745 betrachtet, stößt vor dem Hauptstätter Tor und an der untersten Breitscheidstraße auf Eintragungen, die auf ein großes Problem der Stadt hinweisen: »Kutterhauff« steht da zu lesen und »Säuwasen«. Sie beschreiben das Problem der Entsorgung, nämlich die Beseitigung des Kutters (Abfalls), zu der noch die Beseitigung des Mistes hinzukam.

Die Hygiene ließ in der mittelalterlichen Stadt erheblich zu wünschen übrig. Mistlegen auf den Straßen galten als selbstverständlich, und das Abwasser schüttete man ebenfalls auf ihnen aus. Man wusste nicht, dass man einen Teil der aus beidem fortgespülten Keime aus den Trinkwasserbrunnen wieder zu Tage förderte. Noch 1429 durfte ein Bürger »nach seiner Notdurft« durch das Fenster »in das Höflein hinausschütten«, und auch 1466 wurde den Bewohnern eines Hauses Gleiches erlaubt, nur mussten sie darauf achten, dass niemand dort stand.

Graf Eberhard im Bart war der erste Landesherr in Württemberg, der in seiner neuen Stadtordnung für Stuttgart 1492 Vorsorge-Maßnahmen anordnete. Er verlangte, die Brunnen sauber zu halten – was jedoch auch vorher schon als Regel galt –, den Mist wöchentlich aus der Stadt zu schaffen und das Toilettenhaus vierzehntäglich, jedoch nur bei Nacht, auszuräumen. Wer keinen Abtritt hatte, musste seinen Kübel jede Nacht in den Nesenbach entleeren. Auch durften keine toten Tiere in den Bach geworfen werden.

Was für den Mist galt, dürfte ähnlich auch für anderen Unrat gegolten haben. Das geht aus Verordnungen des 17. Jahrhunderts hervor. Die Stadt brauchte also Deponieflächen, und sie musste immer wieder neue geeignete Plätze suchen.

Den anfallenden Mist nutzte man weitgehend zur Düngung, insbesondere in den Weinbergen. Das bezeugen alte Verträge, wie sie bei Besitzwechsel ausgestellt wurden. Als zum Beispiel 1315 der Esslinger Predigerorden eineinhalb Morgen Weingarten in der Afternhalde zu Stuttgart an die Frauen des Weiler Predigerordens übergab, wurde ausdrücklich festgehalten, dass 20 Karren Mist in den Weinberg gebracht werden sollten. Im Urbar von 1350 ist von acht Karren Mist pro Morgen Weingarten die Rede. Auch in einigen anderen Urkunden finden sich Bemerkungen über die Mistzufuhr.

Bis zur Abfuhr lagerte man den Dung teils auf den Höfen, teils aber auch auf der Straße am Haus oder in den »Winkeln«, den schmalen Gängen zwischen den Häusern, über denen die Erker der Aborte hingen. Dabei blieben Streitfälle natürlich nicht aus. Von einigen solcher Auseinandersetzungen sind die Schiedssprüche erhalten und belegen die damaligen Gepflogenheiten. So wurde 1491 eine Mistlege am Adelberger Hof in einer Urkunde ausdrücklich bestätigt. Weitere Doku-

So wie auf diesem Bild aus Münchingen vom 10. August 1978 lagen früher auch in Stuttgart die Dunghaufen an der Straße.

mente belegen, dass dies kein Einzelfall war. In einem Plan von 1708 sind auf dem Weg zwischen dem damals noch vorhandenen Friedhof an der Büchsenstraße und dem Spitalhof »deß Spittals s. v. tung grueben« sogar verzeichnet (s. v. bedeutet salva venia = mit Verlaub zu sagen, man verzeihe den Ausdruck). Wir haben damit also auch einen kartographischen Beleg für diese Verhältnisse (siehe Seite 53).

In anderen Städten war es nicht viel anders. Lange Zeit waren die zumeist noch ungepflasterten Straßen nicht nur Geh- und Fahrwege, sondern zugleich Mistlegen und Abfallplätze, teilweise auch Abwassersammler. Noch 1691 meinte der kursächsische Rentkammerverwandte Conrad Rüger, die Stadt Stuttgart sei »von schönen Gebäuden und schön[er] Situation, wird aber in der Stadt sehr unflätig gehalten des Mist's und Schwein Viehs wegen«. Damals liefen nämlich die Schweine frei in den Straßen herum.

Graf Eberhard im Bart sah hier offenbar ein Problem; denn in seiner neuen Stadtordnung von 1492 handelte ein Kapitel eigens »vom Mist«. Darin hieß es, dass jeder, der innerhalb der Ringmauern wohnte, seinen Mist jeden Freitag oder Samstag selbst hinausfahren oder von anderen hinausbringen lassen sollte. Geschah dies nicht, sollte das Spital den Mist in der folgenden Woche für sich abfahren, und niemand durfte es daran hindern.

Im 17. Jahrhundert häuften sich ähnliche Anordnungen: 1613, 1633, 1639, 1655, 1661, 1678, 1679. Am 25. Januar 1639 zum Beispiel schrieb Herzog Eberhard III., er habe mit Missfallen »sehen müssen, dass der Unrath in hiesiger Stadt sich je länger je mehr häufet, daraus leichtlich folgen kann, dass die Luft dadurch infiziert« werde und »ein großes Sterben« und allerhand Krankheiten entstehen könnten. Er verlangte, die Kloaken in der ganzen Stadt zu säubern, wieder Türen vor die Winkel zu setzen und den Mist aus der Stadt hinaus zu bringen. Es wurde stellenweise auch nicht mehr geduldet, den Mist auf der Straße zu lagern. So zählte die am 11. August 1679 von Herzog Friedrich Karl erlassene »Ordnung, wie es mit der Reinhaltung der Straßen und s. v. Mistleginnen, auch anderm Unrat und Urbau [Bauschutt] in der Stadt und in den Vorstädten nach altem Herkommen gehalten werden soll«, zunächst jene Straßen und Plätze auf, an denen überhaupt kein Mist und Unrat gelagert werden durfte. Sodann hieß es – übrigens weniger streng als 1492 –, der Dung an den Hauptstraßen solle alle zwei, in den Nebenstraßen alle vier und auf dem Bollwerk alle acht bis zwölf Wochen fortgeschafft werden.

Herzog Friedrich Karl störte es offensichtlich, dass überall an den Straßen Misthaufen dufteten, obwohl dies seit Jahrhunderten gang und gäbe war. Um einen Überblick zu erhalten, befahl er, die vor den Häusern liegenden Misthaufen in der Stadt zu zählen (siehe Seite 118). 157 »Mistinen« wurden ermittelt. Sie lagen vor allem dort, wo Großvieh gehalten wurde. Ihre Zahl war bei den Weingärtnern und bei ihnen vor allem in der Esslinger Vorstadt besonders groß. Verständlich, brauchten sie doch den Dung für die Weingärten. In einem Fall wurde der Eintragung eines Misthaufens in die Liste sogar hinzugefügt: worüber sich die Leute beklagen. Übrigens war auch schon in einem Schreiben vom 11. Mai 1685 von einer Missbilligung des Gestanks die Rede gewesen.

Die Frage war natürlich, wie man das Übel mildern konnte. Zunächst versuchte die Obrigkeit es, wie zuvor, mit Ge- und Verboten. Allerdings fand zunächst eine sprachliche Reinigung statt: Das Wort »Mist« wurde vermieden, man redete nun von »Dung«. In der Gassensäuberungs-Ordnung von 1746 meinte Herzog Karl Eugen, er wolle die Dunghaufen wegen der Bedeutung der Landwirtschaft für den Lebensunterhalt der Bürger nicht ganz verbieten, aber »in denen Straßen, wo der vornehmliche Wandel ist« (also in den Hauptstraßen) – insbesondere auf dem Turnieracker (Reiche Vorstadt) sowie in einer Anzahl von Straßen in der »inneren Stadt« und der Esslinger Vorstadt – oder dort, wo sich hinter den Häusern Gärten oder Innenhöfe befänden, wolle er keine Lagerung auf der Straße zulassen. Es folgte eine genaue Liste, wo die Dunglagerung vor dem Haus noch erlaubt wurde und wo nicht. Es blieben praktisch nur die Nebenstraßen übrig. Überdies musste der Mist alle 14 Tage abgefahren werden, und die Ordnung schrieb auch hierzu Einzelheiten vor. Die Kloaken-Säuberer hatten nach dieser Gassen-Ordnung über die Entleerungen genau Buch zu führen.

1790 wurden Mistlegen auf der Straße in der Innenstadt und in der Reichen Vorstadt gänzlich verboten. Bot der Hof nicht genug Platz, so musste vor dem Haus eine gemauerte Grube angelegt werden, die von Zeit zu Zeit gereinigt werden sollte. Es kamen jetzt also auch bauliche Sicherheits-Maßnahmen hinzu. Doch noch 1828 bildeten Dunglegen im alten Kern der Stadt ein Hindernis für den Verkehr. Und am 25. August 1836 schrieb die Stadtdirektion an den Stadtrat, in der Geißstraße befänden sich auf einem Hof »einige offene Dunglegen auf dem Pflaster, die einen solchen Gestank ausströmen, dass die Fenster nicht geöffnet werden können und die Gesundheit der Bewohner dieser Häuser nothleidet«. Der Stadtrat sollte prüfen, wie Abhilfe zu schaffen sei.

Schließlich schrieb das Ortsbaustatut der Stadt Stuttgart von 1874 gemauerte Gruben vor. In Paragraph 54 hieß es: »Neue oder bestehende Düngerstätten über dem Boden sind mit einer starken, wasserdichten Holz- oder Steinfassung von entsprechender Höhe zu versehen. Auch ist der Grund, auf welchem der Dünger liegt, so herzustellen, dass die ablaufende Flüssigkeit nicht in das Erdreich eindringen kann.« Soweit die Dunglegen versenkt waren, mussten sie »in einer wasserdicht gemauerten oder zementierten Grube verwahrt werden«. An Straßen und Plätzen gelegene Gruben waren »mit einer Bedeckung von mindestens 5 cm starken Dielen« zu versehen. Wichtig auch: Eine Dunggrube durfte nicht unter einem Schlafzimmerfenster liegen.

Wurde der Mist oder Dung oder Dünger, wie immer man sagen mochte, in Weinberge und auf Felder gebracht, so schaffte man den anderen Abfall auf eine Deponie, eben auf den »Kutterhauff«. Zu Riedigers Zeit lag ein solcher nahe der Einmündung der Breitscheidstraße in die Holzgartenstraße. Da in dem Abfall häufig die frei laufenden Schweine herumschnüffelten, nannte man den Platz auch »Säuwasen«. Die Akten bezeugen, dass die Stadt verschiedentlich neue Deponieplätze suchen musste. So notierte Heinrich Schickhardt einmal, dass man anno 1630 »solchen Wust« nicht mehr auf das Bollwerk, die höchste Stelle der Stadt, führen lassen wollte. Vielmehr erging der Befehl, einige hundert Meter weiter, außerhalb der Stadtmauer, zwischen Melchior Jägers Garten und der Schießmauer einen Ort mit Mauern einzufassen und »den Wust förderhin dahin zu schütten«. Zu den Baukosten gab Ihre Fürstliche Durchlaucht den halben Teil; die Stadt Stuttgart mußte die andere Hälfte tragen.

Das Wäschewaschen war mühevoll

Wie einfach haben wir es doch heute mit dem Wäschewaschen! Man legt die Sachen in die Maschine, gibt Waschpulver hinzu und schaltet ein. Elektrischer Strom, Gerät und Chemie übernehmen sodann die Arbeit. Früher konnten die Hausfrauen die Textilien nicht einmal im eigenen Hause waschen, sondern mussten sie zunächst auf ihrem Kopf zur öffentlichen Waschstelle und nachher, naß und schwer, wieder nach Hause tragen. Allerdings wechselte man auch nicht so häufig die Wäsche wie heute.

Der Grund für diese anstrengende Arbeit lag zum einen darin, dass die Häuser meistens kein fließendes Wasser hatten, zum anderen in behördlich festgelegten Feuerschutzbestimmungen. Bereits am 4. April 1581 verbot eine »Feuerordnung« – richtiger wäre die Bezeichnung »Feuerschutz- und -löschordnung« gewesen – für Stuttgart die Hauswäsche ganz, und in den Jahren 1606, 1610 und 1662 wiederholten neue Anordnungen dieses Verbot. Nur wer einen Waschkessel besaß, was ab 1598 unter bestimmten Bedingungen möglich war, blieb hiervon ausgenommen, und das dürften lediglich die besser gestellten Familien gewesen sein, denn so ein Kessel war teuer und erforderte besondere bauliche Brandschutzmaßnahmen. Die öffentlichen Brunnen durfte man nicht zum Waschen benutzen.

Abhilfe boten öffentliche Waschhäuser. Für Stuttgart ist schon für 1510 mindestens eines nachgewiesen. Ein weiteres wurde 1547 erbaut. Der Magistrat musste es mit Kesseln und Zubern ausstatten und einen Knecht mit seiner Frau zur Bedienung anstellen, denen pro Wäsche drei Pfennig zu zahlen waren. Wo diese Waschhäuser standen, sagt die Überlieferung nicht. Andererseits lassen sich aus historischen Unterlagen drei Standorte von Waschhäusern nachweisen. Ob einer oder zwei davon mit den Plätzen der Waschhäuser des 16. Jahrhunderts identisch sind, muss offen bleiben.

In den Erläuterungen zu einem Plan der Stadt Stuttgart von 1652, der nach einer Hochwasser-Katastrophe angefertigt wurde, ist auch ein Waschhaus genannt. Es stand unmittelbar vor dem Eintritt des Nesenbachs in die Stadt (so dass die Waschbrühe mit dem Bach durch die Stadt fließen musste). Allerdings hieß es von ihm, dass es »allein tempore pestis« (zur Pestzeit) gebraucht werde. Wie Karl Pfaff berichtet, wurde der Nesenbach noch zu seiner Zeit (1845) im Bereich der Esslinger Vorstadt auch »Wäschbach« genannt, ein Name, der bereits 1490 in einer Verkaufsurkunde erscheint.

Ein weiterer Standort, nämlich am Großen oder Unteren See, der sich an der Schlossstraße zwischen Büchsen- und Friedrichstraße erstreckte, ist der Nachricht zu entnehmen, dass Herzog Christoph 1564 beim Bauhof (heute Haus der Wirtschaft) ein kleines Tor erbauen ließ, um einen besseren Zugang zum Waschhaus am See zu schaffen. Herzog Ludwig ordnete fünf Jahre später allerdings an, dieses Tor wieder zu schließen und nur in Notfällen zu öffnen.

Ein Kupferstich von Matthäus Merian aus der ersten Hälfte des 17. Jahrhunderts zeigt, wie Frauen ihre Wäsche an einem See nach dem Waschen auswringen und heimtragen.

Schließlich ist auf einem um 1628 vermutlich von Martin Herzer gezeichneten Plan des Büchsensees (auf dessen Gelände heute die Liederhalle steht) in der dem Büchsentor zugewandten Ecke nicht nur

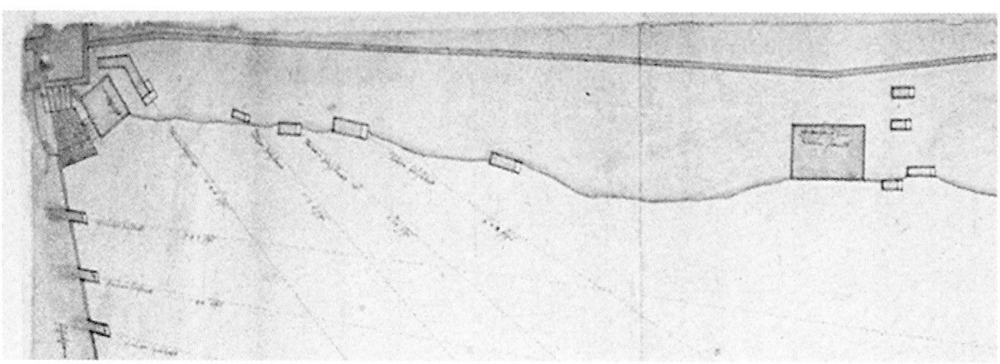

Auf einem um 1628 von M. Herzer gezeichneten Plan des Büchsensees mit den Schießhäusern, aus dem hier ein Ausschnitt wiedergegeben ist, erkennt man links oben eine Treppe und eine hölzerne Plattform für das Wäschewaschen.

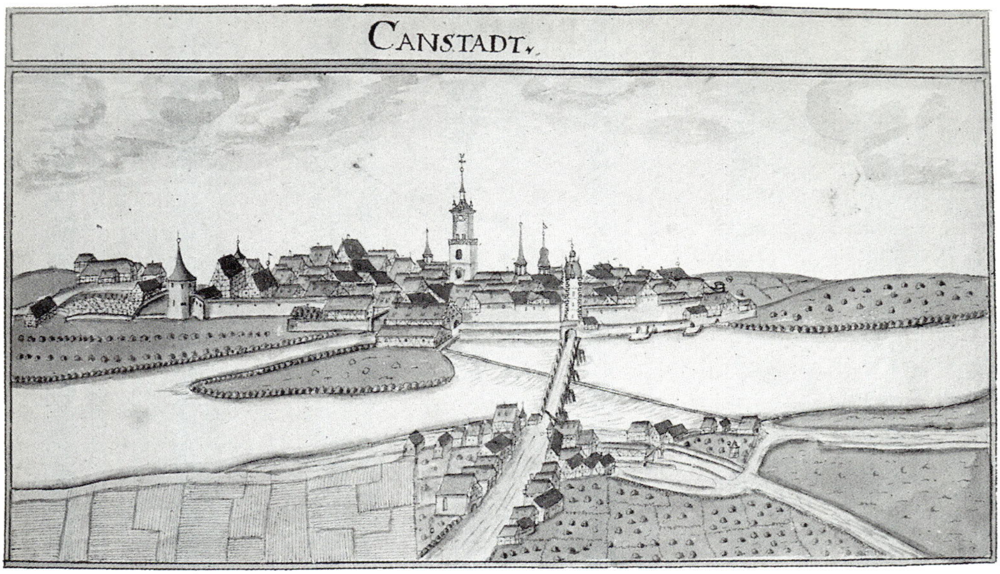

Andreas Kieser fertigte 1686 diese Ansicht von Cannstatt an. In dem Mauerabschnitt rechts von der Brücke erkennt man einige kleine Pforten und davor zwei in den Neckar reichende Plattformen, die dem Wäschewaschen dienten.

ein Waschhaus eingetragen, sondern auch eine Treppe verzeichnet, die zum Wasser führt.

Für alle drei Standorte ist die Lage an einem Gewässer bezeichnend. Sie war notwendig, um Wasser zur Verfügung zu haben. Ein wenig bekannter Stich von Matthäus Merian aus der ersten Hälfte des 17. Jahrhunderts zeigt, wie einige Frauen die Wäsche nach dem Waschen auswringen und auf dem Kopf heimtragen.

Zu dem Waschplatz am Büchsensee gab es in Cannstatt eine Parallele. Der Stadtplan von Georg Wilhelm Kleinsträttl aus dem Jahre 1655 lässt oberhalb der Neckarbrücke, das heißt zwischen Brückentor und Bad, in der am Ufer verlaufenden Vormauer ein Törlein und vor diesem eine hölzerne Plattform erkennen. In Andreas Kiesers Ansicht der Stadt von 1686 sind sogar zwei solche Einrichtungen zu sehen. Gleiche Anlagen – Durchgang in der Mauer und davor gelegene Holzplattform im Fluss – zeigen Darstellungen von Heilbronn 1556 und von Schwäbisch Hall 1580. Sie können nicht anders denn als Waschplatz gedeutet werden. Ihre Instandhaltung dürfte Aufgabe der jeweiligen Stadtverwaltung gewesen sein.

Wie sauber das Wasser der Seen war, ist eine andere Frage, wurden doch 1599 im Büchsensee auch die Schweine der Stadt geschwemmt. Die fürstliche Hofwäscherin beklagte sich deshalb, ihr werde dadurch das Wasser trüb, und sie könne es nicht dulden. Der Obere See war zu sehr bewachsen und deshalb schon 1581 verkauft worden, der Untere zu groß (was die Aufsicht erschwerte) und zu tief, weshalb sich zum Schweineschwemmen nur der mittlere See, der Büchsensee, eigne, so stellte der Obervogt von Stuttgart,

Friedrich Wolgemut, damals fest. Der See sei auch früher schon in dieser Weise genutzt worden. Man wisse nicht, wo man die Tiere sonst reinigen solle, und dieses sei notwendig, damit sie nicht krank werden. Deshalb habe die Stadt Franz Fruchte als Hirten gedungen, der die Schweine aus der Stadt treibe und sie täglich einmal säubere. Den Fischen tue das keinen Schaden (beide Seen dienten der herrschaftlichen Karpfenzucht). Im Übrigen sei es in etlichen Orten der Umgebung nicht anders. So blieb denn alles beim Alten.

Im Jahre 1651 stieß sich der Herzog daran, dass der Hirt sich mit der Schweineherde den ganzen Tag über beim (herrschaftlichen) Büchsensee aufhielt und die Schweine auch ins Wasser trieb. Das schade dem Laich und den Laichkarpfen, weil die Schweine sie auffressen würden. Der Herzog befahl also, dem Hirten zu eröffnen, dass er die Schweine nur noch abends auf dem Heimweg schwemmen dürfe. Als Bürgermeister und Gericht der Stadt 1669 um einen Platz im Unteren See für die Schweine baten, lehnte der Herzog ab.

Der Konflikt endete, als 1695 der Untere See trockengelegt wurde, weil man meinte, dass er Fieber und Krankheiten verursachte, und als fünf Jahre später auch der Büchsensee abgelassen wurde.

Bräunlicher Dunst lag über der Stadt – Luftverschmutzung und Smog gab es auch schon in früheren Jahrhunderten

Wer in den Archiven versucht, Angaben über frühere Lebensverhältnisse zu finden, wird sehr bald feststellen, dass es etliche Umweltprobleme ähnlich wie heute auch schon vor einigen Jahrhunderten gab, nicht nur bezüglich des Wassers, sondern auch hinsichtlich der Luft. Ein gutes Beispiel hierfür bietet ein Streit, der sich im Jahr 1708 in der Reichen Vorstadt zutrug.

Bei der Hospitalkirche befand sich früher das Hospital; ihm gegenüber lag ein Friedhof. An der Nordwestmauer dieses Friedhofs war nun ein Hafner-Ofen errichtet worden, ohne daß man die Bewohner der benachbarten Gebäude gefragt oder auch nur informiert hatte. Darüber beklagten sich ein Oberrat, ein Expeditionsrat, ein Sekretär und »sambtliche ybrige Nachbarschaft« im März 1708 bei Herzog Eberhard Ludwig. Sie beschwerten sich über großen »Dampf und Rauch« sowie über »nicht gering und ohngesund Gerüch«, die sie etliche Tage in ihren Häusern ertragen müssten und die der Gesundheit abträglich seien. Wegen der vorherrschenden Windrichtung und des Wassermangels bestehe zudem für ihre Häuser Brandgefahr, weshalb die Gebäude schwer oder gar nicht zu verkaufen seien. Überdies sei der Rauch auch für die alten Leute – gemeint waren wohl die Insassen des Hospitals –, die Friedhofsbesucher und die Totengräber unangenehm.

Für die Genehmigung von Baumaßnahmen innerhalb des Stadtgebiets war der Magistrat verantwortlich. Deshalb forderte der Herzog diesen auf, eine Stellungnahme und einen Übersichtsplan vorzulegen. Beide, Antwort und Plan, zeichnen ein anschauliches Bild der damaligen Zustände am Rande der Reichen Vorstadt.

Der Hafner Simon hatte seinen neuen Brennofen ursprünglich hinter seinem Haus auf seinem eigenen Grundstück errichten wollen, aber ein hoher Regierungsbeamter, dem der angrenzende Garten gehörte, und der gegenüber wohnende Landschaftsregistrator beschwerten sich darüber. Folglich suchte man einen anderen Platz. Man fand, so besagt der Bericht, keinen besseren und unschädlicheren als hinter der Kirchhofsmauer auf einem wüsten, von niemandem gebrauchten, auch von Häusern weit abgelegenen Rain (heute Leuschnerstraße, unweit der Gymnasiumstraße). Die nächsten Häuser stünden etwas entfernt, und es sei »lächerlich« – das wagte der Vogt und Bürgermeister dem Herzog zu schreiben –, deswegen »ohnnötiger weiß« Feuersgefahr anzuführen. Was den Rauch anbelange, so litten die meisten und sogar vornehmere Personen durch »viel stinkende« Luft von Bäckern, Schlossern, Nagelschmieden und dergleichen Handwerkern in der Stadt. Dagegen lasse der Hafner seinen Ofen kaum einmal im Monat brennen.

Überdies werde Simon nicht gerade dann, »wann die Leich auf den Kirchhof kommt«, den Ofen betreiben, und die Prozession dauere auch nicht stunden- oder tagelang. Bisher sei der ausgewählte Platz meist nur von Schweinen missbraucht worden (die ja frei herumlaufen durften). Man solle den Hafner, der in seinen besten Tagen stehe und gerne arbeiten wolle, nicht mit seinen Kindern dem Ruin preisgeben.

Aufschlussreich ist auch der dem Schreiben, dem Wunsch des Herzogs entsprechend, beigefügte Plan des vereidigten Feldmessers Ludwig Jakob Lehmann. Er zeigt am rechten Rand die Büchsenstraße, die als »besetzter« (gepflasterter) Weg bezeichnet ist, und das Büchsentor. In dem Komplex oben rechts sind der Kirchhof und mehrere Häuser mit Gärten eingetragen. Am oberen Rand des Friedhofs erkennt man an dem unbefestigten Weg den Platz des Brennofens. In dem Komplex oben in der Mitte sind nur wenige Häuser verzeichnet, in dem Block ganz links befand sich ein Garten. Das Gebäude des Hafners ist unten links erkennbar (heute Ecke Firnhaber-/Fritz-Elsas-Straße).

Der Block unten rechts war ganz vom Spital bebaut, doch sind die einzelnen Gebäude nicht eingetragen. Das rechteckige Feld gleich oberhalb davon trägt die Inschrift: »deß Spittals s. v. Tung Gruben«. Der Dung wurde also – und das nicht nur hier – auf dem unbefestigten Weg gelagert. Man fand nichts dabei, entschuldigte sich aber andererseits für den Gebrauch des Wortes »Dung« durch den Zusatz s. v. (salva venia, mit Verlaub zu sagen).

Die Reaktion des Herzogs entsprach bereits den heute üblichen Gepflogenheiten: Es wurde ein Gutachtergremium bestellt, bestehend aus dem Landbaudirektor, einem Baumeister und dem Stadtwerkmeister (Stadtbaumeister). Sie urteilten nach einer Ortsbesichtigung, die Abstände der nächsten Häuser seien relativ groß und die Brandgefahr gering. Überdies brenne der Ofen kaum zehnmal im Jahr und jedes Mal keine 24 Stunden, wobei nur anfangs eine Viertelstunde lang Rauch entstehe. Einige andere Bedenken hielten die Gutachter jedoch für berechtigt. Sie gaben also teilweise dem Vogt und Bürgermeister, teilweise den Beschwerdeführern Recht.

Am 19. März entschied der Herzog so, wie die Gutachter es vorgeschlagen hatten: Der Brennofen sollte innerhalb des

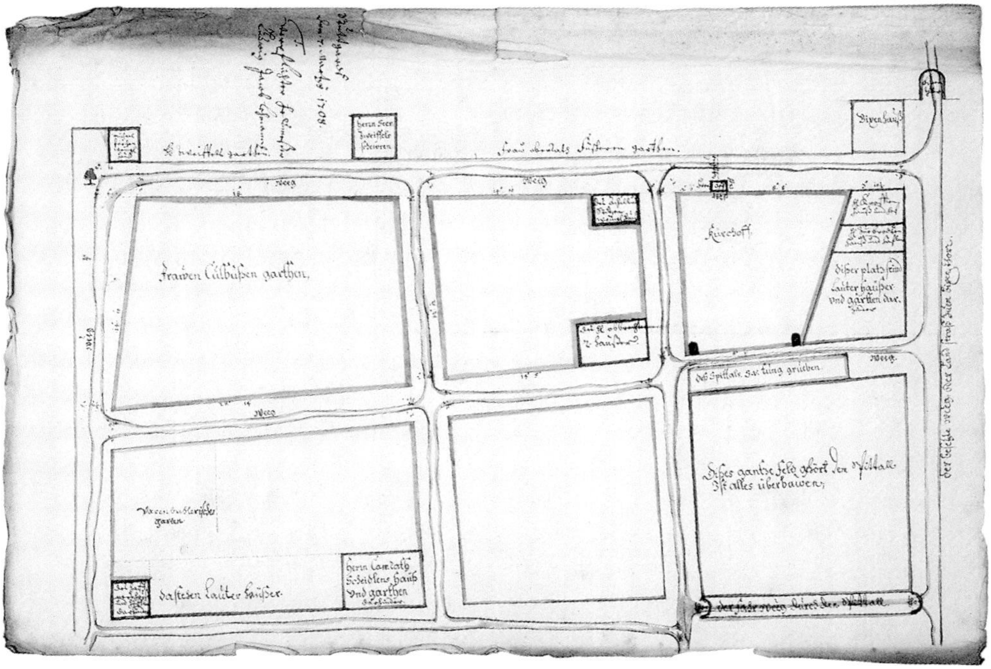

Der 1708 von Ludwig Jakob Lehmann gezeichnete Plan entstand anlässlich eines Streits um die Belästigungen, die von dem Brennofen des Hafners Simon ausgingen. Links unten an der Ecke Firnhaber-/Fritz-Elsas-Straße steht das Haus des Hafners, rechts oben das Büchsenhaus und das Büchsentor, rechts die heutige Büchsenstraße. Auf dem Weg zwischen den beiden rechten Blöcken (heute Hohe Straße) die Dunggruben des Hospitals. Der Brennofen ist oberhalb vom »Kirchoff« eingezeichnet.

Hafnerhauses erbaut, aber mit einem besonderen Kamin versehen werden.

Auch Smog war schon früher bekannt. Er bildet sich, wenn im Winter ein kräftiges Hochdruckgebiet anhaltend über Mitteleuropa liegt. Die kalte Luft, die sich infolge der nächtlichen Ausstrahlung des Bodens bildet, bleibt dann auch tagsüber unten liegen, während die etwas wärmere und damit leichtere Luft sich über sie schichtet. Infolge der bei solchem Wetter geringen Windbewegung bleibt nämlich eine Durchmischung aus. Das hat zur Folge, dass sich Rauch und Abgase in der kalten Luft ansammeln und sich durch Anlagerung von Wasser an die Rauchpartikel ein Rauch-Nebel bildet. Für diesen haben die Engländer aus den Worten smoke (Rauch) und fog (Nebel) das Kunstwort Smog gebildet, das inzwischen weltweit ein Begriff ist. (Der Sommer-Smog entsteht übrigens auf eine andere Art und Weise und sollte nicht mit dem Winter-Smog verwechselt werden, von dem hier die Rede ist.)

Wie dicht dieser Rauch-Nebel wird, hängt zum einen von der Dauer der Hochdruckwetterlage, zum anderen von dem Ausmaß der Luftverschmutzung ab. Als zum Beispiel ganz Mitteleuropa einschließlich England etwa ab dem 9. Dezember 1972 bis in die Januartage 1973, also mehrere Wochen lang, unter dem Einfluss eines kräftigen Hochs lag, bildete sich auch hier starker Smog. Wer damals um Weihnachten auf den Birkenkopf stieg, konnte Stuttgart und Botnang in einem bräunlichen Dunst liegen sehen, der die Sichtweite stark verringerte, während oben ein tiefblauer Himmel strahlte. Aus dem Tal war dieser Schmutz in der Luft gegen den Himmel allerdings nur als grauer Dunst erkennbar.

Genau solche Verhältnisse schilderte der Stuttgarter Stadtarzt Dr. Knauss bereits vor rund hundert Jahren in dem 1901 vom Stadtschultheißenamt herausgegebenen Buch über die geplante Stadterweiterung. Im Winter, so schrieb er in seinem im Februar 1900 verfassten Bericht, sieht man, »wenn man zu gewissen Zeiten von oben auf die Häusermasse herabblickt: da lagert eine mehr oder weniger hohe Schicht bräunlichen Dunstes über ihr, oft Tage lang.« Er bemerkte dazu, dass »der Ruß und Staub, der sich auf den Dächern absetzt, zeigt, dass die auftreibende Kraft, welche durch die Wärmequelle der städtischen Wohnstätte erzeugt wird, in einer gewissen geringen Höhe aufhört. Die Luft in der Nähe des Bodens ist stets am staubreichsten.« Das ergibt sich aus der Inversion, doch kannte Knauss diesen Begriff noch nicht.

Den Hintergrund für diese Erscheinung deutete Sanitätsrat Dr. Steudel an. 1895 veröffentlichte er einen Bericht in dem Führer zur 20. Versammlung des deutschen Vereins für öffentliche Gesundheitspflege, die in Stuttgart abgehalten wurde. Darin heißt es, es sei »von der meteorologischen Statistik nachgewiesen, dass in den letzten Jahrzehnten entsprechend der Entwicklung und Ausdehnung unserer Stadt sowie der beträchtlichen Vermehrung industrieller, mit großartigen Feuerungen versehenen Fabriken und ihren Kaminen und überhaupt der mit der Stadt selbst wachsenden Zahl der Rauch- und Dampfschlote die Durchschnittszahl der Nebel sowohl als der Niederschlagstage sich bemerkbar vermehrt hat.« Und etwas weiter fuhr Dr. Steudel fort: »Es wird angenommen werden müssen, dass jedes Rußflöckchen in der Luft gewissermaßen einen Kondensationspunkt der Feuchtigkeit bildet und dass durch den Rauch selbst zugleich der Nebel fortwährend erzeugt wird.«

Ein anderer Arzt, Dr. Nussbaum, berichtete um die Jahrhundertwende auch bereits über Gesundheitsstörungen durch den Gehalt der Luft »an scharfen, ätzenden oder giftigen Staubteilchen oder solchen Gasen«, nämlich über Schädigungen der Atmungsorgane, und er forderte entsprechende Schutzmaßnahmen. In Stuttgart waren also schon vor hundert Jahren wichtige Zusammenhänge erkannt, doch war der Begriff Smog damals hier noch nicht üblich und wurden auch noch keine Konsequenzen gezogen.

Das Phänomen dürfte übrigens schon im Mittelalter, als Stuttgart nicht einmal 5000 Einwohner zählte, aufgetreten sein, und zwar deswegen, weil man früher überall nur mit Holz geheizt und gekocht hat und allenfalls Werkstätten mit Holzkohle betrieb; denn Württemberg besaß keine anderen fossilen Energieträger. Es ist keine Frage, dass der beißende und zu Husten führende Holzrauch bei einer entsprechenden Wetterlage in der kalten Luft hängen blieb und die Einwohner in ihrem Wohlbefinden beeinträchtigte. Eben deshalb wurde in London schon 1306 bei To-

Bei den Inversions-Wetterlagen vom Dezember 1972 und November 1978 konnte man vom Birkenkopf aus eine dunkle Schicht schmutziger Luft über der Innenstadt von Stuttgart liegen sehen. Diese Erscheinung wurde schon um die Jahrhundertwende beschrieben. Aufgenommen im November 1978.

desstrafe verboten, eine besonders rauchstarke Kohlensorte zu verfeuern.

Die Bewohner der vom Smog betroffenen Gebiete spüren die Verschmutzung der Luft durch Kopfschmerzen, Hustenreiz und verstärkte Asthmaanfälle; bei Herz- und Kreislaufkranken können sogar Todesfälle auftreten. Wie gefährlich das werden kann, wurde früher schon oft in London deutlich, dessen Smog geradezu berüchtigt war. So wurden dort im Januar/Februar 1889 zehnmal mehr Krankheitsfälle und rund 3000 Todesfälle mehr als normal verzeichnet, im Dezember 1952 sogar mehr als 4000 Todesfälle über dem Durchschnitt. Die schon erwähnte Smoglage von 1972 ließ, wie medizinische Untersuchungen in Norddeutschland ergaben, auch im Ruhrgebiet die Zahl der Todesfälle beträchtlich ansteigen, während sie im ländlichen Raum nahezu unverändert blieb. Die nachteilige Wirkung der städtischen Verdichtung ist damit deutlich belegt. Aus Stuttgart wurden leider keine entsprechenden Angaben publiziert.

Inzwischen wurden die Gefahren des winterlichen Smogs zwar nicht beseitigt, aber doch erheblich gemildert. Vor allem gelang dies durch die verschiedenartigen Bemühungen zur Reinhaltung der Luft. Zudem wird heute auch durch Maßnahmen auf dem Gebiet der Stadtplanung versucht, das Stadtklima günstig zu beeinflussen.

Die »Schlauchartillerie« sollte ein wichtiges Entsorgungsproblem lösen

Die Beseitigung der natürlichen Abfälle aller Art war in Stuttgart schon immer ein Problem. Die ältesten Anordnungen über das Abfahren des Mistes aus dem Ende des 15. Jahrhundert sind hierfür ein Beweis. Vor rund 130 Jahren erst tat die Stadtverwaltung einen wichtigen Schritt, indem sie die berühmte »Schlauchartillerie« aufstellte, welche die Gruben zu leeren hatte. Die Gülle wurde dann als Dünger in die weite Umgebung verkauft. Eine »anrüchige« Geschichte, möchte man meinen, aber für die Stadt doch höchst notwendig.

Unsere Geschichte beginnt um 1870 in Stuttgart. Angesichts der stark steigenden Einwohnerzahl und der zunehmenden Überbauung von Flächen, die zuvor landwirtschaftlich genutzt und deshalb regelmäßig gedüngt worden waren, erwies sich die Beseitigung der Fäkalien innerhalb des stadteigenen Gebietes mehr und mehr als ein Problem. Bislang war jeder Hausbesitzer selbst verantwortlich gewesen und hatte die Leerung der Abortgruben durch Landwirte, Gemüse- und Weingärtner oder durch Privatunternehmer besorgen lassen. Nun beschloss die Stadt jedoch, sich zentral der Angelegenheit anzunehmen. Die Frage war nur: nach welchem System?

Die Schwemmkanalisation erschien den Gemeinderäten als die beste Lösung, ließ sich jedoch nicht verwirklichen. Zum einen waren nämlich die Stuttgarter Dolen dafür gänzlich unzureichend, zum anderen stand dem der chronische Mangel an Wasser entgegen, und für eine Ableitung in den Neckar war die anfallende Menge viel zu groß, solange es keine zentrale Kläranlage gab. Die Beseitigung über Rieselfelder scheiterte daran, dass es an Flächen mit geeignetem Untergrund mangelte. Die Stadt entschied sich deshalb für die pneumatische Entleerung der Gruben und den Verkauf der Gülle per Bahn in die weitere Umgebung der Stadt. Man befand sich damit in guter Gesellschaft, hatten doch auch Konstanz, Pforzheim, Karlsruhe, Straßburg, Frankfurt am Main und Mainz eben dieses System gewählt. Ein provisorisches Statut für die neue Art der Entsorgung Stuttgarts wurde 1872, das endgültige 1873 erlassen und der Betrieb am 1. April 1873 aufgenommen.

Das Grundprinzip blieb: Die Fäkalien mussten in gemauerten Gruben gesammelt werden, die gemäß den Bauvorschriften abzudecken waren und nicht unter dem Schlafzimmerfenster liegen durften. Ausgenommen waren nur jene Anwesen, die den anfallenden Dünger auf eigenen landwirtschaftlichen Flächen benötigten, sowie das aus Spülklosetts stammende Abwasser, sofern es in biologischen Anlagen gereinigt wurde.

Diese Gruben wurden nun also monatlich einmal durch die städtische Latrinenanstalt geleert. Anfangs benutzte man dazu handbetriebene Pumpen, doch das war teuer, und die Geräte waren wenig leistungsfähig. Deshalb verbesserte man den Betrieb ab 1885 durch den Einsatz dampfbetriebener Pumpen, von denen 1908 bereits 16 Stück zur Verfügung standen. Mit deren Hilfe förderten die »Latrinenarbeiter« die Gülle in luftdicht abgeschlossene Fasswagen. Anfangs waren dies Fuhrwerke (1906: 170 Stück), die in Kolonnen arbeiteten und dadurch den

Eine Kolonne der »Schlauchartillerie« mit Dampfpumpe, Schlauch- und Fass-Wagen vor den städtischen Häusern in der Türlenstraße.

Verkehr in der Stadt erheblich behinderten. Die Trupps, die diese Arbeiten auszuführen hatten, nannte man in Stuttgart die »Schlauchartillerie«.

Ab 1912 konnten Tonnenautos eingesetzt werden. Da diese ab 1926 Kompressoren erhielten, die über den Motor angetrieben wurden, konnte man jetzt auf die Dampfpumpen verzichten, die Einheiten wurden schneller und beweglicher. Zwei Autos mit drei Mann Personal hatten etwa 1000 bis 1200 Gebäude zu entsorgen, was 5000 bis 6000 Grubenleerungen pro Jahr bedeutete.

Die Fahrzeuge brachten die bewusste Flüssigkeit zu einem Teil in Sammelbehälter im Außenbereich, wo sie von den Abnehmern direkt abgeholt werden konnte, die Hauptmenge aber zu den von der Stadt erbauten Sammelstellen am Nordbahnhof – am großen Bogen der Gäubahn – und am Westbahnhof. Dort wurde die Gülle mittels einer Pumpe in die auf Waggons montierten Transportfässer umgefüllt. Die Bahn übernahm den Weitertransport.

Stuttgart konnte von der anfallenden Menge nur einen kleinen Teil auf eigenem Gebiet verwerten, nämlich 1895 nicht einmal ein Viertel, 1906 gerade ein Fünftel. Die restliche Menge wurde deshalb – nachdem entsprechende Vorversuche stattgefunden hatten – in Spezialwaggons auf dem Schienenweg weithin in die Umgebung der Großstadt verfrachtet und dort an die Landwirte zum Düngen verkauft, 1880 zum Beispiel bis nach Öhringen und Neuenstein im Nordosten, Althengstett und Bondorf im Südwesten, Urach im Süden und Essingen (westlich Aalen) im Osten. 1895 erschien sogar Züttlingen (zwischen Heilbronn und

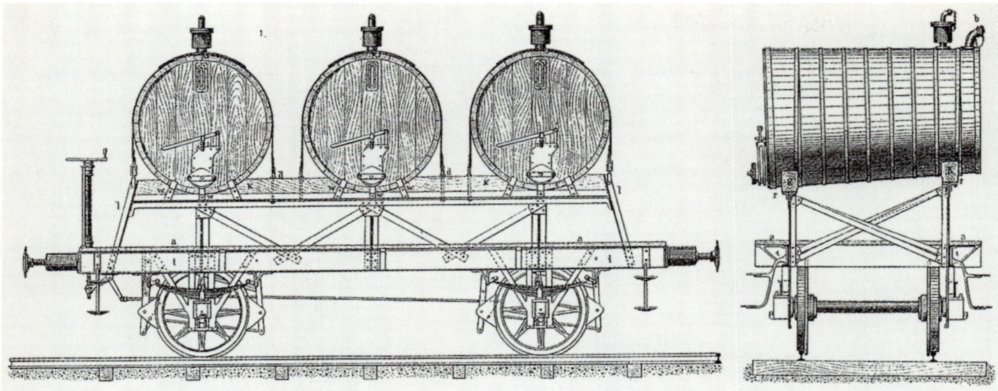

Die ersten Latrinenwagen der württembergischen Eisenbahn trugen jeweils drei hölzerne Fässer mit zusammen neun Kubikmeter Inhalt. 1925 wurden sie durch Wagen mit sieben Fässern für zusammen zwölf Kubikmeter ersetzt.

Osterburken) in der Karte der Entladestationen.

Im ersten Etatjahr 1873/74 brachte man auf diese Weise ganze 28 Waggons auf Fahrt, alle nach Renningen. Die Entladestationen wurden zügig ausgebaut, und 1874/75 wurden schon 608 Waggonladungen für zehn Stationen abgefertigt, 1877/78 fuhren 2487 Waggonladungen nach 33 Stationen, und 1880/81 wurden sogar 50 Stationen versorgt. Der Verkehrsstrom war also beachtlich.

Die 1906 für den Transport benutzten 84 Zehntonnen-Waggons – 1925 waren es sogar hundert – hatten drei hölzerne Fässer mit zusammen etwa neun Kubikmeter (9000 Hektoliter) Inhalt. 1925 wurden sie durch 23 Zwanzigtonnen-Wagen ersetzt, die sieben Fässer mit zusammen zwölf Kubikmeter trugen. An den Empfangsstationen füllte man ihren Inhalt zumeist in Latrinengruben, aus denen die Bauern sie dann auf die Felder brachten. Stellenweise füllte man auch direkt in die Düngefässer der Bauern um.

Im Jahr 1888 erhielt die »Schlauchartillerie« ihren eigenen Standort im »Latrinenhof« an der Türlenstraße. Dort entstanden Verwaltungsgebäude, Stallungen, Magazine und Werkstätten für den inzwischen zu einem Großunternehmen angewachsenen Betrieb.

Für die »Latrinenarbeiter« erbaute die Stadt 1900 bis 1903 an der Türlenstraße, schräg gegenüber vom Latrinenhof, einen großen Wohnkomplex. In zehn Vorder- und drei Hinterhäusern wurden 104 Wohnungen erstellt, und zwar zwölf mit einem, 81 mit je zwei und elf mit je drei Zimmern. In den Untergeschossen waren einige Läden und Werkstätten und in einem Stockwerk eine Kinderkrippe untergebracht.

Beide Komplexe stehen noch heute; der ehemalige Latrinenhof dient jetzt der Müllabfuhr als Standort.

Die »Schlauchartillerie« wurde gerade ein halbes Jahrhundert alt. Denn schon bald war klar, dass diese Methode nicht Bestand haben konnte. Deshalb entschieden sich die städtischen Gremien 1911, eine Hauptkläranlage zu errichten. Die Regierung genehmigte das Vorhaben am 3. September 1913. Zunächst versuchte

Diese Übersichtskarte aus der Endphase der Latrinen-Abfuhr zeigt, an welche Stationen die Latrine von Stuttgart 1930 noch verfrachtet wurde und welche bereits aufgegeben waren.

die Stadt, bei Hofen das nötige Gelände zu erwerben, doch scheiterte das am Widerspruch dieser damals noch selbständigen kleinen Gemeinde. Daraufhin erwarb die Stadt zwölf Hektar bei Mühlhausen, wo 1915 mit dem Bau begonnen werden konnte. Es musste nicht nur die Kläranlage errichtet, sondern auch mit hohem Kostenaufwand die Kanalisation ausgebaut werden. Am 27. Juni 1916 konnte die Kläranlage fertig gestellt und die Schwemmkanalisation eingeführt werden. Es verging jedoch noch einige Zeit, ehe sie für die ganze Stadt ausgebaut war und die »Schlauchartillerie« ganz aufgegeben werden konnte.

Feuersgefahr und Wassersorgen

Ein Nesenbach-Müller beklagte sich beim Herzog – oder: Wie der Pfaffensee entstand

Als Herzog Christoph Anfang der sechziger Jahre des 16. Jahrhunderts im Einzugsbereich des oberen Nesenbachs mehrere Quellen fassen und ihr Wasser durch hölzerne Rohrleitungen in die Stadt, das Alte Schloss und den Lustgarten leiten ließ, ahnte er wohl kaum, welche Folgen diese Maßnahme haben würde. Weil der Nesenbach jetzt nicht mehr genug Wasser zum Betreiben der Näher-Mühle hatte, musste der Herzog nämlich für einen Ausgleich sorgen. So kam es zur Anlegung des Pfaffensees.

Der Nesenbach-Müller Georg Koch wandte sich am 1. September 1565 in einem Brief an den Herzog und stellte sich als der Inhaber einer Mühle vor, die oberhalb von Stuttgart lag, »die Neher Mülin genannt«. Dieser Name bezeichnete die Lage der Wassermühle im Vergleich zu den anderen, weiter oberhalb am Nesenbach gelegenen Mühlen. Sie lag nämlich näher zu Stuttgart als die anderen und wurde auch Spital- oder Tannenmühle genannt, woran der Name der Tannenstraße in Stuttgart-Süd erinnert.

Koch schrieb dem Herzog, er habe sich wegen des Wassers, das »von Allter her« (seit alter Zeit) auf seine Mühle laufe, der Stadt gegenüber verpflichten müssen, das Wehr »neben und bey deß Spittals Mülin zu der Thannen« auf seine Kosten zu erbauen und zu erhalten. Erst vor nicht langer Zeit habe er an die zweihundert Gulden darin verbaut. Nun habe aber der Herzog in den letzten Jahren »biß zu die fünff starck Ursprüng« (Quellen) einfassen lassen, »welche zuvor alle uff angeregte Mülin geloffen«. Damit habe er seiner Mühle mehr als die Hälfte des Wassers entzogen, so dass das Mühlwerk nun stillgelegt sei und er, der Müller, »feyren muß«. Er könne Weib und Kinder nicht mehr ernähren. Koch bat deshalb, ihn mit Gnaden zu bedenken »unnd gnedige Fürsehung thun lassen, ob doch annder Wasser uff mergedacht Milwerckh gebracht werden möcht.« Sollte das nicht möglich sein, möge der Herzog ihm helfen, das Wehr instand zu halten.

Herzog Christoph beauftragte daraufhin die beiden Bau- und Brunnenmeister Albrecht Dretsch (auch bekannt unter dem Namen Aberlin Tretsch) und Christoph Spindler sowie den Brunnenmeister David Härtle, den Sachverhalt zu überprüfen. Sie bestätigten im November, dass die Mühlen im Nesenbach den halben Sommer über stillgelegen hätten. Zugleich unterbreiteten sie einen Vorschlag. In den Pfaffenwiesen (im Pfaffenwald) liege ein »sumpfig unfruchtpars moß«, und aus dem Glemswald komme »ain schon lustig lauter wasser«, so stark, dass es fast ein Mühlrad treiben könne. Dieses Bächlein könne man in dem genannten Moos (Moor) zu einem schönen, großen See aufstauen und das Wasser durch einen Graben zur Klinge oberhalb von Heslach leiten.

Noch im November legten die drei Meister dem Herzog auch eine Skizze dazu vor und meinten, wenn man einen solchen See anlege, so sei das ein »treffentlich guet Werckh«, sehr nützlich für die Hauptstadt, »die da sonst ain wasserarme Statt ist«. Die Skizze ist im Hauptstaatsarchiv noch erhalten und stellt einen der ältesten Lagepläne aus dem Stuttgarter Stadtgebiet dar.

Offensichtlich gefiel dem Herzog der Vorschlag, zumal man in dem See auch würde Fische züchten können. Er wollte aber noch ein weiteres Urteil hören und schickte deshalb seinen Oberrat Dr. Georg Gadner, einen kenntnisreichen und erfahrenen Mann, zusammen mit dem Markscheider Hans Sinsaus und dem Baumeister Spindler im Januar 1566 zu einer neuerlichen Ortsbesichtigung. Die Männer bestätigten, dass der Plan gut und ausführbar sei, schlugen jedoch statt des Grabens einen Stollen vor.

Der Herzog ordnete nun sogleich die Ausführung des Planes an und ließ bei der Pfaffenwiese Staudamm und Ableitung bauen. So entstanden der Pfaffensee und der Herzog-Christoph-Stollen, der noch heute besteht. Das Wasser wurde in die Heidenklinge geleitet, wo es in Wasserfällen hinabstürzte ins Tal und dem Nesenbach zufloss. Diese Fälle wurden im 18. und 19. Jahrhundert, als man sich für den Reiz der Landschaft begeisterte, ein gerne besuchtes Ausflugsziel der Stuttgarter Bevölkerung. Heute sind die Wasserfälle eher ein Rinnsal, weil das Wasser abgeleitet wird.

Aufgrund der Beschwerde des Müllers Georg Koch von der Näher-Mühle im Jahre 1565 ließ Herzog Christoph die oberste Glems zum Pfaffensee aufstauen. Heute hat der See als Erholungsgebiet eine große Bedeutung, ist aber noch immer in die Stuttgarter Wasserversorgung eingebunden. Aufgenommen am 8. April 1978.

805 Meter lang ist der Herzog-Christoph-Stollen, durch den das Glemswasser zum Nesenbach umgeleitet wird. Das Bild zeigt seine Mündung oberhalb der Heidenklinge. (Das Stollenende in der Bildmitte ist stark verdeckt.) Aufgenommen 1985.

Das durch den Nesenbach-Müller in Gang gesetzte Werk ist insofern bemerkenswert, als hier die etwa 120 Meter höher fließende Glems durch einen 805 Meter langen Stollen unter der Wasserscheide hindurch umgeleitet und damit das Einzusgebiet des Nesenbachs um 3,6 Quadratkilometer vergrößert wurde. Allerdings war dies nicht die erste derartige Ableitung im süddeutschen Raum. Die Mönche des Klosters Weingarten hatten schon um 1056 bis 1124 eine technisch bemerkenswerte Bach-Ableitung gegraben, und in Salzburg hatte man um 1140 eine Ableitung durch einen Stollen geschaffen. Bald nach dem Bau des Christoph-Stollens ließ übrigens Kaiser Rudolph II. in Prag 1588 bis 1593 einen Stollen von zwei Kilometer Länge bauen, um Gärten zu bewässern. Wer weiß, vielleicht hat Heinrich Schickhardt die Anregung für seinen 1610 entworfenen und bald darauf verwirklichten Plan, den Seeburger See oberhalb von Urach durch einen 407 Meter langen Stollen abzulassen, durch den Stuttgarter Christoph-Stollen bekommen?

Die Umleitung der obersten Glems verringerte natürlich die Wasserführung des Flusses unterhalb des Stausees. Dadurch erhielten die Müller an der Glems jetzt weniger Wasser als zuvor und beklagten sich nun ihrerseits beim Herzog, doch das ist ein anderes Thema.

Stuttgart litt ständig unter Wassermangel. Deshalb erweiterte Herzog Johann Friedrich das System im Glemswald, indem er 1618 den Bernhardsbach aufstauen ließ. So entstand der Bernhardssee, den man heute als »Bärensee« kennt. Sein Wasser musste dem Pfaffensee durch einen Graben zugeführt werden. Dieser ist noch heute streckenweise an der Nordseite des Neuen und des Pfaffensees erhalten. Jetzt wurden der Pfaffensee auch Vorderer und der Bärensee Hinterer See genannt.

Unter den Königen Friedrich und Wilhelm I. suchte man im Glemswald noch mehr Wasser zu erschließen. Deshalb wurden 1812 der Katzen- und der Steinbach aufgestaut. Das Wasser des Steinbachs leitete man in den Katzenbachsee, von dem ein Graben zum Pfaffensee führte. Auch diese Lösung befriedigte nur vorübergehend, so dass man schon 1820 eine weitere Vergrößerung des Systems

Das aus dem Herzog-Christoph-Stollen ausfließende Wasser bildet in der Heidenklinge einen langen Wasserfall, der im 19. Jahrhundert ein beliebtes Ausflugsziel der Stuttgarter war. C. Finckh hielt ihn 1845 in diesem Bilde fest.

anstrebte. Auf Befehl von König Wilhelm I. entwarf Carl Duttenhofer einen Plan für einen neuen Stausee, der sich beiderseits des Wirtshauses am Schatten erstrecken sollte. Das Projekt wurde aber nicht verwirklicht. Erst 1826 bis 1833 baute man den Damm an der Diebssteige und schuf damit den Neuen See. Alle diese Seen dienen auch heute noch der Versorgung der Stadt Stuttgart mit sauberem Wasser.

Brandgefahr und Löschwassernot – oder: Wie der Feuersee entstand

Nichts kennzeichnet die Angst vor dem Feuer mehr als die Häufigkeit, mit der früher »Feuerordnungen« (die richtiger Feuerschutz- und -löschordnungen hätten heißen müssen) erlassen oder überarbeitet wurden. Bereits 1492 hatte Graf Eberhard im Bart in seiner neuen Stadtordnung für Stuttgart bestimmt, dass in jeder Kelter Karren und Fass für den Brandfall bereitzuhalten seien (siehe Seite 14). Doch was nützen Fässer, wenn sie leer sind? Denn ums Wasser stand es in Stuttgart schlecht. So konstatierte die »Stuetgardter Fewrordnung« von 1662, dass »kein beständig fließend Wasser allhier, sondern daran öfters Mangel sich befindet«. Zwar gab es die beiden Stauseen an der heutigen Schlossstraße (im Bereich Liederhalle/Stadtgarten) und einen kleinen Stauteich vorm Esslinger Tor, auch einige wenige Wetten in der Stadt sowie den Nesenbach mit der Pferdeschwemme an der Marktstraße, doch fühlte man sich trotz dieser Speicher offensichtlich nicht sicher genug.

Der Baumeister Matthias Weiß, der Bauverwalter, der Werkmeister und einige Deputierte der Stadt schrieben deshalb am 11. September 1683 an den Landesherrn, den Herzog Friedrich Karl, das Wasser der Seen und der Quellen nehme mehr und mehr ab. Besorgt schlugen sie vor, einen Löschwasservorrat zu schaffen, nämlich im Elsental bei Kaltental zwei Dämme aufzuschütten und so zwei hintereinander liegende Stauseen zu bilden. Im Falle eines Brandes sollte deren Wasser in den Nesenbach abgelassen und dann in der Stadt aus ihm entnommen werden. Weiß lieferte dazu sogar einen Plan.

Die Diskussion über diesen Gedanken hatte noch nicht begonnen, als am 29./30. Dezember 1683 ein großes Feuer Teile der Alten Kanzlei zerstörte. Ein zeitgenössischer Kupferstich vermittelt eine Vorstellung von diesem Brand. Man wird beim Betrachten des Bildes sogleich an Schillers Verse im Gedicht von der Glocke erinnert:

> »Alles rennet, rettet, flüchtet,
> taghell ist die Nacht gelichtet ...«

Eigenartigerweise blieb dieser Brand für die weitere Diskussion um den erwähnten Vorschlag ohne Bedeutung, im Gegenteil: Briefe wurden gewechselt und Zuständigkeiten diskutiert. Im Mai 1685 holte man sogar einen erfahrenen Brunnenmeister aus Augsburg, um ein Gutachten zu erhalten. 1686 wurde das Projekt schließlich aufgegeben – es fehlte das nötige Geld. Immerhin hatte Weiß inzwischen eine Alternative aufgezeigt. Die Furcht vor einem Dammbruch im Elsental – das austretende Wasser hätte die Esslinger Vorstadt überschwemmt – veranlasste ihn, auf dem Bollwerk einen Feuerlöschsee zu planen, der mit Wasser aus dem Nesen-

Der Brand der Alten Kanzlei Ende Dezember 1683 machte deutlich, wie wichtig die Beschaffung von Löschwasser war.

bachtal gefüllt werden sollte. Von ihm aus könnte das Wasser »in allen Gäßlen, sich in Feuers Noth, das doch Gott gnädig verhüten wolle, zu bedienen geleitet werden«.

Die Angst um das Löschwasser blieb. Baumeister Weiß und der Hofkammerrat und Baumeister Gabriel Moser trugen den Vorschlag 1698 von neuem vor, und der Feldmesser Johann Georg Laumayer fertigte ein Plan dafür an. Doch erst am 1. August 1701 gab Herzog Eberhard Ludwig den Befehl, das Projekt zu verwirklichen. Wie dringlich das war, wurde deutlich, als am 25. Oktober 1701 in Esslingen ein Feuer ausbrach und in 36 Stunden mehr als 200 Gebäude zerstörte. Die Oberinspektion über die Anlegung des Sees übertrug der Herzog Gabriel Moser und Bürgermeister Christian Rheinwald. Bereits 1703 hieß es, der Feuersee sei »nunmehr zur völligen Perfection gebracht worden«.

Der neue Löschwassersee erhielt sein Wasser durch hölzerne Rohrleitungen von Quellen aus dem Nesenbachtal. Eine weitere Leitung ermöglichte es, Wasser aus dem See in die Stadt laufen zu lassen.

Später wurde sogar von mehreren Leitungen berichtet. Im Jahre 1751 erhielten auf diese Weise in der Reichen Vorstadt immerhin zehn Wasserstuben und -kästen, die für den Notfall angelegt worden waren, ihr Wasser. Dieses wurde übrigens auch zur Straßenreinigung genutzt.

Wie man im Brandfall vorgehen sollte, wenn das Wasser im Altstadtbereich zwischen König- und Eberhardstraße benötigt würde, legte die Feuerordnung von 1773 fest: »Wann aber das Wasser vom Feuer-See in der innern Stadt nöthig, so wird es bei der Wasser-Stuben, vor dem Post-Hauß oder Wette« (auf dem heutigen Rotebühlplatz) »auf die Gasse, bei des Mezgers Rosers Haus hinab, und so ferner in diese oder jene Gasse geleitet«. In den Gassen staute man es durch kleine Misthaufen auf und lenkte es in Gruben, so dass man es schöpfen konnte. Auch vom Büchsensee aus waren Kanäle gebaut, um im Notfall Wasser in die Stadt leiten zu können.

Bereits 1704 erkannte man, dass sich das Kaltentaler Wasser wegen seiner Reinheit besser als Trinkwasser eignete. Deshalb plante man nun, dieses direkt in die Stadt zu leiten und den Feuersee mit der Hälfte des Wasser aus dem Vogelsangbach zu speisen. Der Herzog erklärte 1705 sein Einverständnis und kaufte zudem am 19. Februar 1705 der Stadt Esslingen die Säu-Quelle auf der Gemarkung des damals esslingischen Dorfes Vaihingen ab, um die Versorgung mit Trinkwasser besser abzusichern. Diese Entwicklung lässt sich nicht nur anhand von Akten, sondern auch in mehreren erhalten geblieben Plänen studieren.

Offenbar befriedigte die beschriebene Lösung nicht, weil die Quellen im Tal des Vogelsangbachs zu stark für die Trinkwasserversorgung der Stadt beansprucht wurden. Überdies durften einige Anlieger dem Feuersee Wasser für ihre Gärten entnehmen. Als der nur flache See – im Mittel war er nur einen Meter tief – schließlich 1714 austrocknete, legte man eine neue Zuleitung aus dem Heslacher Tal über die Reinsburger Steige an. Jetzt beklagten sich allerdings die Müller am Nesenbach, es werde ihnen Wasser entzogen, weshalb man die Ableitung zum Feuersee reduzieren musste. Jedenfalls hieß es 1828 in einem Protokoll, der See werde nur von Regenwasser gespeist. Schon drei Jahre zuvor war berichtet worden, er sei fast ganz von Schilf, Binsen und Gras bedeckt. Aus gleichem Grund wurde er schon 1732 abgelassen, das Becken wurde gereinigt und neu gefüllt – ein Vorgang, der sich auch später ab und zu als notwendig erwies.

Der drei Morgen große See war nicht, wie ursprünglich geplant, auf dem Bollwerk, sondern in einer Wegegabelung zwischen der »Landstras auf Magstatt« (heute Rotebühlstraße) und dem »Weg nach Bottnen« (Botnang) etwa dreieckig angelegt worden. Als dann 1866 mit dem Bau der Johanneskirche begonnen wurde, erhielt er seine heutige Gestalt.

Übrigens wurde 1750 auch in Heslach ein Feuersee angelegt, und zwar oberhalb der Spitalmühle am Nesenbach. Er bestand bis 1894 und wurde von der Bevölkerung nach dem Mühlenbesitzer Wahl als Wahlensee bezeichnet. Auch zu diesem Projekt gibt es im Stadtarchiv noch einen Riss mit Berechnungen darüber, wie viel Erdreich zur Schaffung des Beckens ausgehoben werden müsste. In den umliegenden Dörfern, wie in Feuerbach und Zuffenhausen, Möhringen und Sillenbuch, dienten die Pferdeschwemmen zugleich als Feuerseen.

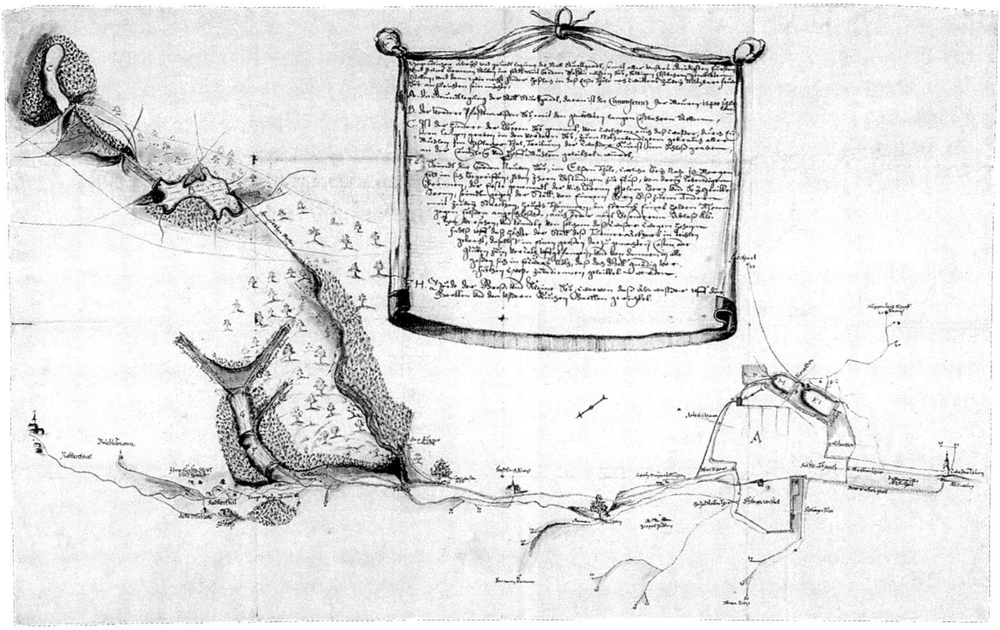

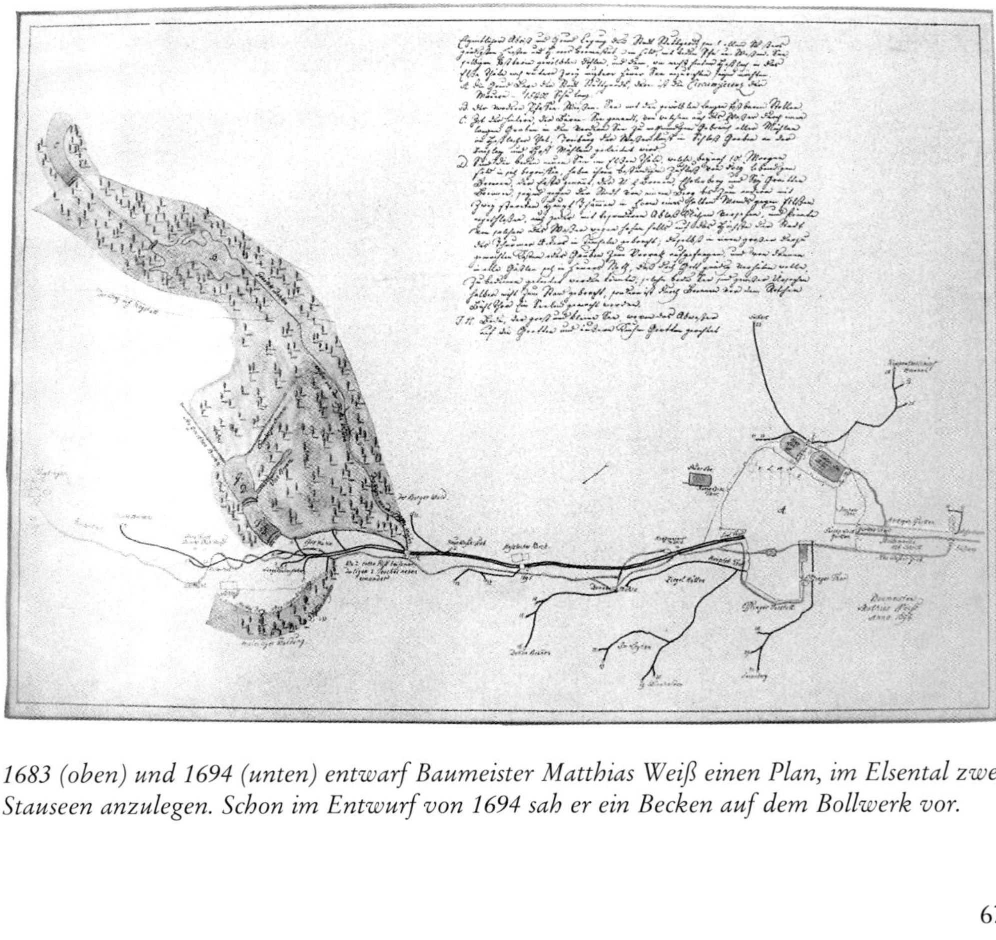

1683 (oben) und 1694 (unten) entwarf Baumeister Matthias Weiß einen Plan, im Elsental zwei Stauseen anzulegen. Schon im Entwurf von 1694 sah er ein Becken auf dem Bollwerk vor.

Der kleine See im Vogelsang und eine Novelle von Theodor Storm

Es gibt ihn schon längst nicht mehr, den Vogelsangsee, und doch ist er unvergessen, haben ihn doch die Schriftsteller Nikolaus Lenau, Wilhelm Raabe und Theodor Storm in ihren Versen und Novellen »unsterblich« gemacht. Trotzdem ist über ihn nur wenig bekannt.

Das Gebiet des Vogelsangs gewann für die Stadt Stuttgart schon früh Bedeutung. Die Stadt ließ nämlich viele der Quellen, die dort entspringen, fassen, um Trinkwasser für die Einwohner zu gewinnen. In alten Plänen der Stadt, in denen für die Zeit um 1700 die hölzernen Rohrleitungen dargestellt sind, ist noch kein See erkennbar. Als dann der Feldmesser Johann Schwab 1737 im Beisein des Seemeisters Kyhr, des Werkmeisters Heim, des Hofbrunnenmeisters Hopf und des Felduntergängers Christoph Jacob Kurz den gesamten Vogelsangbach vermaß und die einzelnen Abschnitte fein säuberlich in ein kleines Heft zeichnete, stellte er darin auch einen kleinen Stauteich dar und bezeichnete ihn als »Herrn Bürgermeister Schwezer Seeh«. Das legt die Vermutung nahe, dass Bürgermeister Ernst Friedrich Schweizer ihn hat aufstauen lassen. Da Schweizer sein Amt 1731 übernahm und Schwab seine Vermessung 1737 ausführte, dürfte die Einrichtung dieses ersten Vogelsangsees zwischen diesen beiden Jahren erfolgt sein. Der kleine See sollte als Reservoir für den Brandfall dienen. 1737 wurde ein Graben zum Büchsensee ausgebaut.

Nachdem 1703 der Feuersee fertig gestellt worden war, hielt man das ihm zugeleitete saubere Wasser aus dem Nesenbachtal für zu kostbar und wollte es lieber als Trinkwasser nutzen (siehe Seite 66). Stattdessen sollte, wie es ein Plan des Bürgermeisters Christian Rheinwald zeigt, Wasser aus dem Vogelsangbach den Feuersee speisen. Dieser Vorschlag erhielt 1705 das herzogliche Plazet und dürfte auch bald ausgeführt worden sein.

Als im Juli 1716 insgesamt 34 Häuser abbrannten und fünf weitere beschädigt wurden, obwohl das Brandgebiet beiderseits des Nesenbachs (etwa bei der heutigen Firma Breuninger) lag, wurde das Problem der viel zu geringen Wasserreserven der Stadt deutlich. Die Vermessung Schwabs erfolgte denn auch auf Anordnung des Landesherrn in der Absicht, Wasser vom Vogelsang in einem Graben für den Fall einer Feuersnot in die Stadt zu leiten. Der See sollte hierfür vermutlich einen Stauraum bilden, zumal Schwab links vom See eine Fläche mit der Inschrift bezeichnete: »Kente zu disem Seeh noch genomen werden«. Da hierfür ein Teil des Grundstücks benötigt wurde, für das als Besitzer der Sonnenwirt Weckherlin eingetragen war, erscheint es wenig wahrscheinlich, dass es sich um eine private Anlage, etwa einen Fischteich des Bürgermeisters Schweizer, gehandelt hat.

Weiteres über diesen kleinen See ist leider nicht bekannt. Wurde er noch im 18. Jahrhundert wieder abgelassen? Eine 1785 bis 1788 von dem jungen Carl Friedrich Duttenhofer aufgenommene Karte lässt dort keinen See, aber anscheinend besonderen Bewuchs erkennen. Ist der See also verschlammt oder verlandet? Oder bestand »Herrn Bürgermeister Schwezer Seeh« gar nur als ein Vorschlag?

Als mit dem weiteren Wachstum der Stadt die Vorsorge für Löschwasser immer dringlicher wurde, dachte man 1806

Die 1870 von G. Renz angefertigte Autographie zeigt, wie reizvoll das Gebiet um den Vogelsangsee damals war. Im Vordergrund ist das Wehr zur Regulierung des Abflusses sichtbar.

daran, auf dem Bollwerk ein Becken für Löschwasser anzulegen, doch verfolgte man den Plan nicht weiter. Feuerschau-Präses Schoen schlug deshalb vor, am Vogelsangbach einen Notwasserbehälter zu schaffen. König Friedrich ordnete daraufhin am 8. Januar 1809 an, »dass zur Erlangung reinen Wassers in den Feuersee vor dem Rothbihlthor in dem Vogelgsang ein Nothwasserbehälter angelegt und dessen Herstellung so viel möglich beschleunigt« werde. So berichtet jedenfalls Bürgermeister Johann Hehl. In der Tat wurde diesmal rasch gearbeitet. Bereits am 26. März 1809 legte Oberwasserbaudirektor Major Duttenhofer – er hatte rund 25 Jahre zuvor die oben erwähnte Karte angefertigt – einen Plan mit Grund- und Aufriss des Dammes für ein Reservoir vor, das laut der Beschriftung zur besseren Versorgung des Feuersees dienen sollte.

Ende April 1809 waren die Arbeiten vollendet und war der kleine, trapezförmige See, der etwa zwischen der oberen Vogelsang- und der Rückertstraße lag, gefüllt. Durch ein Stellwehr konnte man den Abfluss regulieren und durch dessen Öffnung das Wasser im Brandfall zur Stadt ablaufen lassen. »Der genügsame Wasservorrath stehe daher in keinem Widerspruch mehr«, stellte Bürgermeister Hehl in einem Bericht fest.

Sicherlich lockte der Vogelsangsee so manchen Spaziergänger an. Auch Kinder vertrieben sich an ihm die Zeit. Einmal drohten an einem Sonntagnachmittag drei

Kinder im Schlamm des Sees zu versinken. Der Klavierbauer Schacher, der an dem See vorbei spazieren ging, hörte die Hilferufe und eilte hinzu. Er konnte zwei der Kinder retten, doch ein dritter Bub namens Kienle aus der Büchsenstraße ertrank.

Besondere Berühmtheit erlangte der See durch ein tragisches Ereignis in den siebziger Jahren des 19. Jahrhunderts. Theodor Storms Sohn Karl studierte damals bereits seit zwei Jahren in Stuttgart Musik und wohnte im Hause Silberburgstraße 21. Sein Freund Marx, ein Halbfranzose aus dem Elsass, verliebte sich in eine Stuttgarter Bürgerstochter, doch deren Eltern verboten in Erinnerung an den deutsch-französischen Krieg die Verbindung. Marx wählte daraufhin den Freitod im Vogelsangsee. Karl Storm musste sich um das Begräbnis seines Freundes kümmern, dessen Leiche eine alte Frau gefunden hatte.

Als Karl Storm 1884 diese Begebenheit seinem Vater erzählte, begann dieser gleich tags darauf, seine berühmt gewordene Novelle von den Königskindern niederzuschreiben. In vier Wochen stellte er die Erzählung, die sich weitgehend an den Bericht seines Sohnes hält, fertig. Auch Wilhelm Raabes 1895 entstandene Novelle »Aus den Akten des Vogelsangs« handelt von diesem Gebiet.

Ebenso hielt Nikolaus Lenau Erinnerungen an den Vogelsangsee fest, als er seine »Schilflieder« schrieb. Sie entstanden in Liebe zu Charlotte Gmelin, die Lenau auf einem Spaziergang am 22. August 1831 kennen gelernt hatte und die später wegen dieser Verse »Schilf-Lottchen« genannt wurde.

Im Jahre 1876 beschloss der Magistrat, das Gebiet des Sees als Auffüllplatz zu nutzen und den Bach dort zu verdolen. Die bis dahin genutzte Deponie im Vogelsang war nämlich voll, und die Bodenpreise für den Ankauf anderer Flächen erschienen dem Magistrat zu hoch. Dementsprechend wurde der See 1882 aufgelassen, und das Becken wurde aufgefüllt.

Höfische und bürgerliche Feste

Festliche Turniere in Stuttgart

Bei den großen Festen der Fürsten im Mittelalter durften die Ritterspiele nicht fehlen, in denen es galt, die Waffentüchtigkeit mit Lanze, Schwert und Schild zu erproben oder zu beweisen. Was im Adel Rang und Namen hatte, traf sich zum Wettkampf in der Rennbahn, um die Gunst »der schönen Frawen« zu gewinnen. Mancher nutzte ein Turnier allerdings auch, um eine persönliche Auseinandersetzung zu entscheiden, wie Graf Eberhard im Bart 1485 in Ansbach im Kampf gegen Graf Hans von Sonnenberg. Zum einen maß man sich im Zweikampf zu Pferde mit Lanzen, wobei es galt, den Gegner aus dem Sattel zu heben und dann einen Schwertkampf zu führen. Zum anderen ritten Gruppen ohne Schwert und Panzer gegeneinander und kämpften mit Speeren und Schilden, wobei der Stoß mit dem Speer so gegen den Schildbuckel geführt werden sollte, dass der Speer zerbrach. Man kämpfte aber auch zu Fuß mit Lanzen und Schwertern und – nach der Erfindung der Feuerwaffen – beim Wettschießen mit Büchsen. Das Volk fand bei solchen oft mehrtägigen Anlässen ebenfalls sein Vergnügen. Auch die Stuttgarter erlebten wiederholt derartige glanzvolle Feste.

Das erste überlieferte große Turnier in Stuttgart fand am 17. Oktober 1434 statt, als Graf Ludwig I. sich mit Mechthild von der Pfalz vermählte. 29 Grafen sowie 316 Freiherrn und Adelige der vier Turniergesellschaften von Schwaben, Bayern, Franken und vom Rhein sollen daran teilgenommen haben, mit dem Gefolge insgesamt über 1000 Gäste. Mit Turnieren, Tänzen und Jagden wurden sie unterhalten, und so mancher Edelmann ritt selbst in die Kampfbahn.

Als Graf Ulrich sich 1436 vermählte, ritten die Männer ebenfalls in die Bahn. Der Geschichtsschreiber Georg Ruexner zählt sie alle einzeln auf. Danach beteiligten sich ein Fürst, ein Herzog, zwei Markgrafen, 26 Grafen, elf Freiherrn sowie 309 Ritter, Edle, Herren und Knechte.

Bedeutsam für die Stadt war das Turnier 1445, als Graf Ulrich V. sich mit Elisabeth von Bayern, seiner zweiten Frau, vermählte. Um Platz für den Wettkampf zu gewinnen, erwarb der Graf Äcker, Kraut- und Baumgärten auf dem Gelände zwischen der alten Stadt, die am Großen Graben (der heutigen Königstraße) endete, und den Stauseen im Tal des Vogelsangbachs, ließ sie einebnen und mit Kies bestreuen. So entstand der »Turnieracker« für die in höfischen Kreisen beliebten Reiterspiele, der wohl älteste Sportplatz in Stuttgart, so der Historiker Hansmartin Decker-Hauff. Seitdem – genauer: mindestens seit 1451 – ist der Name »Turnieracker« in Stuttgart belegt. Er gab dem dort entstehenden neuen Stadtteil den Namen Turnieracker-Vorstadt, den später allerdings die Namen Liebfrauen-Vorstadt und schließlich Reiche Vorstadt verdrängten.

Ein großartiges Turnier unter der Schirmherrschaft des Grafen Eberhard hielt die Turniergesellschaft im Lande Schwaben 1484 auf dem Stuttgarter Turnieracker ab. Es gilt als eines der bestbesuchten jener Zeit. Allein der ranghöchste Teilnehmer, der Markgraf Friedrich von Brandenburg, ritt mit 101 Rittern und Edelleuten an. Der Gastgeber, Graf Eberhard im Bart, brachte außer seinem Neffen, dem Landgrafen Wilhelm zu Hessen, 34 Teilnehmer mit. Insgesamt zählt Georg Ruexner namentlich als Teilnehmer des Turniers auf: einen Markgrafen, einen Landgrafen, einen Burggrafen, 13 Grafen, elf Freiherrn, 51 Ritter, drei Marschälle sowie 238 Herren. 13 Bewerber wurden nicht und vier zusätzlich zugelassen, zwei Zugelassene nahmen nicht teil. Nach Abschluss der Kämpfe überbrachten vier Damen den Vertretern der »vier Lande« Schwaben, Bayern, Franken und Rhein den Dank und diese luden jeweils zum nächsten Turnier in ihr Land ein. Danach, so berichtet Ruexner, tanzten alle »den abent mit freyden züchtiglich und in eren«.

Das größte Fest, das die Stadt zu Beginn der Neuzeit erlebte, dürfte die Hochzeit von Herzog Ulrich mit Sabina von Bayern im März 1511 gewesen sein. Zwei Kurfürsten, drei Herzöge, sechs Markgrafen, zwei Bischöfe, 54 Grafen und Adlige sowie zahlreiche Botschafter und Abgeordnete erschienen mit großem Gefolge und mit ihren Damen, insgesamt angeblich 16 000 Personen mit 7000 Pferden. Stuttgart hatte damals nur 5000 Einwohner! Da mussten auch Wohnungen in der Stadt als Quartier herangezogen werden. Die Bevölkerung profitierte davon in anderer Weise: Vor dem (Alten) Schloss floss aus einem achtröhrigen Brunnen reichlich Wein, zu dem Brot, Käse, Braten und Fische gereicht wurden. Stuttgart dürfte in diesen Festtagen »eine tanzende, singende, musizierende, fressende, saufende, überkochende kleine Welt gewesen sein«, schrieb Hansmartin Decker-Hauff, »ein Mekka aller Geladenen – aber ebenso das Ziel der Gaukler und Taschenspieler, der Trommler, Pfeifer und Sänger, der fahrenden Studenten und der dichtenden Geistlichen, der Bettelmönche und der Krüppel, der Krambudenbesitzer, der reisenden Garköche, der Diebe und der Dirnen.« Die Kampfeslustigen konnten sich bei dieser Gelegenheit auf der Rennbahn messen.

Nicht jedes Turnier verlief glimpflich. Nachdem im November 1575 zur Vermählung des Herzogs Ludwig mit Dorothea Ursula von Baden zum ritterlichen Wettkampf in der neu angelegten Rennbahn des Lustgartens aufgerufen worden war, traf Fürst Joachim Ernst von Anhalt seinen Gegner Graf Albrecht von Hohenlohe so unglücklich, dass seine Lanze unterhalb des Helms durch das nur schwache Blech in die Gurgel des Hohenlohers drang. Der Graf starb nach vier Tagen und wurde in der Stiftskirche beigesetzt.

Im 16. Jahrhundert ebbte die Lust an den Kampfspielen ab, auch wegen des tödlichen Unfalls des französischen Königs Heinrich II. in Paris am 10. Juli 1559. Dafür wurde das Ringelstechen oder Ringreiten beliebt, bei dem der Reiter durch ein Tor galoppieren und dabei versuchen musste, mit einer Lanze »den ring spiessend hinweg zuführen«, wie es Georg Rudolf Weckherlin 1616 beschrieb. In der Einladung zum Stuttgarter Ringrennen am 22. Februar 1599 waren 15 Teilnahmebedingungen notiert. Da hieß es unter anderem:

1. Jeder Teilnehmer soll maskiert oder vermummt auf der Rennbahn erscheinen.
2. Keiner soll vor dem Maintenador (Turnierleiter) einziehen.
3. Niemand soll einen anderen Spieß und Ring gebrauchen als jenen, den der Maintenador bringt und dem Richter zeigt.

In einer Handschrift in Wolfenbüttel findet sich diese Darstellung des Stuttgarter Fußturniers vom 11. März 1596. Hinter der Turnierbahn das alte, rechts das neue Lusthaus.

4. In die Rennbahn dürfen nur Teilnehmer eingelassen werden. ...
8. Wer den Spieß fallen lässt oder verliert oder auf die Schulter wirft, hat verloren. ...
12. Man darf nicht das Pferd wechseln.
13. Es wird in vollem Lauf geritten. ...
15. Die Anwendung aller Vorteile ist verboten.

In der Einladung zu dem Turnier 1618 war von drei Turnierleitern (»Mantenitorn«) die Rede. Das »Startgeld« betrug zwischen 10 und 100 Gulden. Wer den Ring mit dem Spieß in der Mitte traf und hinwegführte, erhielt vier »Treffen«, wer links oben traf drei, rechts oben zwei, links unten einen und rechts unten ein halbes. Man wertete nach einer Art Punktesystem.

Außerdem wurde in Fußturnieren gekämpft, wie zum Beispiel bei der neun Tage lang gefeierten Vermählung des Grafen Friedrich von Württemberg-Mömpelgard im Mai 1581. Wie ein solches Turnier ablief, wissen wir aus einer Beschreibung des Schaukampfes am 11. März 1596, der während der sechs Tage dauernden Festlichkeiten anlässlich der Taufe des Prinzen August auf der Rennbahn stattfand (wo heute das Neue Schloss steht). Von diesem Turnier gibt es in Wolfenbüttel sogar eine hübsche Miniatur-Zeichnung.

Nach dem Einzug des in Württemberg regierenden Herzogs Friedrich I. und seines Gefolges in die Rennbahn marschierte dessen 14-jähriger Sohn Johann Friedrich mit zahlreichen Begleitern auf den Platz. Ihm folgten der Markgraf von Baden mit seinen Männern und schließlich weitere Grafen und Herren. Über den Platz zog sich eine hölzerne Schranke, die ihn in zwei Teile trennte. Auf jeder Seite waren Zelte aufgebaut, in die sich die Männer nach der

Diese Darstellung des Kübelturniers von 1616 in Stuttgart verdanken wir Matthäus Merian.

Einzugs-Parade zurückzogen, bis sie zum Kampf antreten mussten. In diesem versuchte man vor allem, den geschlossenen Helm und Kragen des Gegners zu treffen. Wer dabei die meisten Spieße und Schwerter zerschlug, galt als Sieger. Herzog Johann Friedrich von Württemberg und Herzog August d. J. von Braunschweig-Lüneburg eröffneten den Kampf, ehe die anderen, in zwei Parteien aufgeteilt, sich entlang der Schranke gegenübertraten. Fast eine halbe Stunde lang tobte der Kampf. Waren die Spieße zerbrochen, griff man zu den Schwertern. Das »gab ein groß getöß«, notierte ein Augenzeuge darüber. Nach dem Turnier zogen die Männer in der gleichen Reihenfolge ab, in der sie auf den Platz gekommen waren.

Einzelheiten über die Regeln können wir auch der Einladung zu dem Stuttgarter Fußturnier am 7. März 1603 entnehmen, in der es unter anderem hieß:

- Keiner soll mit anderen Spießen oder Schwertern turnieren als mit denen, die von den Richtern übergeben werden.
- »Soll ein Jeder Drey Stoß mitt dem Spieß unnd Fünff Streich mit dem Schwerdt thun.«
- Wem das Schwert aus der Hand fiel, »der soll kheinen dannckh erlangen«.
- Wer sein Schwert zerschlug, sollte ein anderes erhalten.
- Wer nur gestoßen und geschlagen wurde (also nicht selber angriff), soll »kheinen Danninck« haben.

Ein besonders großartiges Fest feierte man zur Taufe des Prinzen Friedrich am 19. bis 28. März 1616. Es gab dabei ein Ringrennen, ein Fußturnier und ein Kübelrennen. Georg Rudolf Weckherlin beschrieb dieses Fest ausführlich, und Matthäus Merian lieferte dazu eine Vielzahl von Kupferstichen. »Das volck lauffet von allen orten zu, der garten ist voll geträng, die gerüste sind überladen, die bäume beschwerdt, und alle umbligende häuser, thürn, tächer und fenster erfüllet«, berichtete der Chronist.

Die fürstlichen, gräflichen und anderen hohen Herrschaften schauten dem Turnier von einer Tribüne aus zu. Die Richter saßen, der Beschreibung von Weckherlin 1616 zufolge, »auf einem nideren gerüst, vor welchem das gold und silbergeschirr, damit die siger belohnet werden sollen, leuchtet«. Kanonen, Trompeter, Trommler und Pfeifer kündigten den Einzug der Teilnehmer an, die alle verkleidet auftraten: als allegorische Figuren, zum Beispiel als die Tugend, oder als Götter oder Göttinnen wie Pallas Athene, Juno, Merkur, als historische Personen wie Paris, Hektor oder Helena oder als Trojaner. Auch Festwagen zogen in die Rennbahn ein. Herzog Johann Friedrich von Württemberg trat bei diesem Turnier als Malteser-Ritter auf und kam mit einem Segelschiff auf den Platz, wie es »die ritter in Malta auf dem möhr [Meer] wider den Türcken kriegend« verwendeten. Das ganze Schiff war vergoldet und mit Blumen bemalt, die Segel waren »von weissem seidinem zeug«. Und weiter: »Sechszehn sclaven ruderten, acht zu einer und sovil zu der andern seiten.« Sogar fünf Geschütze führte das Schiff mit. Zweimal fuhr es in der Bahn herum, ehe sich die Besatzung in ihr Zelt begab, um ihren Auftritt abzuwarten.

Wieder begannen Trommler, Pfeifer, Trompeter und Kanonen die »luft mit solchem schall und brummen zuerfüllen ..., das niemand sein aigen wort hörete«. Zuerst traten die Einzelkämpfer an. Nach dem Ehrengruß gingen sie mit den Lanzen derart aufeinander los, »das die spliter gen himel flogen. Gleich name ein jeder eine andere und nach diser auch die drite stang, welche er wie die erste durch hartes treffen an des andern visier unfehlbarlich zubrache [zerbrach]. Darauf entblößten sie ihre schwert und nach wider-

In der Beschreibung des Stuttgarter Turniers von 1484 ist diese Darstellung der Preisverleihung enthalten. Im Gegensatz zum Text hat das Bild aber keinen konkreten Bezug zu Stuttgart, sondern stellt die Siegerehrung allgemein dar. Zudem verwendete Georg Ruexner die Bilder in seinem 1530 erschienenen Turnierbuch mehrfach an verschiedenen Stellen.

erwisener ehr überfielen sie damit einander, als ob einer dem andern den helm und zumahl das haubt zuspalten wolte, und zuschlugen dieselbige, das die stücke in die höhe sprungen.«

Dann zogen die Mannschaften zum Kampf auf »und klopften auf einander« und »schlugen von allen seiten zu«. Nach einer Weile wurde plötzlich die Schranke, welche die Kämpfenden trennte, »mit erschröcklichem feur, brausen, knallen, saussen, plitzen, dundern und klapfen in vil taussent stück zersprenget«. So wurden die Kämpfenden von einander geschieden »und also dise abentheuer vollendet«. In guter Ordnung zogen alle ab ins Schloss, »alda sie mit den hertz-sigenden Nymfen, welche ihrer begihriglich warteten, sich bey dem nachtessen in aller freindlichkeit und frölichkeit erquicketen.«

Zum Schluss des Festes wurden die Preise vergeben. 1599 wurden mit dem »Dank« ausgezeichnet die »zierlichste« Maskerade, der »zierlichste« Ritt und derjenige, »welcher denn Ring in dem dryrs Carieren [das heißt drei Durchritten] am öfftisten hinweg fürth.« 1618 konnte von den Jungfrauen ein weiterer Dank zuerkannt und zudem derjenige ausgezeichnet werden, der zwar in der schlechtesten, aber lustigsten und kurzweiligsten Aufmachung erschien.

Die Ausschreibung von 1603 nennt drei Auszeichnungen:

1. den »Spieß dannckh« für denjenigen, der in drei Stößen die meisten Spieße am höchsten und am zierlichsten (schönsten) bricht.
2. den »Schwerdt dannckh« für jenen, der in fünf Streichen die meisten Schwerter zerschlägt.
3. den »Folien Dannck« für den, »welcher Inn der Folien [im Mummenschanz] sich zum besten hallten würdt«.

Bei dem Fußturnier, das Herzog Friedrich I. am 25. April 1605 im Rahmen eines großen Festes veranstaltete, forderten er und zwei weitere Adlige jeden, der dazu Lust hätte, auf, mit ihnen zu kämpfen. Am Tag darauf gab es ein Kübelturnier, bei dem Hofdiener auf schlechten Pferden, in ausgestopften Kleidern und mit Kübeln anstelle der Helme ausgestattet, mit Stangen statt mit Lanzen gegen einander kämpften.

Den Abschluss des Festes bildete am 27. April 1605 ein großartiges Feuerwerk, bei dem ein betürmter Elefant, ein Drache, ein Kloster, um das sich ein Mönch und ein Jesuit stritten, ein Bergschloss und zwei Kämpfer mit feuersprühenden Wehren zu sehen waren. Auch bei manchem anderen Fest bildete ein Feuerwerk einen Höhepunkt, das nicht nur der Sinnenfreude diente, sondern auch das Selbstverständnis des Fürsten bekunden sollte. So wurden im Mai 1585 ein hölzernes Schloss in Brand gesteckt und aus einem Mörser Leuchtkugeln geschossen.

Als Herzog Johann Friedrich im November 1609 seine Vermählung mit Barbara Sophia von Brandenburg feierte – dazu waren fast 1000 Gäste mit rund 2000 Dienern angereist –, focht man ebenfalls in Ringelrennen, Fußturnier, Turnier zu Pferd und Kübelturnier miteinander. Außerdem gab es ein Ballett, ein Feuerwerk, einen Ball, ein Karussell-Rennen und andere Vergnügungen, wie sie auch bei anderen großen Festen üblich waren.

Das großartige Feuerwerk folgte am vom 10. November 1609. Auf einen hohen runden Berg hatte man ein kleines Schloss mit allem gesetzt, was dazu gehört. Davor standen Attrappen von wilden Tieren und von Männern, aus denen verschiedenartige Feuer schossen. Drei Stunden lang sollen etwa 8000 Raketen, Feuer und Schläge gezündet worden sein. Ein zweites Feuerwerk in Gestalt eines Schiffes war zwar vorbereitet, man kam aber nicht dazu, es anzuzünden und lagerte es deshalb ein, doch erst 1616 bot sich beim Tauffest für Herzog Friedrich eine Gelegenheit, es abzubrennen. In dem Schiff waren an die 2000 Schläge und 8000 Raketen verborgen. Zudem schoss man in der Umgebung Mörser, Böller und Raketen ab. Das Ganze zog sich »bald auff zwo Stund« hin.

Nach dem Aufkommen der Armbrüste und der Feuerwaffen luden zunächst

Oft endeten die Turniertage mit einem großartigen Feuerwerk, wie es dieser Stich von Balthasar Küchler vom Feuerwerk 1616 mit einem Schiff zeigt.

Städte, dann aber auch die Landesherren dazu ein, auf einem Turnier sein Können mit den neuen Waffen zu beweisen, denn es lag ihnen daran, die Mannschaft wehrfähig zu erhalten. Sie versandten ihre Einladungen weithin. Trotz der damals schlechten Wege kamen die Teilnehmer oft von weit entfernten Orten und begingen die Veranstaltungen als großes Fest. So waren die Turniere mit Turn- und Fechtvorführungen, Ringkämpfen, Kegeln und anderen sportlichen Wettkämpfen verbunden. Landesherr und veranstaltende Stadt stifteten nützliche Preise, zum Beispiel einen Ochsen, etliche Ellen Tuch, eine Armbrust oder einige Gulden. Es waren oft tagelang währende Feste.

Das älteste Schützenfest in Stuttgart, von dem wir etwas wissen, veranstaltete der Rat der Stadt im Jahr 1501, ein Jahr nach der Gründung der Büchsenschützengesellschaft. Es soll das schönste aller Schützenfeste gewesen sein. Die Ausschreibungen gingen hinaus bis nach Bamberg, Linz, Innsbruck, Bern, Trier und Köln. Am 10. August trafen die Gäste ein, unter ihnen eine bemerkenswert große Zahl von Eidgenossen. Am Wettkampf beteiligten sich Bürger aller Stände, aber auch der Adel. Sechs Wochen lang widmete man sich dem Wettkampf und Fest, das von einer siebenköpfigen Festbehörde, der auch auswärtige Gäste angehörten, geleitet wurde. Die Gäste waren privat untergebracht und wurden auch dort versorgt. Die nötigen Lebensmittel wie Kälber, Gänse, Hühner, Tauben und Eier wurden sogar vom Schwarzwald, von der oberen Donau und vom oberen Neckar herangeschafft. Freitags gab es Fisch.

Zunächst starteten die Armbrust-Schützen zum Wettschießen. Mit ihrer Waffe wurde sitzend über einen Abstand von 315 Werkschuh geschossen, mit freiem Arm und mit abgetrenntem Wamsärmel. Das Gerät durfte die Schulter nicht berühren. Auch der 14-jährige Herzog Ulrich schoss mit. Sieger wurde Christoph von Hattstadt. Anschließend folgte das Büchsenschießen auf eine frei hängende Scheibe über 660 Werkschuh Distanz. Die Bedingungen waren ähnlich wie bei der Armbrust. Für jede Waffe hatte die Stadt 25 Preise von 101 bis einen Gulden ausgesetzt.

Großen Spaß, so heißt es, bereiteten die Pritschenmeister. Das waren lustige, hanswurstartig gekleidete Leute mit guter Bildung, die aus dem Stegreif dichten konnten. Sie waren Spaßmacher und Ordnungsmeister zugleich. Jede Verfehlung ahndeten sie durch Schläge mit der Pritsche, einem klatschenden Holzgerät, und mit Spottreden; böse Buben versohlten sie auf der Pritschenbank. Auch Ritter und Fürstensöhne unterstanden dem Pritschenrecht. Nach dem Fest rühmten diese Meister in Reimen die Herrlichkeiten der Veranstaltung.

Später wurden in Stuttgart noch weitere Schützenfeste ausgeschrieben, so 1560 von Herzog Christoph ein Armbrustschießen. Das Fest dauerte 18 Tage. 1582 veranstaltete Herzog Ludwig im Tiergarten beim (Alten) Schloss ein Büchsenschießen für alle Landeskinder, die zur Landesverteidigung die Büchse führten. Es war also nicht mehr ein Fest des Adels, und sein Zweck wird durch die Ausschreibung deutlich.

Mit dem Aufbau stehender Heere übernahmen diese die Aufgabe der Verteidigung; Armbrust- und Büchsenschützen-Gesellschaften verloren ihre Bedeutung und mit ihnen auch die Feste.

Auch in Stuttgart spielte man Balle Malle – ein höfischer Zeitvertreib

Wer die alten Stadtpläne Stuttgarts aus dem 17. und 18. Jahrhundert studiert, stösst in einigen von ihnen auf die Bezeichnungen »Balle Malle« oder »Maille«. Er findet sie stets nordöstlich des Schlossgartens an einer geradlinigen Allee, die etwa bis zum ehemaligen Wasserturm im Stöckach reichte. In Esslingen ist der Name »Maille« noch heute für einen geraden, baumgesäumten Weg zwischen Ross- und Wehrneckar gebräuchlich. Was hat es mit diesen Namen auf sich?

Die Stuttgarter Balle Malle, die manchmal auch als Ballonenplatz bezeichnet wurde, verlief etwa bis zum Hirschbad parallel zum damaligen Kiesweg, der gen Berg führte. Sie war »hübsch eben gepflastert und von einer mit Weichselbäumen [Kirschbäumen] überzogenen Kammerz [Spalier an einer Mauer] gesäumt«. Ihre erste schriftliche Erwähnung stammt aus dem Jahr 1609 in Johann Oettingers Beschreibung der Hochzeit des Herzogs Johann Friedrich. Hofbaumeister Heinrich Schickhardt war der erste, der sie in Plänen dargestellt hat, dessen ältester von 1620 stammt. Schickhardt bezeichnet sie, als »Pallemalle«, »Pala maily«, »balle malle« oder »Pall Maille«. Ein Plan Schickhardts zeigt sogar das Anfangstor. Und als bildliche Darstellung findet die Allee Aufnahme in dem Stadt-

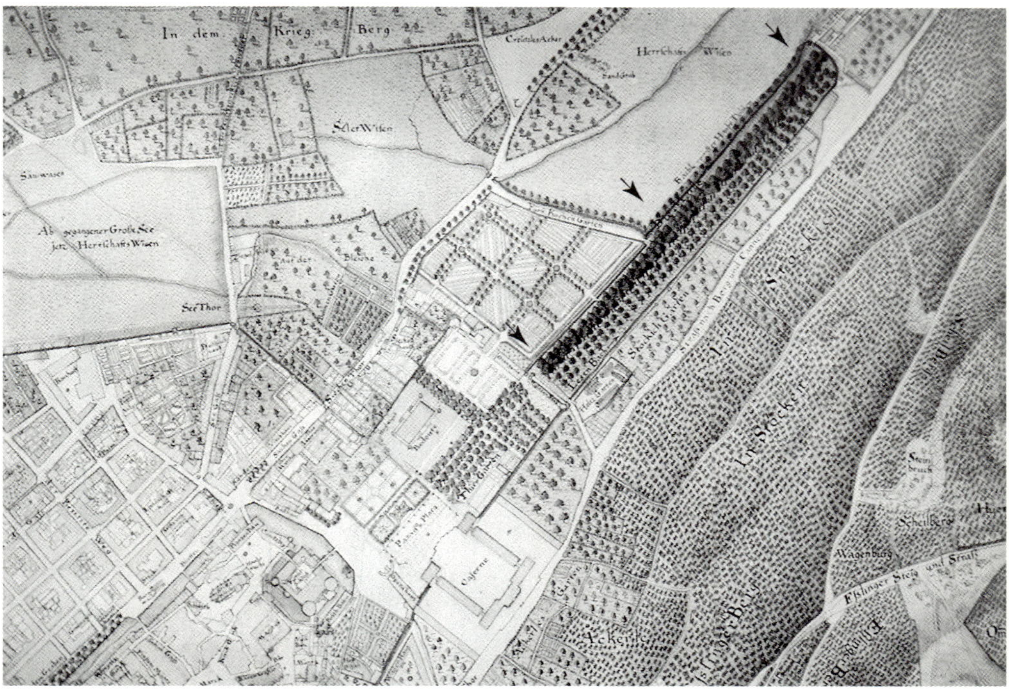

In dem 1745 von Johann Adam Riediger gezeichneten Stadtplan und der beigefügten Ansicht von Stuttgart ist die Allee der Balle Malle bezeichnet. Die Pfeile markieren die Spielbahn.

In Hamburg-Altona ist an einem Hause in der Palmaille eine Darstellung des Balle-Malle-Spiels angebracht. Aufgenommen am 20. August 1986.

bild, das Johann Adam Riediger seinem Stuttgarter Stadtplan von 1745 beifügte. Letztmals in einem Plan erwähnt wurde die »Balle Malle« im Jahr 1769.

Der eigenartig anmutende Name leitet sich ab vom italienischen palla a maglio, was ein Spiel mit Ball und Schlägel oder Kolben bezeichnet. In Frankreich war es als »Pallmail« oder »Mailspiel« bekannt (französisch Mail = Hammer), in Deutschland auch als »Kolbenspiel« oder – wegen der mit ihm verbundenen Bewegung – als »Laufspiel«. Man spielte es auf einer mindestens 400 bis 500 Schritt (120 bis 150 Meter) langen, mit feinem Sand bedeckten Bahn, die von zwei oder – wie in Stuttgart – von vier Reihen Linden gesäumt war. Für Stuttgart gibt Heinrich Schickhardt in seinem Plan von 1620 eine Länge von 1126 Schuh (rund 323 Meter) und eine Breite von acht Schuh (etwa 2,30 Meter) an.

Um zu verhindern, dass jemand die Kugel aus der Bahn schlug, wurden zwischen den Allee-Bäumen der Bahn Netze gespannt oder Hecken gepflanzt. Die Kugel mit einem Durchmesser von 6,5 Zentimeter war meist aus Buchsbaumholz gefertigt. Von einem kleinen eisernen Bogen, dem Anfangstor, musste man sie in kürzester Zeit mit möglichst wenigen Schlägen durch ein eisernes Tor am Ende der Bahn bringen. Geschlagen wurde mit einem Schlägel, der an einem langen, biegsamen Stiel einen zylindrischen, mit Eisen beschlagenen Kopf besaß. Könner verstanden es, die Kugel mit einem kräftigen Schlag bis über 200 Fuß (fast 60 Meter) weit zu befördern.

Allerdings gab es auch andere Spielformen: Beispielsweise wurde in Gruppen gegeneinander gespielt oder als Sieger galt, wer die Kugel am weitesten treiben konnte. Man spielte es auch auf dem freien Feld oder einem Weg, wo ein Objekt bestimmt wurde, das es zu treffen galt. Wer dies zuerst schaffte, war Sieger.

In Frankreich war das Spiel bereits unter König Karl V. (1363–1380) üblich, wurde dann aber eine Zeit lang wegen der zu hohen Spieleinsätze verboten. Der Sonnenkönig Ludwig XIV. – er regierte von 1661 bis 1715 – spielte das »Jeu du Mail« besonders gerne. Kein Wunder, dass es sich zu seiner Zeit stark ausbreitete und in fast alle weltlichen Fürstenhöfe und vornehmen Kreise Italiens, Frankreichs, Englands und Deutschlands Eingang fand. In Frankreich hatte beinahe jede Stadt ihre Maille-Bahn. Seit der zweiten Hälfte des 18. Jahrhunderts allerdings kam das Spiel aus der Mode und wurde von den Spielen Golf und Croquet abgelöst. In Montpellier aber ist das »Jeu du Mail« bis heute bekannt.

Wie das Balle-Malle-Spiel seinen Weg nach Stuttgart fand, ist nicht eindeutig bekannt. Der Heimatforscher Gustav Wais nahm an, dass Herzog Friedrich es 1592 in England kennen lernte und danach in Stuttgart eingeführt hat. Hingegen war Karl Pfaff in seiner »Geschichte der Stadt Esslingen« der Auffassung, dass das Spiel um 1600 aus Italien hierher gekommen sei.

Eine einheitliche Rechtschreibung gab es zu jener Zeit noch nicht. Deshalb darf es uns nicht verwundern, wenn zwar ähnlich lautende, aber verschieden geschriebene Namen erscheinen, zum Beispiel 1720 auch »Balimali«. Wenn auf der um 1901 angefertigten Nachzeichnung eines 1652 entworfenen Dolenplans von einer (falsch geschriebenen!) »Palmenalle« die Rede ist, so kann es sich nur um ein Missverständnis handeln, weil man das Spiel um 1900 offenbar nicht mehr kannte. Bei der Bezeichnung »Ballonenplatz« handelt es sich hingegen nicht um eine missverstandene Lesart. Unter »Ballon« verstand man nämlich einen größeren Ball.

Wie das Esslinger Beispiel zeigt, gibt es noch in vielen Orten Namen, die auf das alte Spiel mit Ball und Hammer hinweisen. Erwähnt seien die Palmaille in Hamburg-Altona – sie wurde 1638 angelegt, doch nie bespielt –, die berühmte Pall Mall in London und die Avenue du Mail in Genf. In Bayreuth ist die Hauptallee des Hofgartens im 17. Jahrhundert als Maille-Bahn angelegt worden. Johann Adam Riediger, dessen Stuttgarter Stadtplan von 1745 eingangs bereits erwähnt wurde, hat auch sie dargestellt, nämlich in seinem ebenfalls 1745 angefertigen Plan der Stadt Bayreuth.

Fasanen für die Fürstenjagd

An den Fürstenhöfen galt die Jagd zu allen Zeiten als ein besonderes höfisches Vergnügen, und waren nicht genügend Tiere im Revier, so half man kräftig nach. Herzog Karl Eugen zum Beispiel ließ zu Hetzjagden gelegentlich unzählige Tiere andernorts einfangen, an den Jagdplatz bringen und dann den Schützen vor die Büchsen treiben, so geschehen bei Degerloch und am Bärensee. Um für die herbstliche Fasanenjagd genügend Tiere zu haben, gründete man Fasanenhöfe oder Fasanerien. Noch heute weisen in Stuttgart zwei Namen auf derartige Einrichtungen hin: der Fasanenhof bei Möhringen und die Fasanerie bei Weilimdorf. Herzog Karl Eugen ließ 1752 auch bei Ludwigsburg im Osterholz eine Fasanerie einrichten; sie wurde bereits nach dem Tode König Friedrichs aufgehoben.

In der freien Natur erfuhren die Fasanenbestände durch Raubtiere, aber auch bei anhaltend schlechtem Wetter erhebliche Ausfälle. So konnte es vorkommen, dass zur Jagd im Herbst nicht genügend Tiere im Jagdrevier vorhanden waren. Deshalb ließen die Fürsten gegen gute Belohnung Eier im Freien sammeln und in einem Fasanenhof von Truthühnern ausbrüten. In erster Linie wurden Jagdfasanen (Edel- oder Kupferfasan) aufgezogen, daneben auch Königsfasanen.

Bei Stuttgart schuf zuerst Herzog Eberhard Ludwig um 1730 am Ostrand des Dürrlewanger Waldes eine solche Einrichtung. Herzog Karl Alexander sorgte für eine Erweiterung der Anlage, doch nach seinem Tode hob Herzog Karl Eugen sie 1742 auf, legte sie aber 1783 von neuem an. Lange wurde sie allerdings nicht zur Aufzucht genutzt, ließ doch Herzogin Friederike Dorothee Sophie das Gelände 1796 zu einer Parkanlage umgestalten. Fasanenjagd spielte hier also keine Rolle mehr, zumal Herzog Friedrich II. (der spätere erste König von Württemberg) das Gehöft 1799 verkaufen ließ.

Eine zweite Station zur Aufzucht von Fasanen schuf Herzog Karl Eugen 1763 unterhalb von Schloss Solitude beim Bergheimer Hof. Er wollte dort jährlich 300 Tiere aufziehen lassen. Die Anlage umfasste das Fasanenbruthaus und eine Wohnung für den Fasanenmeister sowie ein Fasanenfutterhaus mit einem Saal für die Herrschaft und mit Küche. Schon 1765 ließ der Herzog durch seinen Hofbaumeister Reinhard Ferdinand Heinrich Fischer im Härdtle bei Weilimdorf eine neue, sternförmige Anlage mit neun Alleen und den notwendigen Gebäuden anlegen. Dort wollte er die Aufzucht verdoppeln. In einer der Alleen, der »Schlösslesallee«, stand ein kleines, zweistöckiges Jagdschloss, dessen Dach durch zwei steinerne Hirsche verziert war. Davon ist jedoch nichts mehr vorhanden.

Im Juni 1881 veröffentlichte die Leipziger Illustrierte dieses von F. Specht gezeichnete Bild der Fasanerie bei Weilimdorf. Der junge Mann halbrechts bringt gerade Futter. Der unter König Wilhelm I. erbaute Pavillon rechts hinten ist noch heute erhalten.

Die Gebäude der ehemaligen Fasanerie, fotografiert im Jahr 1980.

Am 21. Dezember 1767 hielt Herzog Karl Eugen seine erste Treibjagd im Härdtle ab. Ein Häher, drei Hasen, drei Feldhühner, zwei Fasanenhennen und 128 Fasananhähne wurden dabei erlegt. So mancher Ausflug führte den Fürsten von der Solitude in die Fasanerie. So wird berichtet, dass er am 7. Juni 1769 hinunter fuhr, um die in der Nacht geschlüpften Küken zu beobachten.

Unser Bild stammt aus dem Jahr 1881, als hier fast 1000 Tiere gehalten wurden. Es zeigt eine Fütterung am Morgen. Von allen Seiten laufen die Küken dem Wärter zu, während einige Truthühner aus Brutkäfigen (in der Bildmitte) herausgucken. Als Futter dienten Bröckchen von gekochten Hühnereiern, Ameisensuppe und Grießmehl. Die Vogelscheuche soll andere Vögel vom Futterplatz fern halten und vor allem Raubvögel verscheuchen. Trotzdem fielen Habichte gerne ein. Deshalb stellte man zusätzlich Habichtfallen auf, Körbe auf jeweils vier Pfählen, die man mit einer Taube als Lockvogel besetzte. Links hinter der Vogelscheuche ist eine solche zu erkennen. Auch Füchse, Marder und Katzen wurden durch Fallen von den Küken fern gehalten. Schließlich besaß die Fasanerie ein bis zwei Uhus, die beutesuchende Krähen und Bussarde verjagen sollten.

Den hübschen zwölfeckigen Pavillon rechts im Bild ließ König Wilhelm I. im Jahre 1818 erstellen. Von ihm aus konnten die Hofdamen die Jagd beobachten. Anschließend tafelten die Teilnehmer hier festlich. Noch heute trägt der Pavillon ein Fries mit Darstellungen von Fasanen und als Wetterfahne einen vergoldeten solchen Vogel. Sternförmig ziehen von dem Pavillon aus die Alleen durch den kleinen umgebenden Wald. Sie wurden teilweise von Fichtenreihen gesäumt, die durch Beschneiden kurz und niedrig gehalten wurden, so dass die Fasanen, die einen Anlauf brauchen, erst auf der Allee auffliegen konnten. Dort konnten sie dann erlegt werden. Die Fasanen verbreiteten sich jedoch auch über die Umgebung, so dass man zur Jagd auf dem Weilimdorfer, Gerlinger und Ditzinger Feld oder beim Bergheimer Hof blies.

Die Landwirte sahen die Anlage nicht gerade gerne, denn es gelang etlichen Tieren freizukommen, und dann richteten sie als Körnerfresser manchen Flurschaden an. Deshalb wurde das Gebiet später mit einem zwei Meter hohen und rund zweieinhalb Kilometer langen Bretterzaun mit vier Toren eingefasst, so dass die Fasanen nicht zum Freiland hin auffliegen konnten. Der Zaun diente zugleich dazu, weidendes Vieh und vor allem Füchse fern zu halten.

Das Treiben bei der Jagd aus dem Unterholz auf die Alleen zu mussten die Weilimdorfer übernehmen. In der Fron war das eine Last, doch in königlicher Zeit taten sie das gerne, denn sie erhielten dafür nicht nur ein Entgelt, sondern auch ein Vesper und ein Glas Bier. Der Hof begab sich nach der Jagd zu einem Frühstück in den Pavillon.

Mit der Aufhebung des Hofjagdamts am 31. Dezember 1918 verlor die Fasanerie im Härdtle ihre Funktion. Der Zaun konnte jetzt abgetragen werden. Die Hauptgebäude – das Wohnhaus, in dem anfangs ein Zimmer für König Wilhelm I. reserviert war, und der (inzwischen aufgestockte) Pferdestall – blieben jedoch bestehen. Sie wurden 1948 bis 1986 von der Abteilung Botanik und Standortskunde der forstlichen Versuchsanstalt Baden-Württemberg genutzt und dienen seitdem als Dienstsitz des Forstreviers Fasanengarten und als Wohnungen für Mitarbeiter des Forstamts. Die anderen Flächen werden als Betriebshof und Pflanzschule des Forstreviers Solitude genutzt. Das Waldstück erhielt nach dem Zweiten Weltkrieg Spiel- und Liegewiese, Kinderspielplatz, Grillstellen, Waldwege und Waldsportpfad und ist damit ein beliebtes Naherholungsgebiet geworden.

In großer Freude feierte die Jugend den Maientag

»Bei keiner andern öffentlichen Gelegenheit entfaltet sich der Charakter der schwäbischen Natur eigentümlicher und schöner als in den alljährig gefeierten Festen des Wonnemonats«, äußerte im Mai 1845 ein Berichterstatter, als er in einer Leipziger Zeitung »die Maifeier in Stuttgart« überschwänglich-schwülstig beschrieb. Er meinte das traditionelle Maienfest, das früher als ein Tag der Schuljugend überall im Lande fröhlich begangen wurde.

Der Maientag hat ein lange Tradition. In Nürtingen zum Beispiel wird dieses Fest seit 400 Jahren gefeiert, in Göppingen mindestens seit anno 1650, und zwar jetzt von Freitagabend bis zum Feuerwerk am Montag. In der zweiten Maihälfte oder Anfang Juni war es in vielen Orten das wichtigste jährlich wiederkehrende Ereignis, das alle mit Freuden erwarteten.

Vor dem Maientag, so wusste unser Gewährsmann in der Leipziger Zeitung zu berichten, eilten alle in die grünenden Wälder, um junge Reiser zu pflücken. Aus diesen flochten sie Kränze und Kronen. »Kein Haus, von den reichsten Woh-

Ein Maientag in Stuttgart, aus der in Leipzig erschienenen Illustrierten Zeitung von 1845.

nungen bis zur armseligsten Hütte, in der sich nicht Jung und Alt, Knaben und Mädchen, mit dem sinnreichen Spiel beschäftigen und mit freudebangen Pulsschlägen des festlichen Tages harren«, schwärmte der Berichterstatter euphorisch.

Am Festtag versammelten sich die Kinder in der Schule und formierten sich unter der Führung ihrer Lehrer zum Festzug durch die Hauptstraßen der Stadt. Voran zog eine Kapelle, die mit Marschmusik den Takt angab. Ihr folgten die älteren Knaben, jeweils zu viert auf Stäbe gesetzte große Kronen tragend. In jeder Krone hing in der Mitte eine Tafel mit dem Namen der Schule. Ihnen folgten einige Jungen mit bunten Fahnen. Es schlossen sich Buben mit Kränzen an, und die Jüngsten am Schluss trugen stolz einzelne Reiser. Sodann sah man die Mädchen mit bunten Bändern in ihren weißen Festkleidern, mit Blütenkränzen in den Haaren und Sträußen an der Brust. Manche Burschen waren als Offizier, Landmann, Jäger oder Soldat, manche Mädchen vielleicht als Schäferin gekleidet.

Das Ziel des Zuges war der Alleenplatz auf den Seewiesen bei der Stadtallee (wo heute der Stadtgarten liegt), der auch als Exerzierplatz und als der erste Turnplatz der Stadt diente. Auf den dort bereitgestellten Tischen servierten die Eltern Speisen, Kuchen und Getränke – insbesondere durfte »der berühmte ›Gogelhopfen‹, dieser Urtypus schwäbischer Leckerei«, nicht fehlen –, und die Kinder konnten sich in Schaukeln, auf Karussells und beim Ringstechen vergnügen. In Gegenwart von Bürgermeister, Ratsmitgliedern und Lehrern maßen sie in gymnastischen Spielen und in Läufen ihr Können. Andernorts, so in Lauffen am Neckar, mussten sie auch Gedichte aufsagen. Die Sieger erhielten in Stuttgart zur Belohnung bunte Bilder. In anderen Gemeinden wurden große Bogen von Papier (die damals wertvoller waren als heute) und bunte Bänder als Preise vergeben.

Auf abgezäunten Plätzen konnten die Kinder abschließend nach der Musik tanzen und natürlich auch sonst herumtollen. »Die Alten teilten die Fröhlichkeit der Kinder«, berichtete der Historiker Karl Pfaff 1846, »und weideten sich an dem bunten Gewimmel der blühenden jugendlichen Gestalten.«

Zogen Kriege über das Land, dann musste das Maienfest ausfallen. So wurde es in Cannstatt in der napoleonischen Zeit nicht abgehalten, doch 1808 besann man sich wieder auf die schöne Überlieferung. Hier marschierte dem Zug, der zum Seilerwasen strebte, die Stadtmiliz mit der Stadtfahne voran.

Leider machte die Hungersnot von 1816/17 der Tradition ein Ende. Zum letzten Mal konnten die Cannstatter Kinder das Fest 1815 begehen. Erst 1850 riefen einige »Ehemalige« erneut zum Maientag auf. Diesmal überraschten als Gäste sogar Kronprinz Karl und Kronprinzessin Olga die Kinder.

Karl Pfaff meinte 1846, so schön wie ehemals sei das Stuttgarter Marienfest nicht mehr, »schon darum, weil kein Lokal wie das frühere, auch kein so reger Sinn für diese jugendlichen Feste mehr vorhanden ist«. In der Beschreibung des Stadtdirektionsbezirks Stuttgart von 1856 heißt es lapidar: »Die rührend schönen Maienfeste der Schuljugend in der einst so schattigen Stadtallee haben nun modernere Formen angenommen.«

Offenbar übernahmen später Vereine die Durchführung des Maienfestes. So konnte man am 1. Juni 1896 in der »Schwäbischen Chronik« lesen, der Stuttgarter Liederkranz habe das Fest im Garten der Liederhalle gefeiert. Die Knaben mussten ihr Können im Stemmen, Dreibeinwettlauf, Dreisprung, am Kletterbaum und auf Pyramiden beweisen, die Mädchen im Taubenspiel, Wettlauf, Meisterball sowie im Ring- und Ballwerfen. Die Kleineren beschäftigten sich mit Brezelspringen und Seilziehen. Auch Turnvorführungen standen auf dem Programm, dazu Vergnügungen wie Karussell, Kasperletheater, Glückshafen und Armbrustschießen. Die Erwachsenen beschlossen den Tag mit Tanz.

Kriege, Seuchen und andere Nöte

Der »schwarze Tod« war schlimmer als Krieg

Schauer und Schrecken ergriffen die Menschen, wenn sie erfuhren, die Pest nähere sich dem Land. Wer flüchten konnte, der floh, denn wer sich mit der Seuche ansteckte, der hatte kaum eine Chance. Weder sonst probate Hausmittel noch flehentliche Gebete und schmerzvolle Bußübungen, auch nicht Amulette und Gelöbnisse halfen gegen diese Geißel. Vor 650 Jahren suchte die erste Welle Deutschland und damit auch den Stuttgarter Raum heim, und bis 1637 traten die Pest oder andere gefürchtete Seuchen im Durchschnitt einmal pro Jahrzehnt hier auf.

Von China kommend, breitete sich die Pest um die Mitte des 14. Jahrhunderts über Asien und den Vorderen Orient aus und erreichte 1347 das Schwarze Meer. Von dort brachten Seeleute sie mit nach Messina. Rasch griff die Seuche auf ganz Italien und von dort auf Frankreich und Spanien über, und schon 1349 zog sie durch Deutschland. Sie brachte das größte Massensterben in der Geschichte Europas. Etwa ein Drittel bis die Hälfte der Bevölkerung Deutschlands fiel ihr in diesen zwei Jahren zum Opfer, in ganz Europa rund 25 Millionen Menschen.

Wie viele Opfer der »schwarze Tod« in Stuttgart holte, das damals etwa 3000 bis 4000 Einwohner zählte, wissen wir nicht. Allgemein ist von »vielen« Toten die Rede, doch waren die Verluste mit Sicherheit sehr groß. Die Hälfte der Einwohner, wenn nicht gar zwei Drittel, meinte Hansmartin Decker-Hauff in seiner Geschichte der Stadt Stuttgart, wurden dahingerafft. Der Historiker Manfred Vasold zweifelt so hohe Werte allerdings an. Trotzdem gilt, was Decker-Hauff schrieb: »Aus vielen Hinweisen können wir schließen, dass der schwarze Tod wirklich die fürchterlichste Einzelkatastrophe war, die über die Stadt im Laufe ihrer Geschichte hereingebrochen ist.« Im Verhältnis zur Einwohnerzahl forderte sie sogar mehr Tote als der Zweite Weltkrieg. Und wenn es heißt, in Cannstatt seien 1519/20 rund 2000 Menschen durch die Pest umgekommen, so waren das vielleicht sogar mehr als zwei Drittel.

Wer die Pest überstand, war für etwa zehn Jahre immun. Das kann erklären, warum die weiteren Wellen in Abständen von etwa sechs bis zwölf Jahren einander folgten: 1357/58, 1364/65, 1382, 1391 und 1393. Danach trat die Seuche meist räumlich begrenzt auf, mal hier, mal dort. In den Jahren 1634/35 raffte die Pest mit mehr als 5000 Personen etwa die Hälfte der Einwohner Stuttgarts dahin. Allein 1635, als die Epidemie ihren Höhepunkt erreichte, starben insgesamt – also nicht nur an der Pest – 4365 Personen. Zeitweise mussten täglich bis zu 60 Menschen zu Grabe getragen werden. Während der beiden Pestwellen von 1634 bis 1639 fielen in Stuttgart 8810 Menschen der Seuche zum Opfer. Etwa ein Drittel von ihnen waren Fremde, zum Beispiel Bewohner aus umliegenden Orten, die sich in die Stadt geflüchtet hatten, und hier einquartierte kaiserliche Soldaten.

Es gibt allerdings Stimmen, die meinen, es habe sich nicht immer um die Pest gehandelt. So glaubte Decker-Hauff, nur die Seuche von 1348 sei die »echte« Pest gewesen, in den anderen Fällen seien andere Epidemien aufgetreten. Manfred Vasold wies zudem darauf hin, dass die Pest und einige andere Infektionskrankheiten so viele Gemeinsamkeiten besitzen, dass man sie aufgrund der alten Schilderungen nicht deutlich unterscheiden kann. So lassen sich Pest und Fleckfieber leicht miteinander verwechseln. Auch der Milzbrand hat mit der Pest einige Symptome gemein.

Keine der Seuchen war hinsichtlich ihrer Ausbreitung sowie bezüglich ihrer wirtschaftlichen, religiösen und sozialen Nachwirkungen so verheerend wie die Beulenpest von 1348/49. Diese Art der Pest wird durch Ungeziefer übertragen und äußert sich darin, dass sich zwei bis sechs, maximal zehn Tage nach der Infektion Fieber bis zu 40 Grad Celsius einstellt und die der Einstichstelle am nächsten gelegenen Lymphknoten zu rasch wachsenden, sehr schmerzhaften, bis eigroßen Geschwulsten anschwellen. Hinzu kommen Schüttelfrost, heftige Kopf- und Gliederschmerzen, Lichtscheu und körperliche Schwäche, auch lallende Sprache und taumelnder Gang. Es ist eine Krankheit des Sommers, weil sich zu dieser Zeit die Flöhe rasch vermehren. 50 bis 80 Prozent der Erkrankten starben damals am dritten bis fünften Tag an der Lähmung des Zentralnervensystems, die das Stoffwechselprodukt der Erreger bewirkte. Kommt es dabei zu einer Sepsis, zur Blutvergiftung, kann auch der Menschenfloh die Krankheit übertragen.

In der kühlen Jahreszeit führen Sepsen der Pest häufig zu Pneumonien, zur Lungenpest. Sie wird durch Tröpfchen-Infektion (also von Mensch zu Mensch) übertragen. Meistens dauerte die Krankheit drei Tage, und selten überstand sie jemand. Ganze Familien, ja stellenweise nahezu ganze Ortschaften starben aus. Wahrscheinlich trat sie 1348/49 zusammen mit der Beulenpest auf, was die hohe Sterblichkeit erklären könnte.

Den raschen Tod vor Augen, vergaß man überall Zucht und Ordnung, sogar in den Klöstern, deren Bewohner scharenweise flohen. Verwandte verließen ihre von der Pest befallenen Angehörigen, die oft noch lebend ausgeplündert wurden. Viele wollten das Leben noch genießen, lebten in Luxus und Rausch. Sie raubten und »vergeudeten die Beute in schnöden Gelüsten«, schrieb Karl Pfaff in einer Zusammenfassung von Katastrophenberichten 1850.

Während die einen der »Flucht in das Leben« frönten, wie Vasold es nennt, wandten andere sich ab von der irdischen Welt. Denn oft sah man in den Seuchen ein Strafgericht Gottes. Noch 1626 schrieb Herzog Johann Friedrich anlässlich einer neuen Welle in einem Rescript, sie sei die »Hauptstrafe begangener Sünden«. Deshalb zogen viele Menschen betend von Kirche zu Kirche, in der Hoffnung, dann verschont zu bleiben. Es gab sogar gedruckte Gebete, an die man sich halten konnte. Schwärme von Geißlern durchzogen das Land, geißelten sich selbst und riefen zur Buße auf, auch dort, wo gar keine Pest herrschte. Bald blieben Entartungen nicht aus, und es kam zu schlimmen Ausschreitungen, so dass weltliche und geistliche Obrigkeit einschreiten mussten. Wenigstens einmal zog eine große Büßerprozession auch durch Stuttgart.

Der Gedanke an das Strafgericht wurde gestärkt, wenn etwa um dieselbe Zeit besondere Naturereignisse auftraten wie das Erdbeben, das im Januar 1348 der Seuche voraufging. Auch das Zusammentreffen einer als »englischer Schweiß« bezeichneten Krankheit im Jahre 1529 mit der Erscheinung eines Kometen löste in Stuttgart große Bestürzung aus.

In der Hoffnung, von der Seuche verschont zu bleiben, oder aus Dankbarkeit, wenn man überlebt hatte, spendeten viele Bürger Teile ihres Vermögens für religiöse und mildtätige Zwecke. Nach der Seuche nahm die Zahl der frommen Stiftungen, zum Beispiel von Altären und Seelenmessen, stark zu, und der Kirchenbau blühte auf, wie es die Errichtung der Frauenkirche in Esslingen 1350 bezeugt.

Man glaubte damals, die Seuche werde durch Ausdünstungen übertragen, denn man kannte den Mechanismus der Übertragung noch nicht. So wurde auch 1382 »Fäulnis der Luft« infolge monatelanger Windstille als Ursache angesehen. Tatsächlich aber wurde die Pest durch Flöhe von den Ratten auf Menschen übertragen. Beide konnten damals gut leben, zum einen wegen der stadthygienischen Verhältnisse – mit Misthaufen auf den Straßen –, zum anderen weil man die Kleidung seltener wechselte und die kunstvollen Flohfallen, die man unter der Kleidung trug, nur einen geringen Wirkungsgrad hatten. Als man zudem im 15. und 16. Jahrhundert die Bäder schloss, weil man – nicht nur in Stuttgart – meinte, sie seien Orte der Übertragung von Krankheiten, leistete man den Seuchen eher noch Vorschub.

Eine Verbesserung der hygienischen Bedingungen war also dringend geboten. Immerhin führten Paris, Köln und Prag wegen der Pest schon im 14. Jahrhundert die Straßenreinigung durch Fuhrleute ein, und in Krakau schrieb man die Schwefelung der Straßen vor.

Das Lazarett in der Katharinenstraße, wie es G. Renz vor dem Abbruch 1888 sah.

In Stuttgart setzten derartige Maßnahmen erst später ein, indem die Landesherren anlässlich von Seuchen immer wieder Maßnahmen zur Reinhaltung der Stadt verlangten. So wurde am 14. Oktober 1565 eine Anordnung zur Beseitigung der Miststätten und zur Sauberhaltung der Stadt erlassen. Ähnlich empfahlen die Ärzte am 22. März 1613, zur Verhütung von Infektion, Gestank, ungesunder Luft und allerhand bösen Krankheiten die Miststätten und Säuställe in der Stadt abzuschaffen, was denn auch angeordnet wurde. In den Jahren 1666 und 1679 mussten außer den Schweinen auch die Gänse aus der Stadt hinausgeschafft werden, weil sie beide, wie es im Generalrescript vom 17. September 1679 hieß, üblen Geruch verbreiteten und damit die Gefahr der Infektion bestehe. »Dung« und Unrat der Straße mussten alle acht Tage vor die Tore gefahren werden. Im Rescript von 1679 stand zudem, »heimliches Gemach« (Klo) und Winkel sollten so oft wie möglich gereinigt werden.

Auch durfte kein »Kammer-Wasser« (aus dem Nachttopf) mehr aus dem Fenster geschüttet werden.

Man glaubte auch, sich der Pest durch Flucht entziehen zu können. Hof und Kanzlei verließen mindestens achtmal die Stadt, um der Seuche auszuweichen. Auch wurde Fremden der Eingang nicht nur nach Stuttgart, sondern in das gesamte Herzogtum verwehrt, wenn sie aus Seuchengebieten kamen. Herzog Eberhard III. ließ 1666, als das Rheingebiet und die Pfalz verseucht waren und der Mainzer Kurfürst nach Würzburg floh, an der Westgrenze des Herzogtums undurchdringliche Verhaue anlegen und die Grenze durch Reitertrupps bewachen. Er ging dabei schon davon aus, dass die Seuche nicht durch infizierte Luft, sondern durch Personen übertragen wurde. Nur wer einen Pass aus einem unbetroffenen Ort vorweisen konnte, durfte die Wachen an den Einlässen passieren. 1713 wurde an der Weinsteige vorsorglich eine Quarantänestation eingerichtet. Das war sehr spät, führte doch Marseille schon 1384 die Quarantäne ein.

Wenn in Dörfern um Stuttgart eine Seuche grassierte, musste der Markt vor den Toren der Stadt abgehalten oder durften Waren nur bis an die Tore gebracht werden, so 1585 und 1596, als Hedelfingen, Weilimdorf und Feuerbach betroffen waren. Man wollte dadurch das Einschleppen der Krankheit in die Stadt verhindern, wusste aber nicht, dass auf diesem Wege kein Erfolg zu erzielen war. 1666 und 1679 musste sogar jeglicher Handel mit betroffenen Orten eingestellt werden.

Spätestens 1595 traf die Obrigkeit auch organisatorische Hilfsmaßnahmen. Sie vermehrte die Zahl der Krankenwärter und erhöhte die Zahl der Leichenträger auf zwölf. Das Lazarett, in das man die Opfer brachte, wurde mit Vorräten ausgestattet, und die Leichenträger erhielten eine besondere Kleidung und besonderen Wochenlohn. Die Opfer wurden jeweils morgens um sieben Uhr mit nur einer Predigt gemeinsam beigesetzt. Kleidung und Bettzeug der Verstorbenen mussten außerhalb der Stadt an einem besonderen Ort verbrannt werden. Das gefiel den Angehörigen wegen des Wertes der Sachen natürlich gar nicht. Als 1634/35 der kaiserliche Statthalter den Männern durch die Torwachen die Mäntel und den Frauen die Schleier und Kutten wegnehmen ließ, halfen diese sich, indem sie ihre Trauerkleidung auf den Feldern versteckten und sie nach der Beerdigung in Bütten oder Körben in die Stadt schmuggelten. Als die Obrigkeit dahinter kam, täuschten die Leidtragenden vor, Totengräber zu sein, indem sie Schaufeln und Hauen trugen und so unbehelligt das letzte Geleit geben konnten.

Im 17. Jahrhundert wurden auch auf medizinischem Gebiet Vorsorgemaßnahmen ergriffen. Arzneien wurden rechtzeitig beschafft oder gar verteilt, Siechenhäuser eingerichtet, ansteckungsverdächtige Personen räumlich abgesondert und Pfleger eingeteilt. Rasch faulendes Gemüse durfte nicht mehr auf den Markt gebracht werden, öffentliche Tanzveranstaltungen wurden verboten. Drei Tübinger Professoren der Medizin veröffentlichten 1626 ein Buch, »wie man sich zur Zeit regierender Pestilentz beedes mit der Praeservierung und Curierung zu verhalten« habe, worin sie auch Ratschläge für die Reinigung verpesteter Wohnungen gaben.

Das erst 1560, also weitaus später als in anderen deutschen oder gar italienischen Städten (Venedig 1423, Braunschweig

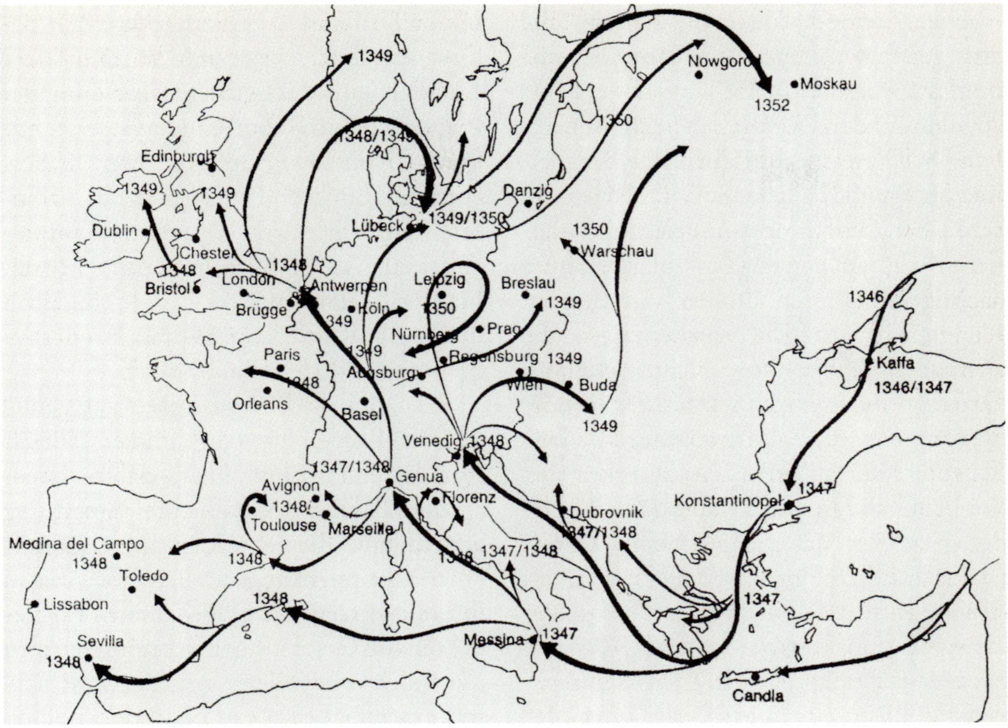

Die Ausbreitung der ersten Pestwelle 1347–1352

1473) erbaute Lazarett – heute steht dort die Feuerwache in der Katharinenstraße – musste 1572 zur Isolierung von Pestkranken in Stein neu und größer errichtet werden. Herzog Johann Friedrich befahl 1626 sogar, keine Fremden in die verseuchten Häuser einzulassen und den Nachlass von Pestopfern bis zum Ende der Seuche in Verwahrung zu nehmen. Um die Opfer möglichst rasch aus der Stadt hinauszubringen, ließ Herzog Friedrich 1599 die Steinbrücke über den Ilgenplatz (hinter dem Rathaus) und 1600 das »Toten-Brückle« bei der Färberstraße über den Nesenbach bauen.

Waren die Verluste eines Dorfes zu groß, so wurde es nicht selten aufgegeben, und die Überlebenden wanderten in die Stadt. Im Stuttgarter Raum könnte das für drei Orte gelten: 1. für das Weinbaudorf Tunzhofen, das 1372 noch als Ort genannt wurde, 1392 aber verschwunden war, 2. für das knapp eine halbe Wegstunde südlich von Heumaden gelegene Au, das zuletzt 1360 erwähnt wurde, und 3. für Erbenol, einen 1345 erwähnten Ort bei der Prag an der Grenze gegen Cannstatt. Alle diese drei Siedlungen, die wir uns allerdings erheblich kleiner als heutige Dörfer vorstellen müssen, verschwanden in der zweiten Hälfte des 14. Jahrhunderts, als mehrere Seuchenwellen über das Land zogen. Wir können jedoch nicht ausschließen, dass ein Krieg das Ende dieser Siedlungen brachte. Die überlebenden Tunzhofener jedenfalls zogen wahrscheinlich in die damals sich bildende Esslinger Vorstadt um die Leonhardskirche (siehe Seite 11).

Die Landesherren versuchten, die wüstgefallenen Ländereien durch Beweidung zu nutzen. Im 15. Jahrhundert entstanden auf den Fildern sieben landesherrliche Schäfereien, und auch der Bergheimer Hof (unterhalb der Solitude) wurde in einen Schafhof umgewandelt. So veränderten die Seuchen die Siedlungsstruktur.

Angesichts der hohen Sterberaten reichten bei einigen Seuchenzügen die vorhandenen Friedhöfe nicht mehr aus. Deshalb erwies es sich wiederholt als notwendig, neue Friedhöfe anzulegen, nämlich um 1393 auf dem Turnieracker (bei der heutigen Hospitalkirche, damals noch außerhalb der Mauer), 1564 beim Lazarett (damals außerhalb der Mauer), 1583 in Weilimdorf, 1604 in Stuttgart zwischen Hospital und Stadtmauer und 1626 den Hoppenlaufriedhof. In Hedelfingen musste 1611, in Degerloch 1634 der Friedhof erweitert werden. Als 1634/35 mit 5000 Toten in Stuttgart nahezu die Hälfte der Einwohner dahingerafft wurde und zeitweise täglich 50 bis 60 Tote zu bestatten waren, hub man Massengräber aus, stellte die Särge neben- und übereinander und schob die Kindersärge dazwischen. Trauergefolge wurden verboten, Tanz untersagt. Andererseits hatte jede Pestwelle eine Heiratswelle zur Folge, weil die Witwer und Witwen, vor allem wenn sie Kinder hatten, wieder in geordneten Verhältnissen leben wollten.

Die Seuche von 1634/35 war die letzte, die im Stuttgarter Raum als Pest bezeichnet wird, abgesehen von einer »Pest« 1685 in Hedelfingen. 1714 verschwand die Seuche in Deutschland. Man fragt noch heute: Warum? War die Ursache die Veränderung der Abfallsituation durch die Verwendung der Kartoffel und die Verlagerung der Vorratshaltung vom Kornboden in den Keller, war es die stärkere Anwendung der Steinbauweise, war es größere Reinlichkeit, war es die Verdrängung der Hausratte durch die Wanderratte? Keine dieser Annahmen ist frei von Widerspruch. Manfred Vasold fasst das so zusammen: »Ihr erstes Auftreten, ihre überaus rasche Verbreitung, ihre hohe Mortalität im 14. Jahrhundert – und schließlich ihr Verschwinden im 18. Jahrhundert –, da liegt noch vieles im dunkeln.«

War auch die Pest besiegt, es gab genug andere Epidemien, die immer wieder Hunderte von Einwohnern dahinrafften.

Zum Schluss sei noch eine Bemerkung angefügt: Es heißt, infolge ihrer räumlichen Absonderung, vor allem aber wegen ihrer peinlich genau eingehaltenen Hygiene, die ihr Gesetz ihnen vorschrieb, seien die Juden weitgehend von der Pest verschont geblieben. Dem Neid der anderen sei der Massenwahn gefolgt: Die Menschen beschuldigten die Juden, die Pest durch Vergiftung der Brunnen verursacht zu haben. Auch in Stuttgart, wo eine jüdische Siedlung mindestens seit 1343 nachgewiesen ist, brach eine Verfolgung los. »Omnes cremati«, alle wurden verbrannt, weiß eine alte Chronik aus Stuttgart zu berichten. Jedenfalls wurde die jüdische Gemeinde ausgerottet, die Synagoge zerstört. Wie aber passt das zusammen, wenn es andererseits heißt, in Stuttgart sei die Pest erst zwei Jahre *nach* dem »Judenbrennen« aufgetreten, das 1348 erfolgt ist? Auch in anderen Orten brachte man die Juden bereits *vor* dem Auftreten der Pest um, wobei sich die Frage stellt, woher dieser Massenwahn rührt. In Wirklichkeit, so schreibt Vasold, muss die Reihenfolge der Ereignisse lauten: Judenmord – Geißelfahrt – Pest. Doch schon im 15. Jahrhundert drehte das Volk diese Abfolge um.

»Bei Cannstatt an der Brucken …«

»Bei Kannstatt an der Brucken, da war das Schießen groß, als aufeinander stießen Östreicher und Franzos« schrieb Friedrich Theodor Vischer später von jenem Ereignis, das die Einwohner des gesamten Stuttgarter Raumes in Angst und Schrecken versetzte. Besonders Cannstatt, wo ein heftiger Kampf um die Neckarbrücke entbrannte, hatte schwer zu leiden. Es gibt keine Ortschronik aus der Umgebung Stuttgarts, die nicht von diesem Franzoseneinfall Schreckliches zu berichten hätte.

Während des Koalitionskrieges (1792 bis 1797) stießen die Franzosen im Juni 1796 ins Schwabenland vor. Am 18. Juli erschienen sie auf dem Hasenberg, wo es zu ersten Scharmützeln kam. Die Österreicher zogen sich durch das Rotebühltor zurück, und die Franzosen drangen unter General Saint Cyr in Stuttgart ein. Zwei Bürger verloren bei den Schießereien ihr Leben. Heftiges Gefecht entspann sich mit Verstärkungstruppen vor dem Ludwigsburger Tor, das heißt im Bereich des heutigen Hauptbahnhofs. Tags darauf nahm der französische Oberbefehlshaber Moreau mit seinem Stab bis zum 28. Juli in Stuttgart Quartier. Die Gegner, Franzosen und Österreicher (kaiserliche Truppen), standen sich zwischen Nellingen und Marbach dem Neckar entlang gegenüber, nachdem Erzherzog Karl von Österreich seine Truppen auf das rechte Ufer des Neckars zurückgenommen hatte. Er selbst hatte Quartier im Pfarrhaus in Fellbach bezogen.

Am 21. Juli marschierte eine starke Kolonne französischer Infanterie von Botnang her auf der Feuerbacher Heide auf, und die österreichische Vorhut zog sich vom Kahlenstein (Rosenstein) zurück. Auch durch Feuerbach marschierten mehrere französische Abteilungen. Die Franzosen besetzten nun, rücksichtslos plündernd, die Neckarvorstadt von Cannstatt, eroberten Berg (wo zwei Häuser durch Haubitzenfeuer niederbrannten), rückten über Degerloch nach Ruit vor und ins Kloster Weil, das nun die Österreicher von der Esslinger Seite her mit Kanonen in Trümmer legten.

Die schwersten Schießereien mit Gewehren und Kanonen gab es um Cannstatt, das noch von Österreichern besetzt war. Unter dem österreichischen Erzherzog und Feldmarschall Karl erhielt Carl Baron Vauthier von Baillamont, Fähnrich eines Infanterieregiments, den Befehl, mit 67 Mann und allen Zimmerleuten des Regiments die Neckarbrücke zu verteidigen und zu zerstören. Der Fähnrich wies mit seinen Mannen nicht nur zwei Angriffe ab, freilich unter schweren Verlusten und selbst verwundet, sondern machte sogar zwei erfolgreiche Gegenstöße und trieb die Franzosen zurück. Die Zimmerleute hatten derweil die Aufgabe, die Brücke zu zerstören. Das gelang, und damit war den Franzosen vorerst der Weg in die Stadt verwehrt. Dieses Geschehen zeigt ein Bild, das die Söhne des Fähnrichs später anfertigen und mit einer Erläuterung versehen ließen.

Die Gebäude im Bereich des Gefechtsfeldes erlitten durch das Kanonen- und Gewehrfeuer große Schäden. Am stärksten wurden der Gasthof zum Ochsen (links des Neckars) und das Frösnersche Bad (rechts des Neckars) betroffen. Im Gasthof zum Ochsen fielen zwei Franzosen den Wirt Wagner an, misshandelten ihn, warfen ihn zu Boden und forderten seine Habseligkeiten. Da schlug, wie ein Augenzeuge berichtete, eine österreichische Zwölfpfünderkugel ein, zerschmetterte den Kopf des einen Franzosen und riss dem anderen die Brust entzwei. Wagner lag bewusstlos, aber unversehrt neben den Toten, als ein französischer Soldat kurz danach das Zimmer betrat, ihn noch lebend fand, ins Nachbarzimmer aufs Bett legte und wieder zur Besinnung brachte.

Eine andere Geschichte schildert das eingangs zitierte Vischer'sche Lied: Ein französischer Jäger am linken Neckarufer bemerkte, dass ein österreichischer Offizier auf den Brückenturm stieg. Er schätzte ab, wann derselbe wieder an einer Maueröffnung vorbeikommen musste, drückte ab und traf ihn. Ein ungarischer Husar beobachtete den Schützen, wie er danach am Fluss sein Gewehr reinigte. Er setzte mit seinem Pferde unbemerkt über den Fluss, schlich sich an und ergriff den Schützen am Nacken, nahm ihn auf sein Pferd und ritt mit ihm ins österreichische Lager.

Am folgenden Tag herrschte Ruhe, doch in der nächsten Nacht zogen die Österreicher ab. Oberamtmann Seyffer, der Magistrat, Dekan Anhäuser und ein Trompeter zogen daraufhin in der Morgendämmerung des 23. Juli vor das Brückentor, der Trompeter blies das Signal zum Parlamentieren, und die Cannstatter übergaben die Stadt an einen französischen Offizier. Nun musste die Brücke provisorisch wiederhergestellt werden, so dass die Franzosen in die Stadt einziehen konnten. Als dann am 25. Juli deren Hauptquartier nach Cannstatt verlegt wurde, hatten die Bürger vier Tage lang unter schwerer Drangsal zu leiden.

Die französischen Soldaten trugen kaum Uniformen, viele steckten in Lumpen und besaßen nicht einmal Schuhe. Sie nannten sich selbst die »Sansculotten« (Ohnehosen). Kein Wunder, dass sie die Bevölkerung, wo sie nur konnten, ausplünderten und sogar die Kleidung vom Leibe rissen, ja auch Schuhe und Stiefel raubten. So wurden die Bewohner der Filderorte total ausgezogen. »Was sie nicht wegtrugen, zerstörten sie«, heißt es in einer Chronik. Lebensmittel und Wein ließen sie sich auftischen, Weinfässer auslaufen, wenn sie sie nicht leertranken. Hühnern und Gänsen drehten sie die Hälse um, Schweinen und Rindern schlugen sie die Köpfe ab. Die Frauen, vom Mädchen bis zur Seniorin, betrachteten sie als Freiwild. Mancher Frau bot, wie es in einer Echterdinger Familie überliefert ist, ein leeres Mostfass ein Versteck in der Not.

Auch viele Österreicher ließen mitgehen, was sie kriegen konnten. Dass in Cannstatt etliche Plünderer hart bestraft wurden, minderte die Verluste nicht.

Die Botnanger hatten rechtzeitig Nachricht vom Anrücken der Franzosen bekommen, versteckten ein Teil ihrer Habe in den Scheuern und vergruben ihre Kostbarkeiten im Wald. Der Schultheiß, den die Soldateska erhängen wollte, konnte in den Wald fliehen. Als die Botnanger einen Franzosen erschlugen, drohten die Soldaten, den Ort niederzubrennen. Die Einwohner flohen in die Steinbrüche Richtung Solitude. Weil die Botnanger sagten, der Erschlagene sei in Feuerbach, drohte auch diesem Ort die Zerstörung, doch auf die Behauptung, er sei mit anderen Truppen weitergezogen, beruhigten sich die Franzosen. Inzwischen hatte man den Toten heimlich in Botnang auf dem Friedhof begraben.

Ein heftiger Kampf entbrannte am 21. Juli 1796 um die Neckarbrücke von Cannstatt. Das Bild zeigt einen Gegenstoß österreichischer Soldaten unter dem Fähnrich Carl Baron Vauthier von Baillamont gegen die Franzosen (rechts), bei dem die Österreicher die Brücke mit Äxten zerstörten.

Aus Möhringen wird über diese Tage Folgendes berichtet: Der Bäcker Gottlieb Wolf hatte früher eine Zeit lang als Schiffsbäcker bei der französischen Marine gedient. Wegen seiner Sprachkenntnisse wurde er nun den französischen Truppen entgegen geschickt und bei ihnen vor den General La Roche gebracht. Dieser war zur selben Zeit wie Wolf auf dem erwähnten Schiff gefahren. Er erkannte den Bäcker wieder und stellte daraufhin für Möhringen einen Schutzbrief aus, der wenigstens so lange das Schlimmste verhinderte, wie der General in der Nähe war.

Am 16. September erschienen wieder die Österreicher, und sowohl Cannstatt als auch Stuttgart wurden nun von durchziehenden kaiserlichen Truppen überschwemmt. Abermals mussten sie Soldaten aufnehmen, Lebensmittel und Futter liefern, Vorspann stellen (den sie oft nicht wieder sahen) und großes Leid erdulden. Zu allem Unglück raffte die ungarische Rinderpest im Oktober noch den größten Teil des verbliebenen Viehs dahin.

Baron Vauthier-Baillamont kehrte 1838 nach Cannstatt zurück, um die Neckarbrücke wieder zu sehen. Er stiftete der Stadt 150 Gulden mit der Auflage, sie bis zum 21. Juli 1896, dem hundertsten Jahrestag des Gefechts, als Kapital anzulegen und verzinsen zu lassen und ab dann aus den Zinsen alljährlich ein armes, unbescholtenes Mädchen auszustatten oder, falls einmal keine Bewerberin vorhanden wäre, den Betrag an Invaliden und die zehn ärmsten Bürger der Stadt zu verteilen. Die Stadt bedankte sich in einem Schreiben für die Stiftung und verlieh dem Baron in Anerkennung seiner Verdienste bei der Verteidigung der Stadt gegen die Franzosen das Ehrenbürgerrecht.

Kämmerer und Hauptmann Karl Adolf Baron von Vauthier-Baillamont starb am 6. Dezember 1856 im Alter von 78 Jahren in Wien.

Was hat ein indonesischer Vulkan mit Württemberg zu tun?

Als in den Jahren 1815/16 der Vulkan Tambora auf Sumbawa, das östlich von Java liegt und zur Gruppe der Kleinen Sunda-Inseln gehört, die bis dahin größte Menge von 150 Kubikkilometern Lockerstoffen in die Luft blies, wurde auch Württemberg in Mitleidenschaft gezogen. Warum das? Was trug sich damals zu?

Am 5. April 1815 begannen unerwartet die gewaltigen Explosionen des ätnagroßen Vulkans. Sie wiederholten sich alle Viertelstunden und steigerten sich ständig. Ihren Höhepunkt erreichten sie am 10. November, ihr Ende erst am 15. Juli 1816. Aber noch 1819 waren einzelne Erdstöße zu spüren und sah man auch zuweilen Feuer und Flammen auf dem Berg. Wohl um die 1500 Meter Höhe sprengte der Vulkan bei seinem Ausbruch weg. Noch nach vier Jahren stießen Schiffe immer wieder auf Bimssteinfelder, die im Meere trieben.

Auf der Insel barsten durch die Wucht der Detonation die Mauern mancher Häuser, und die große Hitze entfachte am 10. April 1815 einen verheerenden Wirbelwind, der ganze Dörfer und Wälder umblies, auch Bäume, Menschen und Vieh durch die Luft wirbelte. Die Asche-Auswürfe – man schätzt die Lockerstoffe auf 150 Kubikkilometer! – verbreiteten in einem Gebiet von 400 Kilometer Nord-Süd- und 1400 Kilometer Ost-West-Ausdehnung langdauernde Finsternis. In das Dunkel tönte das Donnern von Explosionen, und feurige Massen flossen vom Berg hinab zum Meer. Etwa 12 000 Bewohner der Insel kamen vor allem durch die Hitze ums Leben. Doch damit nicht genug: Sumbawa und die westlich benachbarte Insel Lombok wurden von einer dicken Aschendecke überzogen – auf Lombok lagen 60 Zentimeter! –, die Vegetation erstickte, und 40 000 bis 80 000 Bewohner starben dadurch an Hunger. Insgesamt forderte der Vulkan zwischen 66 000 und 92 000 Opfer, weit mehr als der Krakatau im Jahre 1883, bei dessen berühmtem Ausbruch durch die entstandene Flutwelle 36 417 Menschen ums Leben kamen.

Der Ausbruch des Tambora ist der größte bis heute: Er setzte, den Angaben von Macdonald und Rast zufolge, achtzigmal so viel Energie frei wie 1883 der Krakatau und 1,7 Millionen mal so viel wie die Atombombe von Hiroshima.

So viel Asche wie 1815/16 war seit Menschengedenken nicht in den Himmel geschleudert worden. Jahrelang trieb sie in der oberen Stratosphäre um die ganze

An die Hungersnot von 1816 erinnern diese Gedenkmünzen.
In den Inschriften oben rechts und in der zweiten Reihe sind die damaligen Preise für verschiedene Produkte angegeben.

Erde und schirmte das Sonnenlicht ab. So erblickte man in Stuttgart noch am 30. Juni 1820 einen milchweißen Ring um die Sonne und Höhenrauch (siehe Seite 35). Der Aschestaub konnte sich so lange in der Atmosphäre halten, weil er sehr hoch geschleudert worden war. Ähnliches berichtet der Geograph Karl Sapper vom Ausbruch des Krakatau: Seine »leuchtenden Nachtwolken« hätten in etwa 80 Kilometer Höhe die Erde umkreist.

Die Folge war eine Katastrophe auch für die Nordhalbkugel: In Nordamerika lagen die Temperaturen im Sommer 1816 im Durchschnitt gut fünf Grad niedriger als sonst, England erlebte den kältesten Juli, und in Genf sanken die Temperaturen tiefer als in irgendeinem anderen Jahr.

In Württemberg war es nicht besser. Schon 1811 bis 1815 hatte es nicht nur hier, sondern auch in Bayern, Baden und Hessen aufgrund einer Häufung nasskalter Jahre Missernten in Folge gegeben. Dies war um so schlimmer, als gleichzeitig große Lebensmittelmengen an die Armeen zu liefern und lokal an durchziehende Truppen und Kriegsgefangene abzugeben waren. Eine Vorratsbildung geschweige denn eine Auffüllung, etwa durch Einfuhr aus Nachbarländern, waren also nicht möglich, zumal der kriegsbedingte Geldmangel solche Aufkäufe erschwerte. Und nun zeigte sich der Frühling 1816 rau und unfreundlich; in Stuttgart fiel noch am 13. Mai, auf der Alb am 31. Mai Schnee. Der Sommer blieb nass und kalt, die Sonne ließ sich kaum blicken. Die Felder, denen bereits im Frühjahr zahlreiche Mäuse zugesetzt hatten, litten durch den lange liegen gebliebenen Schnee, durch Hagelschläge und Wolkenbrüche.

Die Ernte verzögerte sich um mehr als einen Monat, die Frucht war kern- und mehlarm und von Unkraut durchsetzt. Auch das Obst missriet, und die Kartoffeln lieferten kaum die Hälfte des gewohnten Ertrags, das Heu war kraftlos, und ein großer Teil verfaulte bereits auf den Wiesen. Schon am 17. Oktober gab es starken Frost und kurz danach Schnee. Die Trauben kamen nicht zur Reife, und als man Anfang November die weniger harten ausschnitt, konnte man den daraus gewonnenen Wein nur durch Beimischung von Most genießbar machen. Zu allem Übel zwang die geringe Menge und Qualität der Futtermittel dazu, den Viehbestand zu reduzieren. Schließlich kam am 27. Mai 1817 nach 36-stündigem Regen ein weiteres hinzu: Der Neckar trat über die Ufer und schädigte die an ihm liegenden Orte schwer.

Als Folge dieser Missernte kam es zu einer ungewöhnlich starken Teuerung, die viele Ersparnisse aufzehrte. Der Preis für Dinkel erhöhte sich von vier bis fünf Gulden erst auf 15, dann sogar auf 45 Gulden pro Scheffel. Der für Roggen erreichte 1816 den Höchststand von 164 Mark je Tonne und 1817 sogar 214 Mark, wogegen er in den 1820er-Jahren auf 87 Mark sank. Für den schlechten Wein musste man 70 bis 80 Gulden pro Eimer, für den Vorjahreswein sogar 100 bis 150 Gulden bezahlen. Der Preis für einen sechspfündigen Laib Brot kletterte auf 52 Kreuzer. Durch die Verringerung des Viehbestandes wurden auch Fleisch, Milch, Butter und Käse knapp.

Die Folge traf viele Landeskinder hart. Die Armen, so berichtete Karl Pfaff 1846, mussten Zuflucht zu ungewöhnlichen Nahrungsmitteln suchen. Statt Gemüse kochte man Gras, Klee, Heu und Wurzeln. Das Mehl vermischte man mit Kartoffeln, Rüben und Kohlrabi, mit Kleie und Mehlstaub, ja sogar mit Sägemehl. Unterernährung und Krankheiten waren die Folge. In manchen Gegenden Württembergs verzehrte man auch Hunde-, Katzen- oder Pferdefleisch.

Das konnte die Regierung nicht länger hinnehmen. Sie erhöhte deshalb die Ausfuhrzölle auf Lebensmittel und senkte die Einfuhrzölle erheblich. Mehrmals verschärfte sie diese Maßnahmen und verbot zudem, aus Kartoffeln Branntwein zu brennen. Außerdem versuchte sie, den Wucher mit Nahrungsmitteln zu bekämpfen. Mehr noch: Die Regierung kaufte im Rheinland und in Holland Getreide und Hülsenfrüchte auf, um sie hier zu verteilen. Ein Scheffel Weizen, der in dieser Notzeit 70 bis 90 Gulden kostete, wurde jetzt zu 35 Gulden, ein Scheffel Gerste zu 24 (statt 66) Gulden abgeben. Einen Teil des Getreides erhielten die Stuttgarter Bäcker, die davon für die armen Bürger verbilligtes Brot backen und den sechspfündigen Laib für 30 (statt 52) Kreuzer abgegeben mussten. Den Landleuten wurde gestattet, Brot und Getreide abgabenfrei in die Stadt zu bringen, ja diejenigen von ihnen, die wöchentlich das

Die große Hungersnot von 1816 fand mit der guten Ernte von 1817 ihr Ende. Der erste Erntewagen, den Bäckermeister Georg Philipp Weiß ausgestattet hatte, wurde freudig begrüßt, als er in die Stadt einfuhr.

meiste brächten, sollten besonders belohnt werden.

Noch einmal kaufte die Regierung Anfang 1817 Getreide auf, sogar an der Ostseeküste. Schließlich verbot sie am 7. Mai 1817 jegliche Getreideausfuhr und ließ am 10. Juni alle privaten Vorräte listenmäßig erfassen, und wer innerhalb von drei Wochen nicht mindestens die Hälfte des als entbehrlich eingestuften Vorrats preiswert verkaufte, sollte öffentlich genannt werden und nur noch 50 Prozent des Höchstpreises verlangen dürfen.

Außerdem wurden im Januar 1817 nicht nur in Stuttgart, sondern im ganzen Land Speiseanstalten eingerichtet, um die Ärmsten zu versorgen. Unter maßgeblicher Beteiligung von Königin Katharina wurden an vielen Orten Wohltätigkeitsvereine gegründet. Auch später noch griffen diese Vereine helfend ein, so zum Beispiel nach dem Hochwasser von 1824.

Alle Württemberger fieberten 1817 der neuen Ernte entgegen. Groß war die Freude, als diese gut ausfiel, und überall begrüßte die Bevölkerung die ersten Erntewagen mit einem großen Fest.

In Stuttgart war es der »Weißenhofbäck« Georg Philipp Weiß, der am 28. Juli den ersten Erntewagen, mit Inschriften und Kränzen festlich geschmückt, in die Stadt führte. Am

Königstor begrüßten ihn 1800 Schulkinder. Begleitet von Musik, Gesang und Glockengeläut, fuhr Weiß auf den Schillerplatz. Stadträte, Klerus und viele Bürger hatten sich dort versammelt, um den Wagen zu empfangen, und die Kinder sangen »Nun danket alle Gott«. Anschließend beging man das Ende der Notzeit mit Gottesdiensten in allen Hauptkirchen, wobei sich Weiß, so wird berichtet, in der Stiftskirche nicht auf den Ehrenplatz, sondern bescheiden hinter einen Pfeiler setzte. Das Getreide, das er gebracht hatte, schenkte er dem Armenverein der Stadt. Auch 1818 konnte eine gute Ernte eingebracht werden, und die Teuerung ging zurück.

In der Absicht, künftig auf Notzeiten besser vorbereitet zu sein, riefen maßgebende Kreise 1817 den »Landwirtschaftlichen Verein« ins Leben und gründeten auf Anregung von Königin Katharina 1818 eine Sparkasse zur privaten Vorsorge auch mit geringen Mitteln. Im selben Jahr begründete König Wilhelm das Landwirtschaftliche Hauptfest und das Landwirtschaftliche Institut in Hohenheim, aus dem später die dortige Universität hervorging. Eine staatliche Hilfskasse gab den Landwirten günstige Kredite zum Wiederaufbau. Trotzdem dauerte es wegen des in Württemberg vorherrschenden Kleinbesitzes lange, bis die Folgen überwunden waren.

Angesichts der großen wirtschaftlichen Not erscheint es nicht verwunderlich, dass manche Württemberger auf ihre Art reagierten und das Land verließen. So fällt die erste große Auswanderungswelle des 19. Jahrhunderts in diese Jahre 1816/17. Allein von Januar bis Juli 1817 verließen 17 216 Menschen das Königreich Württemberg, fast ebenso viele wie in dem Zeitraum von 1800 bis 1804. Von ihnen gingen 53,6 Prozent nach Russland, rund 35 Prozent nach Nordamerika und 11,4 Prozent nach Österreich-Ungarn. Allein aus dem Oberamt Stuttgart wanderten in diesem Jahr 75 Prozent nach Russland und 25 Prozent nach Amerika aus.

Dabei ist es bemerkenswert, dass 1815 bis 1817 etwa 53 Prozent der Auswanderer Handwerker waren und nur 20 Prozent Landwirte, 15 Prozent Weingärtner und 13 Prozent Tagelöhner und Hirten. Die Teuerung traf das Handwerk offenbar besonders stark. Ab 1818 hielt sich die Auswanderungsrate mit jährlich um die 2000 Personen jedoch wieder in mäßigen Grenzen.

Das Thema ist allerdings sehr komplex; man kann die Auswanderungswelle nicht auf eine Ursache allein zurückführen. Mehrere Faktoren spielen hierbei eine Rolle. So hatte König Friedrich 1807 bis 1815 die Abwanderung verboten – Napoleon brauchte die Männer als Soldaten –, gab sie 1815 aber wieder frei. Unzureichender Landbesitz infolge der im Lande üblichen Erbteilung sowie der Wunsch nach mehr persönlicher Freiheit von Abgaben und Diensten wie auch Unzufriedenheit mit dem System trieben viele hinaus. Bei 1200 Personen wird »religiöse Schwärmerei« als Grund genannt: Eine große Gruppe wanderte 1817 aus diesen Gründen nach Kaukasien aus, um dort ein anderes Leben zu beginnen. Freilich war auch die Zahl der Rückkehrer nicht gering.

Gewiss: Es war nicht der Ausbruch des Tambora allein, der die Hungersnot und damit die Teuerung sowie indirekt die Auswanderung bewirkte, aber er verstärkte die ohnehin vorhandenen Probleme der damaligen Zeit wesentlich.

Schwere Unruhe im »Brot-Krawall«

Der 3. Mai 1847 war für Stuttgart ein schwarzer Tag: Randalierer zogen durch die Straßen und wollten einen Bäckerladen stürmen, das Militär wurde zum Einsatz befohlen, der König ritt durch die Stadt, und als sich ihm eine Schar aufgebrachter Bürger näherte, schossen die Soldaten, wenn auch in die Luft. Den Anlass für diesen »Stuttgarter Brot-Krawall«, wie er in der Literatur genannt wird, bot die Hungersnot, der Hintergrund war aber zweifellos sozialer und politischer Natur.

Das Jahr 1846 hatte den Württembergern wieder einmal eine schlechte Ernte beschert. Die darauf folgende große Hungersnot ließ die Preise für Lebensmittel derart steigen, dass sich die ärmeren Bürger kein Brot mehr kaufen konnten. Zur Linderung der größten Not wurde eine »Suppenanstalt« eingerichtet, in der sich Ärmere etwas zu essen holen konnten. Eine unter dem Protektorat von Kronprinzessin Olga veranstaltete Armenlotterie sowie ein Konzert zugunsten der Armen sollten Geld zu deren Unterstützung erbringen. Für etliche Einwohner auf den Dörfern gab diese Notzeit übrigens den Anstoß zur Auswanderung in die Neue Welt.

Noch war es in Stuttgart ruhig, als am 1. Mai in Ulm derart heftige Unruhen ausbrachen, dass am nächsten Vormittag auf dem Kartoffelmarkt und vor dem Kornhaus Militär aufmarschieren musste. Zwei Tage später griffen die Unruhen auch auf die Landeshauptstadt über. Am Abend des 3. Mai 1847 verbreitete sich in Stuttgart das Gerücht, man wolle dem Bäckerobermeister Christian Mayer, Hauptstätter Straße 52, eine »Katzenmusik« bringen, sprich mit Lärm demonstrieren. Der als wohlhabend geltende Mann hatte einige Tage lang kein Brot gebacken, weil angeblich sein Ofen reparaturbedürftig war. Manche hielten das aber für eine Ausrede und glaubten, Mayer wolle angesichts der rasch steigenden Brotpreise nur abwarten, um so noch mehr Gewinn machen zu können.

Aufgrund des Gerüchts hatten die Behörden vorsorglich die Bürgergarde und das Militär in Alarmbereitschaft versetzt. Als dann Handwerksgesellen, Lehrjungen, Fuhrknechte, »Weibspersonen« und viele andere gegen acht Uhr abends schreiend und pfeifend vor Mayers Haus lärmten, zu Steinen griffen und dem Bäcker die Scheiben einwarfen, schritt die Bürgergarde ein. Sie konnte sich jedoch nicht durchsetzen, Reiterei und Infanterie wurden heranbefohlen.

Deren Warnungen verhallten unbeachtet, die Menge der Randalierer wuchs und gröhlte weiter. Vor allem stachelten einige Frauen aus der Unterschicht wie die Holzspalters-Ehefrau Friederike Eberhardt, die sogar ihr Mann nicht beruhigen konnte, und die Wäscherin und Näherin Beate Calwer die Menge an. Steine flogen, aus dem Keller »eines sehr achtbaren Bürgers« fiel ein Schuss, Wagen wurden zur Blockade auf die Straße geschoben, die ersten Soldaten verletzt. Auch hierbei taten sich Frauen besonders hervor: Sie schleppten in Schürzen und Karren Steine aus dem nahen Flussbett des Nesenbachs und von Baustellen herbei, ja mehrere warfen aus dunklen Hauseingängen auf die Soldaten, die sie zudem wütend beschimpften.

Nach einem Trompetensignal und Trommelwirbeln griffen die Soldaten an

– die Reiter mit gezogenem Säbel – und räumten die Straßensperren weg. Wieder flogen Steine, diesmal aus den Häusern an der Markt- und der Holzstraße. Auch die erst 1846 aufgestellten Gaslaternen wurden zertrümmert – nun war es dunkel.

Inzwischen hatte sich König Wilhelm I. persönlich eingefunden. Begleitet von Kronprinz Karl und einigen Generälen, ritt er durch die Straßen. Zwar verliefen sich viele Ruhestörer, doch in der Marktstraße näherte sich dem König ein größerer Trupp. Nach einem warnenden Trommelwirbel eröffneten die Soldaten das Feuer. Sie schossen in die Luft, doch mehrere Kugeln trafen die Haidlensche Apotheke, eine Kugel prallte ab und verletzte einen 21-jährigen Schustergesellen tödlich. Mehrere andere »Tumultuanten« wurden bei den Auseinandersetzungen verletzt, aber auch 16 Soldaten durch Steinwürfe verwundet, davon einige schwer.

Noch in der Nacht und am folgenden Tag wurden etwa 80 Personen verhaftet, später weitere. Insgesamt setzte die Polizei 141 Leute fest, darunter vier Frauen. Es zeigte sich, dass viele der Aufrührer Arbeiter und Gesellen waren, die zwar hier arbeiteten, aber nicht aus Stuttgart stammten. So kam der erschossene Schustergeselle, der einer der aktivsten Teilnehmer gewesen sein soll, angeblich aus der Nähe Frankfurts. Allerdings hatten sich auch Stuttgarter Bürger an dem Krawall beteiligt. Zudem wurden etliche Neugierige und Leute, die zufällig vorbeikamen, mit verhaftet. Die im Bohnenviertel ansässigen Weingärtner hatten sich, wie in der Presse betont wurde, jedoch zurückgehalten.

Die Berichte zeigen, dass die Teuerung nur der Anlass für die Unruhe war, diese aber wohl in sozialer und politischer Unzufriedenheit zu suchen ist. Sie führte denn auch 1848 zur Revolution.

Die meisten Festgenommenen mussten wieder freigelassen werden, weil man ihnen nichts nachweisen konnte. Entweder war es zu dunkel gewesen, um sie zu identifizieren, oder Augenzeugen konnten (oder wollten) sich nicht mehr erinnern. Gegen sieben Männer und eine Frau wurde jedoch Anklage erhoben, und sie mussten teilweise für mehrere Jahre ins Gefängnis. Beate Calwer, die ihre Mitbürger mit Worten wie »Hosenscheißer« und »Feiglinge« besonders aufgestachelt hatte, erhielt vier Wochen Haft.

Fremde Arbeiter und Mägde, deren Papiere nicht ganz in Ordnung waren oder die durch ihr Verhalten Verdacht erweckt hatten, wurden aus dem Land gewiesen. Zu ihnen gehörte die denunzierte Dienstmagd Christine Werner aus Lauffen am Neckar. Ihr wurde zum Verhängnis, dass sie erst wenige Tage in der Stadt war, weshalb sich niemand positiv über sie äußern konnte. Insgesamt mussten 113 Personen, davon viele allein stehende Frauen, die sich als Wäscherinnen, Näherinnen oder Wasserträgerinnen ernährten, aber zur Zeit der Unruhe »ohne förmlichen Dienst« waren, im Laufe des Mais die Stadt verlassen.

Am Tag nach dem Krawall wurden die Sicherheitsmaßnahmen erheblich verstärkt. Reiter und Infanteristen patrouillierten durch die Straßen, auf dem Schlossplatz wurden Kanonen aufgestellt, auch die in der Hauptwache auf der Königstraße untergestellten Kanonen wurden auf die Straße vorgezogen und mit Mannschaften besetzt. Aus Ludwigsburg kamen ein Bataillon Infanterie und eine Abteilung des Ersten Reiter-Regiments in die Stadt. Selbst Bürger standen nachts auf den Straßen Wache.

Überdies erließ die Stadtdirektion eine polizeiliche Bekanntmachung, nach der Zusammenrottungen von mehr als zehn Personen verboten waren. Kinder, Lehrlinge, Gesellen und Dienstboten mussten sich abends ab acht Uhr im Hause aufhalten, und die Häuser sollten abgeschlossen sein. Die Polizeistunde wurde von 23 auf 22 Uhr vorverlegt. Außerdem durften Handwerksgehilfen ihrer Beschäftigung nicht fernbleiben. Jeder sollte mithelfen, so hieß es in der Anordnung, »damit ähnliche Frevel, die der Ehre und dem Wohl der Stadt so nachteilig sind, künftig unterbleiben«.

In Stuttgart war nun zwar Ruhe eingekehrt, aber in Tübingen plünderte eine aufgebrachte Menge am 4. Mai eine Mühle. Deren Besitzer konnte sich nur mit Mühe retten. Auch in etlichen anderen Städten brachen Unruhen aus.

Die innere Unruhe der Stuttgarter allerdings blieb. Am 7. Mai sprachen sich Anwohner der Paulinenstraße für eine Bürgerbewaffnung aus, und in der Regierung wurde über diese Frage diskutiert. Am 13. Mai erließ König Wilhelm I. eine Verordnung, wonach die Gemeinderäte beschließen konnten, zum Schutz des Eigentums und des Lebens der Bürger Sicherheitswachen zu bilden. In der Verordnung hieß es, dass alles zur Linderung der Not unternommen werde, man aber Angriffen auf Personen und Eigentum sowie einer Störung der öffentlichen Ordnung mit Nachdruck begegnen werde. Die Wachen sollten zunächst versuchen, Ruhestörer durch Güte und Belehrung »von ihrem frevelhaften Beginnen abzubringen«, aber befugt sein, »Gewalt mit Gewalt abzuwehren«, Ruhestörer zu verhaften sowie Anstifter und Anführer der Bestrafung zuzuführen.

Der Stuttgarter Stadtrat beschloss über die Bildung von Bürgerwachen am 17. Mai. Gewehre waren schon eingetroffen. Die Bürgergarde zu Pferd machte bereits verstärkt Dienst, das Bürgerschützen-Bataillon – etwa 50 Mann – wurde reaktiviert, und auch die Schützengesellschaft stellte ein Corps auf, das einheitliche Kleidung tragen und mit Büchse und Hirschfänger bewaffnet sein sollte. So waren jede Nacht 75 bis 90 Stuttgarter Bürger sowie die Militär-Patrouillen unterwegs. Auch in Cannstatt wurden Sicherheitswachen gebildet, brauchten aber nicht eingesetzt zu werden.

Es blieb in Stuttgart jetzt ruhig. Die aus Ludwigsburg angereiste Infanterie ging schon am 6. Mai in ihre Kaserne zurück, und in Cannstatt zogen die Reiter am 16. Mai ab.

Nach dem Krawall schien die Zustimmung für König Wilhelm in den politisch führenden Kreisen zu wachsen. Nicht nur der Stadtrat von Stuttgart übergab dem Landesherrn in einer Audienz ein Dankschreiben, auch mehrere Bürger überbrachten ihm eine »Ergebenheitsadresse« mit 1594 Unterschriften. Und von allen bedeutenden Städten erhielt Wilhelm Zuspruch. Der König versprach, alles beim Alten zu belassen; er wollte das Verhältnis zu den Stuttgartern nicht getrübt sehen. Im Untergrund aber schwelte es weiter, wie es die Ereignisse von 1848 dann offenbarten.

Als im Stuttgarter Turnverein einige Mitglieder der Sicherheitswachen verspottet und der »Spionerie« bezichtigt wurden, nahm die Polizei zwei Arbeiter fest, und der Verein wurde vorläufig »suspendiert«. Der Stadtdirektor, Oberregierungsrat von Gärttner, wollte ihn auflösen lassen, da es ihm nicht ratsam erschien, »diesen Verein länger fortbestehen zu lassen, in dem solche ordnungswidrige Gesinnung sich kund gibt« und der viele fremde Mitglieder habe. Der König war damit ganz einverstanden. Es folgten auch noch andere Schritte. So erließ König Wilhelm am 9. Mai eine Verordnung über die Registrierung der Getreidevorräte sowie am 9. und am 29. Mai Anordnungen über den Getreidehandel (Ausfuhrverbot). Das Ergebnis der Registrierung war günstiger, als man vermuten mochte: Die Vorräte reichten für sechs Wochen. Außerdem wurde – übrigens mit überwältigendem Erfolg – zu Spenden für Getreidekäufe aufgerufen.

Am 12. Mai berichtete Stadtdirektor von Gärttner der Regierung, die Bäcker hätten den Brotpreis schon vor 14 Tagen erhöhen wollen, weil er überall höher läge als in Stuttgart, man habe sie aber »mit Rücksicht auf die hiesigen Verhältnisse« vertröstet. Am 12. Mai aber sei die gesamte Meisterschaft vor dem Stadtrat erschienen und habe verlangt, den Preis von 38 Kreuzer auf 42 Kreuzer für sechs Pfund zu erhöhen. Genehmigt wurden ihnen 40 Kreuzer, doch blieb der Preis für die ärmere Bevölkerung wie bisher bei 24 Kreuzern, weshalb keine nachteiligen Folgen für die öffentliche Stimmung zu befürchten seien.

Mitte Mai gelang es der Stadtverwaltung, in Mannheim 10 000 Zentner Getreide zu kaufen, sie ab 25. Mai in Stuttgart auf den Markt zu bringen und so den Getreidepreis niedriger als in anderen Städten zu halten. Der Brotpreis konnte nun am 28. Mai auf 38 Kreuzer und am 3. Juni auf 35 Kreuzer gesenkt werden. Die Bäcker murrten zwar, weil sie das Mehl noch zu einem höheren Preis eingekauft hatten, mussten sich aber fügen.

Die Zeitung von damals enthält noch einige weitere interessante Mitteilungen. So beschrieb Heinrich Essig ein Rezept für Haferbrot, und C. Schinz aus Stuttgart gab auf zwei langen Seiten Informationen über die Verhältnisse in der Brotbäckerei, die wohl als Rechtfertigung gedacht waren. Andererseits fühlte sich Kommerzienrat von Jobst veranlasst, sich öffentlich, mit der ausführlichen Schilderung eigener Äußerungen und Handlungsweisen, gegen Vorwürfe des Wuchers und der Manipulation zu wehren.

Außerdem beschwerten sich 62 Bürger der politischen Opposition über die »unverantwortliche und empörende Rücksichtslosigkeit« des Militärs selbst gegen Unbeteiligte. Sie behaupteten, es sei ohne Vorwarnung geschossen worden, und »viele Leute, die in aller Ruhe ihres Weges gingen, wurden von nacheilenden und entgegenkommenden Lanzenreitern mit Säbelhieben und Lanzenstichen angefallen« oder beschimpft.

Stadtdirektor von Gärttner musste die Eingabe prüfen. Er stellte fest, die Tumultuanten hätten die Soldaten »auf die frechste Weise verhöhnt und tätlich beleidigt«, hätten sie angegriffen und misshandelt. Sowohl der Bürgermeister als auch der Stadtdirektor hätten die Menge gewarnt, und vor dem Befehl zu schießen habe ein Offizier dazu aufgefordert, sich zu entfernen. Auch sei vorher die Trommel gerührt worden. Im Übrigen hätten die Soldaten in einer solchen Situation nicht zwischen Unbeteiligten und Aufrührern unterscheiden können. Gärttner wies die Beschwerde deshalb ab.

Im Juni entspannte sich die Versorgungslage. Frisches Obst und Gemüse kamen hinreichend auf den Markt. Der von der Stadt beschaffte Getreidevorrat führte auf dem Wochenmarkt zu einem Rückgang des Umsatzes an auswärtigem Getreide, und der Besuch der Suppenanstalt ging merklich zurück. Am 8. Juni ließ der König auch die Polizeistunde wieder auf 23 Uhr festlegen.

In der Landeshauptstadt kehrte wieder Normalität ein.

Die Typhus-Epidemie von 1872 im Stuttgarter Westen

»Typhus in Stuttgart! Schon wieder neue Todesfälle!« So könnte man es wohl in den Schlagzeilen mancher Zeitungen lesen, würde heute eine solche Epidemie ausbrechen. Im 19. Jahrhundert aber kannte man eine derart schreiende Aufmachung nicht. Gleichwohl war die Epidemie, die Stuttgart damals heimsuchte, nicht auf die leichte Schulter zu nehmen.

Noch im vorigen Jahrhundert war der Abdominaltyphus (Thyphus des Bauchbereichs, von dem hier die Rede ist) eine in Württemberg weit verbreitete Krankheit. Auch in Stuttgart stellte er sich fast alljährlich mit verstreut auftretenden Fällen ein, doch war die Zahl der erkrankten Bürger meistens gering. In einzelnen Jahren konnte diese Zahl allerdings rasch ansteigen und durchaus viele Todesopfer fordern.

Gegen Ende des 18. Jahrhunderts hatte es in Stuttgart größere Typhus-Epidemien in den Jahren 1783 und 1792 gegeben. Von Juli bis Oktober 1783 starben daran 130 Personen. Bedenkt man, daß die Stadt nur rund 18 800 Einwohner hatte (einschließlich der Weiler Heslach, Berg und Gablenberg), war das eine relativ hohe Todesrate (69,1 auf 10 000 Einwohner).

Die nächste größere Epidemie raffte im Jahr 1819 in der knapp 23 000 Einwohner zählenden Stadt von den 2000 Typhuskranken rund 100 dahin. Kleinere Epidemien folgten 1835 und 1845, eine größere 1855. In diesem letztgenannten Jahr, als Stuttgart über 46 000 Einwohner zählte, starben 81 Bürger an Typhus (16,2 auf 10 000 Einwohner).

Danach brach die Epidemie verstärkt wieder Anfang 1872 aus. Es hatte zwar zuvor schon sporadische Typhusfälle gegeben, doch ab dem 4. Februar 1872 häuften sich die Erkrankungen rasch. Die ersten Fälle traten in der Gutenberg- und der Ludwigstraße auf. Betroffen waren dann aber auch Bewohner von Senefelder-, Rotebühl-, Forst- und Silberburgstraße. Hier im Westen erkrankten, wie der Gerichtsarzt des Stadtdirektionsbezirks Stuttgart, Dr. Frölich, ermittelte, vom 1. Februar bis zum 15. März 1872 insgesamt 60 Personen an Typhus, von denen sieben starben. Weitere 16 erlagen dem gastrischen Fieber und 32 dem Schleimfieber. Im gesamten übrigen Stadtgebiet mit weitaus mehr Einwohnern erkrankten jedoch »nur« 34 Personen an Typhus, von denen allerdings elf starben. Betroffen waren übrigens auch Personen, die zwar nicht im Westen wohnten, aber in Fabriken oder auf Baustellen dieses Stadtgebietes arbeiteten und dementsprechend auch von dem dortigen Wasser tranken.

Gerichtsarzt Dr. Frölich veranlasste die Ärzte der Stadt, Aufzeichnungen vom Auftreten des Typhus anzufertigen. Es war dies das erste Mal, dass man in Stuttgart über die Verbreitung einer Epidemie in den einzelnen Straßen der Stadt nähere

Informationen erhielt. Damit war es jetzt leicht möglich festzustellen, woher die betroffenen Häuser ihr Wasser erhielten.

Wie Dr. Frölich berichtete, waren in den eng bebauten Teilen der »Inneren Stadt« (so hieß das Gebiet innerhalb des alten Ovals von König- und Eberhardstraße) und des Bohnenviertels nur wenige Typhusfälle zu verzeichnen. Die meisten sowie die Mehrzahl der schwerer verlaufenden Fälle, traten hingegen in dem als gesund geltenden Gebiet um den Feuersee auf, und zwar in den Häusern wohlhabender Familien. Die dort häufigen »kasernenartigen Spekulationshäuser«, die größeren Mietgebäude, waren weniger betroffen. Ungesunde Wohnverhältnisse schieden demnach als Ursache weitgehend aus, wenngleich Mangel an Reinlichkeit und Lüftung die Ausbreitung der Krankheit begünstigt haben mag.

Dr. A. Burkart, Assistenzarzt am Katharinen-Hospital, hob in seinem ersten Bericht ein besonderes Phänomen hervor: Die Krankheit befiel bis Ende Februar (zum Zeitpunkt seiner Niederschrift) fast nur Personen, die erst einige Zeit im Westen wohnhaft waren, während die schon länger dort Wohnenden nahezu verschont blieben. »Die Epidemie ist also zum größten Teil eine sogenannte Akklimatisationsepidemie.« Auch befiel die Krankheit vorwiegend junge Leute zwischen 18 und 30 Jahren.

Die Ärzte konnten zeigen, dass die Epidemie, die durch Typhus-Salmonellen ausgelöst wird, auf eine Verunreinigung des Trinkwassers zurückzuführen war. Dieses wurde in den besonders betroffenen Straßen des Westens aus sechs öffentlichen Laufbrunnen bezogen, die aus dem Einzugsgebiet des Vogelsangbachs gespeist wurden, während die anderen Teile Stuttgarts ihr Trinkwasser aus Quellen des Nesenbachtals, aus dem Neckar oder aus Pumpbrunnen erhielten. Im Einzugsgebiet der in den Westen führenden Leitung, so schrieb Dr. Burkart, hätte »ein Compostfabrikant« zu Beginn des Winters eine Wiese in der Nähe des Vogelsangbachs, unter der in 1,15 Meter Tiefe ein poröses Sickerrohr (zum Aufnehmen von Wasser) verlegt war, mit 20 Fass Jauche gedüngt. Diese war dann am Ende des Frostes – der Dezember war sehr kalt gewesen, und es hatte kaum Schnee gegeben – im Januar in den Boden eingedrungen. Da man den Zufluss des Sickerrohrs in der Brunnenstube nicht zugedreht hatte, konnten die Keime in das dort gefasste reine Quellwasser und damit in die Trinkwasserleitung gelangen. Das Leitungswasser war dementsprechend gelblich-trüb, es roch und schmeckte schon im Januar nach Jauche. »Auch in Speisen und Getränken, wie Wassersuppen und Kaffee, machte sich dieser Geruch in ekelhafter Weise geltend«, berichtete Professor Dr. O. Köstlin später. Dennoch benutzte man das Wasser weiterhin. »Es ist unbegreiflich,« schrieb Köstlin schon 1872, »mit welcher Gleichgültigkeit von vielen Leuten in Stadt und Land schlechtes, übelschmeckendes und übelriechendes Trinkwasser getrunken und zur Bereitung von Speisen verwendet wird.«

Zum Beweis für den geschilderten Zusammenhang wies Dr. Burkart, der sich im »Medizinischen Correspondenz-Blatt« besonders ausführlich mit dem Thema befasste, darauf hin, dass im Haus Feuerseeplatz 1 im ersten und dritten Stock, wo man kein Wasser aus den städtischen Brunnen trank, weil man es sich aus benachbarten privaten Pumpbrunnen holte, niemand an Typhus erkrankte.

Wogegen im zweiten Stock vier und im vierten Stock ein Bewohner, die das Wasser aus der städtischen Brunnenleitung bezogen, vom Typhus befallen wurden. Zudem ging die Epidemie zurück, nachdem die Sickerleitung geschlossen worden war.

Es gab allerdings durchaus Stimmen, die eine Gefährdung durch Jauche bestritten und den Genuss derart verunreinigten Wassers als unschädlich darstellten. Dr. Burkart wetterte heftig gegen jene Herren, die sich – wohl um sich oder andere zu entlasten – derart äußerten. Ja, er bezeichnete ihre Behauptungen als »geradezu absurd« und forderte sie auf, sich doch persönlich für einen Versuch zur Verfügung zu stellen.

Die Erkrankungen in den anderen Teilen der Stadt ließen sich wenigstens teilweise, so stellten die Ärzte fest, darauf zurückführen, dass die einzelnen Systeme der Trinkwasserzuleitungen der Stadt miteinander verbunden waren und damit Wasser aus der Vogelsangleitung auch in andere Straßen gelangen konnte. Zwar war es möglich, die Verbindungen zu schließen, doch gab es berechtigte Zweifel, ob der Schieber der Vogelsangleitung an der Kreuzung der Silberburg- mit der Gutenbergstraße tatsächlich rechtzeitig geschlossen worden war. So ergriff der Typhus beispielsweise auch 20 Personen im mittleren Flügel der Infanteriekaserne und sechs in der Garten- (Fritz-Elsas-) Straße. Die durch die Vermischung zunehmende Verdünnung des infizierten Wassers könnte die geringere Ausbreitung in den anderen Teilen der Stadt erklären.

Bezüglich der Infanteriekaserne gab es allerdings den Einwand, die Bewohner würden dort aus Pumpbrunnen und aus einer Zuleitung vom Pfaffensee versorgt, und wären diese infiziert gewesen, hätten viel mehr Personen erkranken müssen. Aber, so schrieb Dr. Burkart, »wenn man betrachtet, daß so viele Soldaten in abendlicher Dämmerung mit Mägden an den Brunnen der Gutenbergstraße herumstehen, so ist es auch denkbar, daß der eine oder andere auch von dem Trinkwasser genossen hat.« Außerdem gebe es im Westen auch »viele von den Soldaten aus der Infanteriekaserne frequentierte Wirtschaften, wo Gelegenheit geboten ist, in Suppen, in Würsten, welche in dem schlechten Wasser gekocht wurden, die jauchigen Stoffe in sich aufzunehmen.« Er führte damit zumindest einige der Fälle auf eine Infektion in dem besonders betroffenen Gebiet zurück. Für die Gartenstraße (Fritz-Elsas-Straße) ist allerdings in einem Fall eine Übertragung aus München erwiesen.

Für einen kleineren Typhusschwerpunkt im Bereich Charlottenplatz / Cannstatter (Konrad-Adenauer-)Straße und zwischen Charlotten- und Uhlandstraße nahm Dr. Burkart übrigens auch Jauchedüngung im Einzugsbereich des Trinkwassers als Ursache an, ohne jedoch nähere Einzelheiten angeben zu können. Auch die im Westen aufgetretene Häufung von Magen- und Darmkatarren im Dezember und Januar 1871/72 führte Dr. Burkart auf diesen Zusammenhang zurück.

Wo man, wie in der Esslinger Vorstadt, Pumpbrunnen in den Höfen und Gärten benutzte, war die Gefahr nicht minder groß. Das beweist ein Fall aus der Holzstraße 14. Das Wasser des dortigen Pumpbrunnens enthielt faulige Stoffe von widerlichem Geschmack, die ohne Zweifel aus der nahen, übergelaufenen Dunglege in den Bunnenschacht gelangt waren und dann zu einem Typhusfall führten.

Einen ähnlich gelagerten Fall beschrieb Professor Köstlin aus dem Hause Christophstraße 3. Dort war das Wasser des Pumpbrunnens, den die Bewohner benutzten, mit Kieselalgen, menschlichen Haaren, Gespinstfaserzellen und künstlichem Ultramarin (Waschbläue) verschmutzt. Das aus der Waschküche abfließende Wasser hatte offensichtlich Zugang zum Brunnenschacht gefunden. In einem anderen, früheren Fall in der Wagnerstraße war infolge der Verstopfung einer Dole Abwasser aus Schweine- und Pferdeställen sowie aus Waschküchen in die Keller gelangt und hatte einige typhöse Erkrankungen verursacht.

Professor Köstlin erinnerte in seiner zusammenfassenden Aufarbeitung auch an die Epidemie von 1868. Während der ersten Monate dieses Jahres waren in Stuttgart nur zwei Fälle von Abdominaltyphus aufgetreten. Allein im Dezember 1868 dagegen gab es 22 Todesfälle, im Januar 1869 noch neun. Der Verlauf der Epidemie war dem von 1872 ähnlich, und auch die Witterungsverhältnisse stimmten mit denen von 1871/72 auffallend überein. Es lag deshalb die Vermutung nahe, dass die Ursachen in beiden Fällen die gleichen waren.

Im Vergleich zu seiner Einwohnerzahl war Stuttgart 1872 weniger stark von Typhus betroffen als manche anderen Städte in Württemberg. Bezogen auf die (stark abgerundete) Einwohnerzahl starben im ganzen Jahr 1872 hier 7,8 Personen von 10 000 Einwohnern, in Heilbronn dagegen 11 und in Ulm 9,3; in Esslingen waren es 6,3, in Cannstatt (mit sechs Todesfällen) 4,3. Im ganzen Land trat der Typhus 1872 übrigens in 350 Gemeinden auf und waren insgesamt 730 Todesfälle zu beklagen (3,9 auf 10 000 Einwohner).

Im ganzen folgenden Jahr fielen in Stuttgart weitere 46 Personen dem Typhus zum Opfer, in Cannstatt neun. Diesmal gab es einen Schwerpunkt in der am Nesenbach gelegenen Gerberstraße. Der Verdacht, die Ursache sei in filtriertem, aber dennoch verschmutztem Neckarwasser zu suchen, konnte weder bestätigt noch widerlegt werden. Jedenfalls hielt man das Neckarwasser nicht gerade für ein ideales Trinkwasser.

In der Folgezeit blieb die Stadt zwar nicht von einzelnen Erkrankungen an Typhus, aber wenigstens von größeren Epidemien verschont. In dem Jahrzehnt 1891 bis 1900 zum Beispiel lag die Sterberate für Typhus in Stuttgart nur noch bei 0,5 auf 10 000 Einwohner.

Bei dem Rückgang der Krankheit spielte die Verbesserung der Wasserversorgung und der Abwasserbeseitigung sicherlich die entscheidende Rolle. Bereits 1861/62 wurde das Neckarwasserwerk in Berg eingerichtet, von dem allerdings nur ein Drittel des Wassers der Stadt als Trinkwasser zugute kam. Jeweils ein weiteres Drittel wurde für die Eisenbahn (zum Speisen der Lokomotiven) und für die Springbrunnen auf dem Schlossplatz verwendet. Das neue Rohrleitungsnetz, über das nach und nach die ganze Stadt versorgt werden konnte, entstand ab 1863. Im Jahre 1874 wurde auch mit dem Neubau der Kanalisation begonnen. Allerdings dauerte es Jahrzehnte, bis die Stadt vollständig mit beiden Einrichtungen ausgestattet war. Immerhin berichtete Professor Köstlin schon 1879 von wesentlichen Fortschritten und nannte die Aufhebung von Pumpbrunnen, die aus nächster Nähe (lies: von den Miststätten) faulende organische Stoffe erhielten, sowie die Verbesserung der Straßenreinigung.

Von der Wirtschaft in der Stadt

In Stuttgart strömte der Wein im Überfluss

»Der Ertrag an Wein ist in dieser Stadt wirklich besonders groß«, schrieb 1585 Christoph Bidembach in seiner kurzen lateinischen Lobpreisung der Landeshauptstadt Württembergs. »Denn Wein bringt unser gefeiertes Stuttgart in solchem Überfluss und Reichtum hervor wie kaum eine andere Region Deutschlands.« Mag man auch meinen, eine Lobpreisung müsse übertreiben, alte Bilder und Karten bestätigen aber die Bedeutung, die der Weinbau in Stuttgart in früheren Jahrhunderten besaß.

Nach der Legende der württembergischen Weingärtner soll ihr Schutzheiliger Urban den Weinbau hier eingeführt haben. Nahe bei Cannstatt, heißt es weiter, habe er eine Wallfahrtskirche gegründet und dort die Bevölkerung in Rebenkultur und Weinzubereitung unterwiesen. Die sich hieraus ergebende Datierung – Urban lebte im 3. Jahrhundert – geht sicherlich zu weit zurück. Urkundlich wird der Weinbau im Stuttgarter Raum jedenfalls erstmals 777 erwähnt, nämlich für Esslingen. Aus dem Heilbronner Raum liegen Erstnennungen bereits von 766 vor und für Mühlacker von 769. In einer für Biberbach (am Neckar nahe Mühlhausen gelegen) im Jahre 708 ausgestellten Urkunde werden Weingärten zwar – entgegen der Angabe in der Literatur – nicht erwähnt, doch weil die Urkunde das Kloster St. Gallen begünstigte, darf man annehmen, dass die Mönche dort Weinbau betrieben oder aufnahmen. Es ist jedoch durchaus denkbar, daß dieser Beleg nicht echt ist, da zahlreiche frühere Urkunden, wie wir heute wissen, von Kirchenmännern zugunsten ihres Besitzes gefälscht wurden.

Ohne Zweifel wurde der Wein hier schon von den Römern angebaut. Dafür liegen zahlreiche Beweise vor. Die vielen aus dem Lateinischen abgeleiteten Fachausdrücke sowie Traubenkerne, die man bei Lauffen in einem alamannischen Frauengrab aus dem frühen vierten Jahrhundert fand, lassen annehmen, dass der Weinbau vielleicht nicht überall, aber doch örtlich auch nach dem Abzug der Römer weiterhin betrieben wurde. Aus dem Stuttgarter Raum sind hierfür allerdings bislang keine Zeugnisse bekannt.

Im frühen Mittelalter nahm der Weinbau offenbar stark zu. Aus dem 10. Jahrhundert ist er für das Gebiet nördlich der Linie Ludwigsburg bis Backnang bereits für 14 Markungen belegt. Für das heutige Stuttgart sind Weinberge oder Keltern erstmals aus dem Jahr 1106 für Obertürkheim urkundlich erwähnt, für Stuttgart 1108. Die Nennungen in den Urkunden sagen aber nur, dass es zu den betreffenden Zeiten bereits Weinbau gab. Sein Beginn liegt also in jedem Fall etwas weiter zurück.

In der Literatur findet man ein noch älteres Datum, nämlich das Jahr 1075 für Botnang. Die betreffende Urkunde reicht aber nicht aus, um mit ihr einen Weinbau für Botnang zu belegen, denn sie zählt zunächst die betroffenen Siedlungen auf und anschließend ganz allgemein deren

Besitzungen, ohne sie bestimmten Orten zuzuordnen. Eine Angabe von 900 für Hedelfingen bedarf der Überprüfung, weil das Württembergische Urkundenbuch keinen Beleg enthält.

Die meisten Geschichtsforscher und Historiker sind der Meinung, daß Mönche entweder des Klosters St. Gallen am Ende des 11. Jahrhunderts oder des Klosters Lorch zu Beginn des 12. Jahrhunderts die ersten Reben im Stuttgarter Tal gepflanzt hätten. Einige Namen von Stuttgarter Weinbergen könnten aber in eine etwas frühere Zeit führen, nämlich die Bezeichnungen Relenberg, Kornberg und Azenberg am oberen Herdweg. Der Name Relenberg geht wahrscheinlich zurück auf die Herzogin Reginlinde, der in der ersten Hälfte des 10. Jahrhunderts das Tal gehörte. Sie war in zweiter Ehe mit Herzog Hermann I. von Schwaben verheiratet. Ihr Schwiegersohn Ludolf von Schwaben gründete um 950 am Nesenbach den Stutengarten, aus dem die Stadt erwuchs. Dieses Gestüt gehörte um 1020 Kaiser Konrad II., auf den der Name Kornberg zurückgehen könnte. Der Name Azenberg schließlich weist auf Graf Adalbert-Azzo von Calw hin, der im 11. Jahrhundert hier ausgedehnte Besitzungen hatte. Möglicherweise ließen schon diese weltlichen Grundherren an den nach ihnen benannten Hängen des Stuttgarter Tales die ersten Weinberge anlegen.

Für die Kultivierung der Hänge war es gewiss von Bedeutung, dass etwa um das Jahr 950 der Anbau auf Terrassen vom Rhein ins Neckartal übernommen wurde, so dass man nicht nur »Weingärten« (in der Ebene), sondern jetzt auch »Weinberge« anlegen konnte. Das für den Bau der Terrassen nötige Steinmaterial konnte man stellenweise an den Hängen selbst brechen. Vielleicht ist die Feststellung, dass die Stadt Stuttgart bereits um 1300 einen Steinbruch besaß, zwar nicht ausschließlich, doch auch unter diesem Gesichtspunkt zu sehen. Der Vorteil der Terrassen lag darin, dass die Hangneigung zwar verringert wurde, die Flächen aber immer noch steiler waren als die Ebene und damit eine stärkere Sonneneinstrahlung erhielten.

Wie ausgedehnt der Weinbau hier schon im 14. Jahrhundert war, belegen die Angaben von Dornfeld, wonach 1304 in Stuttgart 37 Halden genannt sind und 1350 1593 Morgen zehntpflichtig waren.

Der Besitz der Klöster in Stuttgart war beachtlich. Die ältesten klösterlichen Weinberge befanden sich alle auf Tunzhofener Markung, so die vom Kloster Lorch am Mönchberg (heute Mönchhalde) und jene vom Kloster Kaisheim am Herrenberg (Ehrenberg) und am Kaisheimer Berg (Kaisemer). Auch die Klöster Adelberg, Anhausen, Bebenhausen, Blaubeuren, Denkendorf, Fürstenfeld, Heggbach, Herrenalb, St. Klara in Esslingen, Heiligkreuztal, Lichtental, Pfullingen, Pliensau, Salem, Sirnau, Söflingen (bei Ulm) und Weil (bei Esslingen) verfügten in Stuttgart über Besitz oder Einkünfte aus Weinbergen. Ebenso beteiligten sich einige begüterte Familien, zum Teil aus Esslingen, in Tunzhofen am Weinbau. Ihre Namen sind noch heute in den Flurnamen erhalten, nämlich Schühelin (heute Im Schüle), Immelin (Himmelsberg), Eckart (Eckartshalde), Dietmar (Diemershalde), Wolfram und Werkmann (Wolframs- und Werfmershalde). In einer Urkunde von 1250 wird erstmals auch ein Stuttgarter Bürger genannt: ein Weingärtner namens Buzze. Die ersten Hedelfinger, die 1246 und 1248 urkundlich ge-

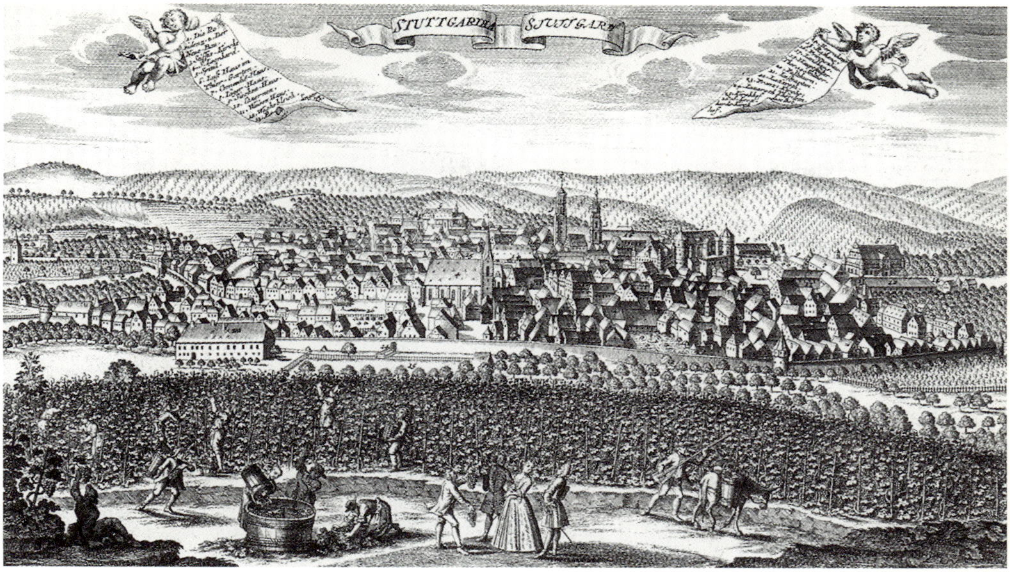

Weinlese in der Gegend der Stitzenburg um 1745. Kupferstich von Johann Christian Leopold.

nannt wurden, waren ebenfalls Weingärtner.

Historische Überlegungen und das Namensgut weisen damit das 10. bis 12. Jahrhundert als die Zeit aus, in der vom Herdweg bis zur Prag der Weinbau begann. Um diese Zeit muss sich das Landschaftsbild grundlegend verändert haben: Der Wald wurde von den Hängen verdrängt, Weinbauterrassen traten an seine Stelle – mit allen ökologischen Konsequenzen.

Im 13./14. Jahrhundert, als die Bevölkerung im Lande allgemein zunahm, die Städte wuchsen und sich damit der Markt erweiterte, wurden weitere Hänge des Stuttgarter Tales, soweit sie günstig lagen, in Rebland umgewandelt. Diese Phase spiegelt sich in einem Namensgut wider, das zwar zum Teil noch Personennamen enthält, vor allem aber auf den früheren Zustand der Gemarkung hinweist. Gegen 1400 waren jedenfalls alle Hänge rings um Stuttgart mit ausgedehnten Weinbergen überzogen: Stuttgart war – unter beträchtlichem »Landschaftsverbrauch« – zu einer Weinbaustadt geworden. Dementsprechend gab es, Christoph Bidembachs Beschreibung von 1585 zufolge, im Stadtgebiet damals nur wenig Anbau von Getreide, vielmehr wurde dieses in großer Menge von den Bauern der Umgebung in die Stadt gebracht.

Da die Bearbeitung eines Weinbergs nach der Angabe von Karlheinz Schröder damals einen mindestens achtmal so großen Arbeitsaufwand erforderte wie der Getreideanbau, lässt sich die starke Bevölkerungszunahme Stuttgarts um jene Zeit zu einem wesentlichen Teil aus dieser Entwicklung erklären. Auch in den hangreichen Orten der Nachbarschaft stellte der Weinbau im 14. Jahrhundert einen wichtigen Wirtschaftszweig dar, während in den ebenen Gebieten von Strohgäu und Fildern der Ackerbau dominierte.

Erste urkundliche Erwähnungen des Weinbaus für das heutige Stadtgebiet von Stuttgart

Erste Nennung	Erwähntes Objekt*	Ort	Älteste Kelter	Quelle der Angabe (mit Seitenzahl)
900**	Wg	Hedelfingen	~1120 erbaut	Dalferth 343, Link 99
1075***	Wg	Botnang	+	Volz 34
1106	K	Obertürkheim	1106 erwähnt	Herold Anm. 5, Obermann 106
1108	Wg	Stuttgart	1286 erwähnt	Volz 34, Wais 55
1120	Wz	Heumaden	1480 erwähnt	Zielfleisch 14, 24
1121	Wg	Untertürkheim	+	Schröder 158, Keinath 313
1263	K	Zuffenhausen	1263 erwähnt	Volz 34
1265		Berg	1300 erwähnt	Rapp Nr. 7, 29
1265		Tunzhofen	+	Rapp Nr. 6
1275	Wg	Gablenberg	+	Rapp Nr. 8
1279	Wg	Cannstatt	+	Dornfeld 38
1280		Brie (Cannst.)	+	Volz 24
1281	Wg	Feuerbach	+	Volz 34
1282	Wz****	Rohracker	1412 erwähnt	Dornfeld 39, Abmayr/Weitz 33
1286		Heslach	1724 erbaut	Volz 34
1289	Wg	Wangen	1313 erwähnt	Dornfeld 39, Dolde 17, Link 150
1290		Gaisburg	+	Rapp Nr. 21
1297	Wz	Weilimdorf	1424 erwähnt	Schmidt 124ff.
1291?	Wz	Uhlbach	1366 erwähnt	Dornfeld 39, Link 115
1350	Wz	Vaihingen	1510 erbaut	Bührlen-Grab. u.a. 37, Dornfeld 38
1350??	Wz	Kaltental		Müller 15
1356		Degerloch	1524 erwähnt	Neuscheler 184, Keidel/Schoch 40
1369?	Wg	Mühlhausen	+	Breitschwert 11, Wörz
1473	Wz	Münster	+	Vogelmann 50
1473	K	Rotenberg	1473 erwähnt	Obermann 268
1489?	Wz	Möhringen	1494 erwähnt	Hähnle u.a. 38, 43
1503	Wz	Rohr	?	Bührlen-Grabinger u. a. 100
1527	Wz	Zazenhausen		1200 Jahre 46
1580	Wg	Stammheim	+	Lagerbuch StAL G 150
1586		Freienstein	+	Vogelmann 46
vor 1624		Sillenbuch	+	Schröder 158
?		Hofen		
kein Weinbau		Birkach		Sautter 157
kein Weinbau		Plieningen		Sautter 157
kein Weinbau		Riedenberg		Sautter 157

** K = Kelter, Wg = Weingarten, Weinberg, Wz = Weinzehnt oder andere Abgabe*

*** Dalferth beruft sich auf Presse-Artikel, gibt selbst aber keine Urkunde an. Im Württembergischen Urkundenbuch ist keine Urkunde für Weil oder Hedelfingen aufgeführt. Im Urkundenbuch der Stadt Esslingen (Diehl, S. 23) erscheint ein Wg in Hedelfingen erstmals 1267.*

**** Die Angabe ist nicht sicher belegt. Die Urkunde von 1075 zählt zunächst die betroffenen Siedlungen und danach ganz allgemein die Besitzungen auf, ohne eine Zuordnung vorzunehmen.*

***** Im Württembergischen Urkundenbuch sind Weinberge nicht ausdrücklich genannt, es ist nur von »Zubehör« die Rede. Im Güterbuch Stuttgart ist 1350 Weinzehnt erwähnt (Müller).*

+ Eine Kelter war oder ist vorhanden, doch ist keine nähere Angabe bekannt.

Auch später wurden stellenweise noch neue Weingärten angelegt. So verkaufte die Stadt 1488 Grundstücke auf dem Vogelsangberg zur Anlage von Weingärten, und 1491 wurden in der Mönchhalde 62 Morgen Wald verkauft. Im 16. Jahrhundert wurden die Botnanger Halde, der Schellenkönig, Im Schöner (hinterste Wernhalde) und die Sauhalde neu mit Rebgärten besetzt, 1606 der Birkenwald über den Kriegsbergen ausgestockt und im 18. Jahrhundert das Neugereut in Heslach. Von ungefähr 1660 bis 1723 sollen um die 1000 Morgen (315 ha) für den Weinbau ausgereutet worden sein.

Allein die zehntpflichtigen Weinberge in Stuttgart bedeckten um 1350 bereits 1593 Morgen (502 Hektar), und nach der Ausweitung im 15./16. Jahrhundert gab es im Jahre 1594 eine gesamte Rebfläche von etwa 1260 Hektar. Stuttgart war damit, Sautter zufolge, nach Wien und Würzburg die größte Weinbau-Stadt des Deutschen Reiches. Die Bevölkerungsverluste durch Pest und Krieg und die Zerstörungen von Rebflächen im Dreißigjährigen Krieg führten zum Auflassen etlicher Weinberge, so dass 1652 in Stuttgart nach Sautter etwa 317, nach Gräter sogar fast die Hälfte und in Cannstatt 599 Hektar wüst lagen.

Während der Weinbau in Württemberg nach dem Dreißigjährigen Krieg seine frühere Bedeutung nicht wieder erlangte – dafür gewannen Bier und Most –, stieg die Rebfläche in der Hauptstadt Stuttgart wieder erheblich an. 1723/24 übertraf sie flächenmäßig mit rund 2641 Morgen (832 Hektar) sogar den Wald mit rund 2440 Morgen (767 Hektar) und war größer als Äcker, Wiesen, Weiden und Egarten zusammen, die 2053 Morgen (647 Hektar) ausmachten. J. G. Keyßler beschrieb Stuttgart 1729 als eine Gegend, in der man fast nichts als Gärten und Weinberge sah.

Dementsprechend standen die Weingärtner, wie Gräter berichtet, in der Liste der Berufe zahlenmäßig mit meist über 400, im Jahr 1725 bei 11 300 Einwohnern sogar mit 797 Angehörigen an erster Stelle. Die meisten von ihnen wohnten in der Esslinger Vorstadt. Dort gab es nach dem Bericht von Jürgen Hagel 1794/95 insgesamt 115 hausbesitzende Weingärtner, in der Reichen Vorstadt (nahe dem Bollwerk) 38 und in der inneren Stadt 16, die zur Miete wohnenden nicht mitgerechnet. Rund 23 Prozent der Häuser in der Esslinger Vorstadt gehörten damals Weingärtnern, in der Reichen Vorstadt dagegen 8 Prozent und in der inneren Stadt nur 4 Prozent.

Mit diesem hohen Anteil hatten die Weingärtner in Stuttgart durchaus etwas zu sagen, auch wenn sie nicht Reichtum scheffeln konnten. So gründeten oder erneuerten sie 1518 an der Stiftskirche die Sankt-Urbans-Bruderschaft, legten sich 1661 einen Zunftpokal zu und riefen 1841 die Sängergesellschaft Urbania ins Leben. Die erste Weingärtnergenossenschaft auf heutigem Stadtgebiet bildete sich 1887 in Uhlbach.

Christoph Bidembach beschreibt den Stuttgarter Wein als so mild, so süß, so wohl duftend und jedem Gaumen so angenehm, dass er zu hohem Preise nach auswärts verkauft wurde. Als Lobpreisung, als die es gedacht war, mag das wohlwollend formuliert sein. Dennoch muss der Wein aus dem Stuttgarter Raum geschätzt worden sein, wurde er doch sogar vom Hofe als Geschenk nach Wien gegeben und auch in die Niederlande und nach England verkauft. Dementsprechend besaß auch der Handel mit Wein früh eine große Bedeutung. Das bezeugt der Name Weinsteige für den ins Oberland führenden Weg (der ursprünglich etwas anders verlief als die heutige Alte und Neue Weinsteige). Diese Bezeichnung wird nämlich auf Weinfuhren zurückgeführt und wurde erstmals schriftlich 1350 festgehalten.

Selbstverständlich führte die vorherrschende Weinkultur auch zu Schwierigkeiten. So schrieb der Magistrat 1607 an den Landtag, dass sich Einkommen und Nahrung allein auf den Wein gründeten, und wenn »derselb nit gerate, so seie die Burgerschaft also arm, daß gleich Gelt umb Zins ufnehmen, ja einer sein Weingärtle oder Heusle verkaufen mueß«. Und Notjahre gab es genug, aber ebenso üppige Zeiten. So führte am 3. August 1562 zwischen 11 und 13 Uhr ein Hagelschlag in der Flur zu solchen Verwüstungen, dass im Herbst keine Kelter Arbeit hatte, und am 17. Mai 1797 vernichtete ein Frost fast alle Reben. Dagegen gab es 1484 und 1631 so viel Wein, dass die Fässer nicht mehr ausreichten und man ihn auch in Bütten aufbewahren musste. Ein Vers aus dem 18. Jahrhundert besagte:

»Wenn man zu Stuttgard nicht einsamlete den Wein, würde die Stadt bald im Wein ersäufet seyn.«

Seit 1236 werden in Stuttgart Aufzeichnungen über Witterung, Weingüte und -ertrag und damit über Freud und Leid der Weingärtner und der Stadt geführt.

Angesichts der großen Anbaufläche reichte anscheinend der zur Verfügung stehende Dung nicht für die Weinberge aus. Das würde erklären, warum in dem Vertrag, mit dem der Esslinger Predigerorden 1315 den Frauen des Weiler Predigerordens 1,5 Morgen Weingarten in der Afternhalde zu Stuttgart übergab, ausdrücklich festgehalten wurde, dass 20 Karren Mist (jährlich) in den Weinberg gebracht werden sollen. Da auch in einigen weiteren Urkunden von der Mistzufuhr die Rede ist, schien es notwendig zu sein, sich hier vertraglich abzusichern.

Dass die Umwandlung der ursprünglich bewaldeten Hänge in Weinberge eine stärkere Bodenabspülung zur Folge hatte und auch den Regenabfluss beschleunigte, merkte man an der immer wieder raschen Verschlammung des Nesenbachs. Doch das ist ein Thema für sich.

Am Stuttgarter Kriegsberg grub man nach Kohlen – und am Nesenbach suchte man Gold

Kohlenbergbau bei Stuttgart? Ja, den gab es tatsächlich. In den Schichten des Lettenkeupers, des Schilf-, Kiesel-, Stuben- und Rätsandsteins, die im Stuttgarter Raum alle landschaftsprägend anstehen, finden sich stellenweise linsenartige Nester zusammengeschwemmter organischer Substanz, die dünne kohlige Partien bilden. Da es in Württemberg an fossilen Energieträgern mangelt, mussten diese geringen Vorkommen früher geradezu reizen, einen Abbau zu wagen. Fand jemand ein Kohlennest, so keimte rasch die trügerische Hoffnung auf, das Flöz müsse in den Berg hinein stark zunehmen.

Herzog Friedrich I., der sich sehr um die Förderung des Bergbaus in seinem Land bemühte, war der erste Landesherr, der 1596/97 am Kriegsberg, aber auch bei Feuerbach die nur bis zu zehn Zentimeter starken Vorkommen abgraben ließ. Im Feuerbachtal trägt danach noch heute ein Flurstück in der Nähe des Sportplatzes den Namen »Kohlgruben«.

Leider ist der Heizwert der Kohle gering. Im Jahre 1929 untersuchte Proben aus dem Stubensandstein vom Bopserwald erreichten nur 3275 bis 3515 Kalorien gegenüber sieben- bis achttausend Kalorien der normalen Steinkohle. Die »Keuperkohle« ist eher der Braunkohle mit einem mittleren Heizwert von 3500 Kalorien vergleichbar, die wirtschaftlich nur deswegen nutzbar ist, weil sie im Tagebau gewonnen werden kann. Zudem hat die »Keuperkohle« mit durchschnittlich drei Prozent einen hohen Gehalt an Schwefelkies. Als sich die Schmiede von Stuttgart bei Herzog Friedrich beklagten, dass die Stuttgarter Kohlen »doch reichlich steinig und hart seyen«, ließ er ihr Argument nicht gelten, obwohl ihm Schichtmeister Otto Mann am 19. Juli 1597 schrieb, »daß diese Steinkohlen zum Schmieden und Heitzen schwerlich würden unterzubringen seyn wegen der harten Entzündung und daß sie so wohl nit gantz ausbrennen«. Man wusste also um den geringen Heizwert der Kohle, was aber den Herzog nicht hinderte zu bemerken, dass »doch schon andere Schmiede im Land« damit gearbeitet hätten. Und als Schichtmeister Mann am 4. März 1598 berichtete, es seien bei Stuttgart kaum Holzkohlen zu bekommen und man möge deshalb ein paar Fuhren Steinkohle von Schorndorf kommen lassen, schrieb der Herzog dazu: »Kosten aber viel. Die allhier am Kriegsberg seynd ebenso guth.«

Auch der berühmte Baumeister Heinrich Schickhardt ließ 1611 bis 1617 auf eigene Kosten nach Kohle graben. Er benutzte sie zum Kalkbrennen und hatte dafür einen besonderen Ofen konstruiert. Dessen Standort zwischen Kriegsberg und Hoppenlau erhielt danach den Namen »Kalkofen«. Der Betrieb ließ sich jedoch nicht auf Dauer fortführen, vor allem wegen der hohen Kosten, die das Heranschaffen des Kalks erforderte. Schickhardt verlegte den Kalkofen deshalb nach Zuffenhausen, um näher am Muschelkalk zu sein. Auch dort weist ein Flurname darauf hin. Schließlich wurde 1623 die Kohlengewinnung ganz eingestellt, weil man immer tiefer in den Berg vorstoßen musste und sich das, angesichts des geringen Vorkommens, als zu teuer erwies. Ein 1633 von Schickhardt bei Feuerbach unternommener neuer Versuch scheiterte.

Am 9. Mai 1710 erklärte Herzog Eberhard Ludwig die Steinkohle zum freien Mineral, das jeder aufsuchen und abbauen durfte. Nun setzte im ganzen Land eine fieberhafte Suche ein. Aber alle Versuche scheiterten, weil sich der Abbau nicht lohnte. So setzte 1729 Gottfried Demler aus Cannstatt mit einem Mutschein (Abbaugenehmigung) des Oberbergamts am Kriegsberg einen neuen Stollen an. Er arbeitete mit zwei Hauern und einem Karrenlaufer und konnte die sehr schiefrige Kohle wenigstens zum Salpetersieden verwenden (Salpeter diente der Sprengstoffherstellung). 1750 und 1782 sollen weitere Versuche unternommen worden sein.

Der im Bergbau bekannte Bergmeister Moyses von Khyrrberg – er war 1735 als

Gutachter nach Stuttgart geholt worden – zeichnete am 6. April 1735 den ersten Lageplan des Bergwerks am Kriegsberg. Leider ist der Original-Plan verschollen, doch stellte ein sich »G. F. R.« nennender Autor – es war der Stuttgarter Gymnasialprofessor Gottlieb Friedrich Rösler – am 25. Juli 1769 eine Kopie her, die erhalten geblieben ist. Sie liegt in der von Finanzrat Moser Anfang der 1850er-Jahre zusammengetragenen Materialsammlung für die Beschreibung des Stadtdirektions-Bezirkes Stuttgart. Auf den ersten Blick mag dieser Riss wenig aussagen; dennoch ist er ein wichtiges Zeugnis aus der Geschichte Stuttgarts, denn er ist der einzige erhaltene kartographische Beleg für den einstigen Bergbau bei der Landeshauptstadt.

Am 5. März 1736 fertigte Moyses von Khyrrberg einen zweiten Plan des Bergwerks an, der später in der Württembergischen Landesbibliothek verwahrt wurde, im Zweiten Weltkrieg aber leider verbrannte. Immerhin hat ihn Erich Bader in seiner Veröffentlichung abgebildet. Schon damals, 1736, war ein Teil der alten Stollen verfallen, und es hätte »viele Kösten und schwehre Arbeit« erfordert, sie wieder aufzuwältigen. In beiden Plänen sind im unteren Teil jeweils die am Hang des Kriegsbergs (bei der Birkenwaldstraße) ausstreichenden Schichten dargestellt. Der obere Teil stellte den Grundriss der alten Stollen dar, die mit dem »Mundloch« (Zugang) am Hang beginnen.

Das Original des Planes von 1735, das etwa das Gebiet zwischen Kriegsberg und Himmelsberg darstellt, hat das Format 35,5 x 41 Zentimeter. Aus dem Maßstab von 20 Berglachter = 12,1 cm – ein Berglachter entspricht etwa zwei Meter – ergibt sich ein Maßstab von 1 : 331.

Die rechts niedergeschriebene Nota besagt: »Hiebey ist zu bemerken, daß in diesen alten Gebäu an vielen Orten Preß gehauen und mit Holtz verbauet [ausgebaut] worden ist, welches Anzeige gibt, daß brauchbare Steinkohlen müßen da gebrochen haben. Nachdem aber dieses verfallene Gebäu wieder zu eröfnen viele Kösten und schwehre Arbeit erfordern, auch die Förderniß gar kostbar [teuer] werden würde, so könnte zu einem Versuch am füglichsten bei Lit. L einige Lachter auf den schwarzen Schweif hinein geröscht oder aufgefahren werden, auch weilen den Vermuthen nach unter diesem noch ein ander und beßer Flötz liegen möchte, alß wie sonsten bey den Steinkohlen Bergwerken gemeiniglich zu ersehen ist, so dörfte nicht undienlich seyn, wann an diesem oder einem andern Ort etliche Lachter abgesunken und also das Tag-Gebürg durchbrochen würde.«

Die links eingetragenen Erläuterungen lauten in dem von Bader veröffentlichten Riss von 1736 etwas anders als 1735. Fasst man beide zusammen, so ergibt sich:

A. Das Mundloch oder der Eingang des alten Stollens, aus dem die Kohlen gefördert wurden.

B. Ein gegen das Ausgehende (gegen Tag) vorgetriebener Ort, noch über 11 Lachter offen, im äußeren Ende aber ganz verfallen.

Bei C, D und E zweigen weitere Orte ab, welche aber verstürzt und verfallen bzw. aufgefüllt sind.

F und G sind zwei in das Gebirge getriebene Orte, an deren Ende man aber nicht hat kommen können. Bei G ist der erkundbare Ort 6,5 Lachter lang.

H. In dieser Gegend findet man eine Art von Steinkohlen anstehend.

I. »Hier hat man biß vor ganzes Orth,

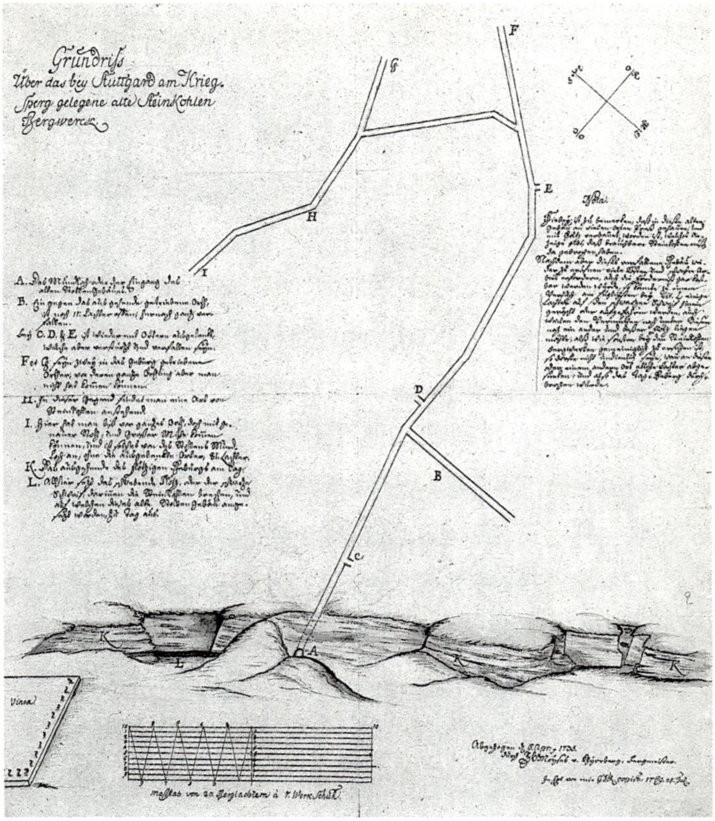

Der Grundriss des Kohlebergwerks am Kriegsberg nach einer 1769 angefertigten Kopie des 1735 von dem Bergmeister Moyses von Khyrrberg gezeichneten Plans. Die Eintragungen zu beiden Seiten erläutern Einzelheiten.

doch mit genauer Noth, und Großer Mühe kommen können, und ist solches von des Stollens MundLoch an, ohne die ausgelenkte Örter, 81 Lachter.« Ab der Abzweigung ist der Ort 18 Lachter lang.
K. »Das ausgehende des Flötzigen Gebürgs am Tag.«
L. »Allhier setzt das schwebende Flötz, oder der schwarze Schweif, darinnen die Steinkohlen brechen, und auf welchen dieses alte StollenGebäu angesezt worden, zu Tag aus.«

Im Riss von 1736 ist zusätzlich an der Grenze zwischen dem Birkenwäldchen und dem Krieger ein Punkt bezeichnet, »wohin der Schacht hat sollen gesezt werden, welcher vom Mund-Loch des alten Stollens 114 Lachter abgelegen« und neun Lachter höher liegen würde. An der Grenze vom Birkenwäldchen zum Himmelsberg beschreibt der Riss ein zu Tage ausstreichendes Kohlevorkommen, das aber »zu wenig Teuffe« habe.

In dem abgebildeten Riss ist links vorne übrigens mit »Vinea« und Weinstocksignatur ein Weinberg bezeichnet.

Zu den Begriffen sei erläuternd gesagt: Unter dem Mundloch versteht der Bergmann den Ansatzpunkt eines Stollens. Als Ausgehendes wird jener Teil einer Schicht bezeichnet, der am Berghang oder wegen der Neigung der Schicht zu Tage ausläuft. Mit dem Begriff Ort sind hier die vom Stollen abzweigenden Abbaustellen gemeint und mit Stollengebäu der Stollenbau. Als Flöz wird eine Kohle führende Schicht bezeichnet.

Die Angaben belegen eindeutig, dass 1735/36 unter Herzog Karl Alexander und 1769 unter Herzog Karl Eugen über eine Wiederaufnahme des Kohleabbaus zumindest gesprochen wurde. Sogar im 19. Jahrhundert schürften manche unternehmungslustige Esslinger noch nach Steinkohle und trieben 1832 am Eisberg und Zollberg Stollen in den Berg. Aber die Vorkommen waren einfach nicht ergiebig genug. 1837 schürften sie am Eisberg zum letzten Mal.

Außer dem Bergbau auf Kohle wurden bei Stuttgart übrigens auch Versuche zur Metallgewinnung betrieben. Der geringe Goldgehalt des Stubensandsteins bot im 16./17. Jahrhundert und möglicherweise auch schon früher Anlass für eine zeitweilige Goldwäscherei am Nesenbach bei Kaltental und am Krebsbach östlich von Esslingen, doch reich wurde dadurch niemand. Der kaiserliche Rat Georg Ludwig Lindenspür, 1607 in Stuttgart als Sohn des hiesigen Bürgermeisters Wolf Friedrich Lindenspür geboren, berichtete ausführlich darüber.

Die an der Grenze des Knollenmergels gegen den Lias alpha auftretenden Schnüre von Bleiglanz veranlassten Graf Ulrich den Vielgeliebten, 1460 das Schürfrecht auf Blei und Silber für den Bopser bei Degerloch zu vergeben. Wahrscheinlich hat der Silberwald an der Straße nach Sillenbuch danach seinen Namen. Herzog Friedrich ließ um 1600 erneut dort schürfen und außerdem 1608 durch böhmische Bergleute bei Feuerbach nach Kupfererz suchen, doch blieben diese Versuche gleichfalls ohne Erfolg.

Die erste Viehzählung in Stuttgart

Im 17. Jahrhundert ließ die Sauberkeit in Stuttgarts Straßen noch erheblich zu wünschen übrig. Als ein Reisender die Stadt 1691 wegen der Misthaufen an den Straßen und der auf den Straßen umherlaufenden Schweine als »sehr unflätig« bezeichnete, war das nicht aus der Luft gegriffen. Die ständig wiederholten Anordnungen der Landesherren, die Stadt sauber zu halten, erwiesen sich immer wieder nur als fromme Wünsche.

So schrieb zum Beispiel Herzog Eberhard III. am 22. Februar 1642 an den Magistrat, es sollten alle, die ihre Häuser auf der Mauer und zum Graben hin hätten, ihre Fenster vergittern, damit sie nichts hinauswerfen könnten. Schon am 4. April musste er allerdings feststellen, dass seine Befehle nicht genügend ausgeführt wurden und die Anwohner am Nesenbach noch immer »allen Unrath und Wuost darein hochstrefflich schitten thuen«.

Auch Herzog Friedrich Karl störte sich an den unhygienischen Verhältnissen in der Stadt. Deshalb ließ er 1679 ein stärkeres Gebot zur Straßensäuberung verkünden. Nur wenige Jahre später, 1684, störte es ihn, dass so viele Misthaufen an den Straßen seiner Landeshauptstadt lagen, wenngleich dies seit Jahrhunderten gang und gäbe war (siehe Seite 16). Er wollte sich einen Überblick über die Situation verschaffen und ordnete deshalb am 12. August 1684 an, sämtliche auf den Straßen liegenden Misthaufen in der Stadt zu zählen. Er verband dies mit dem Be-

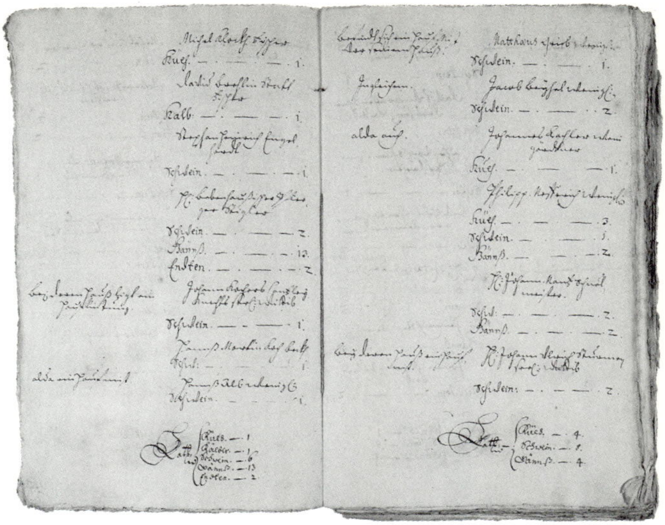

Eine Seite aus der Liste der Viehzählung von 1684. Unten ist jeweils die Summe aufgetragen, links in der Reihenfolge Kühe – Kälber – Schweine – Gänse – Enten. In der linken Spalte ist jeweils angegeben, wo sich Dunghaufen befinden, so links unten: »alda ein hauf mist«.

fehl, zugleich auch das Vieh in Stuttgart zu erfassen. Damit kam es zur ersten Viehzählung in der württembergischen Landeshauptstadt, die damals um die 12 000 Einwohner gehabt haben dürfte.

So zogen denn am 13. und 14. August 1684 drei Männer durch die Stadt und führten sowohl die Viehzählung wie auch die wohl einzige Registrierung der »Mistinen« durch. Die von ihnen aufgestellte lange Liste ist nach den drei Teilen Stuttgarts gegliedert, die als »Stadt« (= Oval des alten Kerns), Esslinger Vorstadt (um die Leonhardskirche) und »Turnieracker« (um die Liebfrauen-/Hospitalkirche) bezeichnet sind. Bemerkenswert erscheint darin der Begriff »Stadt«, der eine höhere Bewertung des alten Kerns vermuten lässt.

Insgesamt erfassten die Zähler 805 Gebäude sowie an Tieren vier Ochsen, 217 Kühe, 65 Kälber, 1125 Schweine, 769 Gänse, 397 Enten, dazu 157 »Mistinen«. Erfasst wurden also nur Rinder, Schweine und Federvieh ohne die Hühner. Bei vielen Hausbesitzern sind die Berufe angegeben, was interessante Rückschlüsse zu ziehen gestattet. Leider sind sie nur bei 65 Prozent genannt und bei den Witwen die Berufe der verstorbenen Ehemänner ebenfalls nur teilweise, so dass man die Aussagen mit etwas Vorbehalt betrachten muss.

Schon die grobe Übersicht zeigt deutliche Unterschiede zwischen den Stadtteilen. Leider lassen sich die registrierten Gebäude nicht genau lokalisieren.

Auch aus diesem Grunde kann die Struktur der Stadt nur in einem groben Überblick gezeichnet werden. Zudem sind Pferde, Schafe und Ziegen nicht erfasst. Das erklärt, warum Dunghaufen auch bei elf Bürgern gefunden wurden, die gar kein Rind- und Borstenvieh, wohl aber Pferde besaßen, nämlich in der Innenstadt sechs, in der Esslinger Vorstadt einer und in der Turnieracker-Vorstadt vier. Unter ihnen war auch der Obristleutnant Andreas Kieser, der damals die Forste des Landes vermaß. Beim Haus des Calwer Boten wurde notiert: »Vieh 0, aber ein Pferdt Mistin vorm Hauß«.

Die Ergebnisse der Mistinen- und Viehzählung in Stuttgart 1684

	»Stadt«		Esslinger Vorstadt		Turnieracker		Insgesamt	
	absolut	Prozent	absolut	Prozent	absolut	Prozent	absolut	Prozent
Gebäude	199	24,7	293	36,4	313	38,9	805	100
Mistinen	59	37,6	64	40,8	34	21,7	157	100
Ochsen					4	100,0	4	100
Kühe	50	23,0	93	42,9	74	34,1	217	100
Kälber	9	13,8	38	58,5	18	27,7	65	100
Schweine	278	24,7	429	38,1	418	37,2	1125	100
Gänse	106	13,8	189	24,6	474	61,6	769	100
Enten	52	13,1	76	19,1	269	67,8	397	100

Schafe durften damals in Stuttgart nicht gehalten und mussten deshalb nicht gezählt werden. Im Ehehaftenbuch der Stadt von 1508 hieß es, es dürfe »niemand der Bürger oder Innsäßer allhir Einige Schaaf in Stuttgardter Zwing und Bann waiden, häbern oder erhalten«. Trotzdem trieben Metzger Schafe – zumindest bis zum Schlachten – auf die Weide, was um 1720 zu einigen Auseinandersetzungen führte.

Nur bei einem einzigen Hausbesitzer sind weder eine Dungliege noch ein Stück Vieh erwähnt. Leider geht aus den Unterlagen nicht hervor, ob er der Einzige in der Stadt war, für den dies galt, oder ob er nur versehentlich in die Liste aufgenommen wurde und die Zähler ansonsten solche Fälle gar nicht registrierten.

Vergleicht man die in unserer Übersicht angegebenen Prozentzahlen, so wird deutlich, dass der Anteil der Kühe, Kälber, Schweine und Dunglegen in der Esslinger Vorstadt erheblich höher war als der Anteil der Gebäude. Federvieh wurde hingegen vor allem in der Turnieracker-Vorstadt gehalten. Das Viertel um die Leonhardskirche war also unter den drei Stadtteilen am stärksten agrarisch ausgerichtet. Dort hatten auch die meisten Weingärtner ihr Zuhause. Der Begriff »Bauer« erscheint in den Listen zwar nicht, doch wurde durchaus auch etwas Ackerbau betrieben, wenngleich er eine untergeordnete Rolle spielte. Es gab ja, wie ein Plan von 1761 zeigt, bis dahin auch einige Scheunen sogar in der »Stadt«.

Untersucht man die Zählliste näher nach Stadtteilen und Berufen, so zeigt sich, dass der Bestand an Rindern bei den Weingärtnern überdurchschnittlich groß war, während weder ein Bäcker noch ein Schuhmacher auch nur ein einziges Rind besaßen. Die Herren Räte in der Reichen Vorstadt, wie die Turnieracker-Vorstadt später genannt wurde, hatten ebenso keine Rinder. Hoch war der Anteil auch bei den Metzgern.

Andererseits fällt ein überdurchschnittlich hoher Schweinebestand bei den Bäckern auf, ja es gab keinen Bäcker, der nicht mindestens ein Schwein hielt. In der Esslinger Vorstadt brachten es von 16 dort ansässigen Bäckern fünf auf sieben bis neun Schweine, einer sogar auf 15 Tiere. Warum waren die Zahlen gerade dort so hoch? Wohnten dort die bedeutendsten Bäcker der Stadt? Auch bei den Metzgern und den Räten war der Schweinebestand

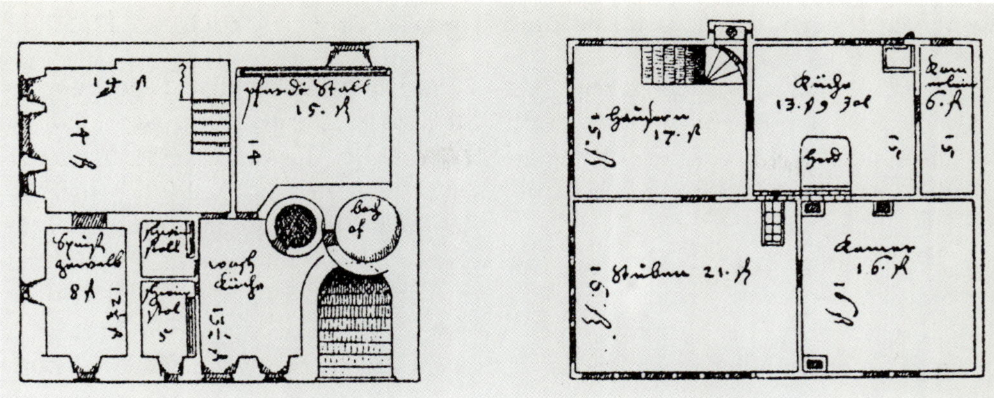

Der Grundriss des Hauses von Heinrich Schickhardt zeigt im Erdgeschoss (links) oben rechts einen Pferdestall, unten in der Mitte zwei Schweineställe und rechts bei der Treppe den Backofen.

relativ groß, lag dagegen bei den Weingärtnern unter dem Durchschnitt.

Bei der Gänsehaltung und erst recht bei den Enten hoben sich die Sekretäre und Räte durch einen höheren Tierbestand ab, während die Bäcker und noch mehr die Weingärtner weniger Federvieh hielten.

Offenbar gab es nicht überall abgesonderte Stallgebäude, sondern man hatte die Ställe teilweise im Erdgeschoss und die Wohnungen im Stockwerk darüber. So zeigt der von Heinrich Schickhardt aus dem Jahre 1596 überlieferte Grundriss seines Hauses im Erdgeschoss einen Pferdestall und zwei Schweineställe. Über Ersterem lag im Obergeschoss die Küche, über Letzteren ein Zimmer. Dass man Schweine frei auf den Straßen herumlaufen ließ, ist noch für 1708 belegt (siehe Seite 52).

Auch andere Honoratioren der Stadt hielten Vieh. Baumeister Matthias Weiß, der in der Esslinger Vorstadt wohnte, hatte eine Kuh und vier Schweine, Bürgermeister Rheinwald ebenda zwei Schweine, Dr. Johann Sebastian Schickhart in der Turnieracker-Vorstadt zwei Kühe und zwei Schweine, und Kirchenratsdirektor Dr. Bardili, der ebenfalls in der Turnieracker-Vorstadt wohnte, hielt vier Schweine, fünf Gänse und sechs Enten.

Die Verteilung der »Mistinen« in der gesamten Stadt entsprach 1684 etwa der des Großviehs. Ihre Zahl war bei Weingärtnern und hier vor allem in der Esslinger Vorstadt besonders groß. Immerhin lag mit 40 von 157 gut ein Viertel aller Mistinen vor Weingärtner-Häusern. Das überrascht nicht, brauchten die Wengerter doch den Dung für ihre Rebenlagen. Zudem bestätigen die für »Witwen« in der Liste genannten Zahlen, dass die Viehwirtschaft auch nach dem Tode des Familienoberhaupts unverändert weitergeführt wurde. Bei einem Misthaufen war übrigens vermerkt: »worüber sich die Nachbarn beklagen«, und bei einem anderen hieß es, die Kloake laufe bis auf die Gasse.

Das aufschlussreiche Dokument belegt, dass Stuttgart am Ende des 17. Jahrhunderts als damalige Mittelstadt noch stark agrarisch geprägt war. Ob aus der Zählung Schlussfolgerungen gezogen wurden, geht aus den Akten nicht hervor.

Von Maulbeerbäumen und Seidenraupen

Mehrmals versuchten Landesherren und teilweise auch Unternehmer im 17. bis 19. Jahrhundert, die Erzeugung und Verarbeitung von Seide in Stuttgart und in der Umgebung heimisch zu machen. Das ging jeweils einige Zeit lang gut, doch jedes Mal scheiterte der Versuch letztendlich. Nur der Name der Seidenstraße erinnert noch an eine der früher hier gepflanzten Maulbeer-Plantagen.

Bereits im Jahre 1595 ließ Herzog Friedrich I. für die Zucht von Raupen des Seidenspinners im so genannten Pomeranzengarten, einem Teil des herrschaftlichen Lustgartens, die hierfür notwendigen jungen Maulbeerbäume setzen. Außerdem bestellte er einen Maulbeer-Gärtner, einen Meister für Seidenwürmer, Meister und Meisterin für die Filatorien (Fabriken), mehrere Weber, Seidenfärber, Aufseher und anderes Personal (darunter mehrere Italiener) und ließ im Stockgebäude die Manufaktur einrichten. 1601 nahmen Spinnerei und Färberei den Betrieb auf. Als Oberinspektor fungierte Hofrat Benjamin Bouwinghausen von Wallmerode. Um 1600 sollen auch auf dem Gelände des Oberen Sees, der 1581 aufgelassen worden war, Maulbeerbäume gesetzt worden sein, das heißt etwa am Berliner Platz. 1608 wurden auf der Baumreute im Eiernest ebenfalls solche Bäume gepflanzt.

Im Jahre 1601 befahl der Herzog den Städten und Ämtern, jeweils zwei arme Kinder zur Ausbildung in die Manufaktur zu schicken. Tatsächlich begannen 1602 insgesamt 53 Kinder mit der Arbeit, doch viele machten sich heimlich auf und davon, so dass 1607 nur noch 16 Kinder in der Manufaktur waren.

Im Jahre 1602 übergab der Herzog die Manufaktur an eine privilegierte und von Steuern und Abgaben freigestellte Gesellschaft, an der er auch selbst beteiligt war. Zu ihrem Leiter bestellte er den Italiener Cäsar Morelli aus Ferrara. Neben dem jährlichen Hauszins von 50 Gulden forderte der Herzog für seinen Anteil von jedem Ballen Seide einen Königstaler und 1/9 des Gewinns. Hauptabnehmer der Seide war der herzogliche Hof. Die Bürger rief Herzog Friedrich 1603 auf, nicht mehr ausländische, sondern nur noch einheimische Seide zu kaufen.

Im Jahre 1611 löste der Herzog die Gesellschaft auf – sie war nämlich in die roten Zahlen geraten – und erstattete jedem Mitglied seinen Anteil. Allein die Spinnerei wurde, bis zu ihrer Schließung 1632, weiter betrieben.

Eine neue Periode begann 1699. Glaubensflüchtlinge pflanzten Maulbeerbäume unter anderem bei Stuttgart, Cannstatt und Berg und begannen, Seidenraupen zu züchten. Die Bäume standen auf der Prag und unterhalb des einstigen Wasserturms im Stöckach. Zur Produktion kam es offenbar jedoch nicht.

1721 wurde unter der Leitung des Professors Mequillot abermals eine Gesellschaft gegründet, die eine Seidenfabrik betreiben sollte. Die Regierung half, indem sie dem Unternehmen alle Maulbeerpflanzungen abtrat (soweit sie nicht in privatem Besitz waren) und in Stuttgart, Ludwigsburg und andernorts Plätze für Baumschulen überließ. Zudem schenkte sie der Gesellschaft Land für neue Anpflanzungen, überließ ihr unentgeltlich Zaun-Holz, gewährte eine zehnjährige Abgabenfreiheit und befahl, auf den Rathäusern Räume für die Raupenzucht bereit zu stellen. Überall im Herzogtum Württemberg, wo es angebracht erschien, wurden Maulbeerbäume gesetzt. Zur Eröffnung einer Manufaktur kam es aber auch diesmal nicht.

Nur wenige Jahre später, nämlich 1729, nahm Johann Peter Rigal, ein aus dem Languedoc stammender Glaubensflüchtling, in Stuttgart die Seiden- und Kastor-Strumpf-Weberei auf (Kastor ist ein Tuch aus bestem Wollstreichgarn). Als dann im Jahre 1735, nach der Übernahme der Regierung durch Herzog Karl Alexander, eine »Seiden- und Castor-Kommerzien- und Manufakturen-Kompagnie« gegründet wurde, übernahm Rigal den Posten des Direktors und des Oberaufsehers über alle württembergischen Maulbeerpflanzungen. Der Herzog gewährte ihm nicht nur einen beachtlichen Vorschuss, große Vergünstigungen und ein Privileg, sondern auch Abgabenfreiheit und 1738 das Monopol.

Am Rotebildtor (Rotebühltor) errichtete man (auf dem Platz der heutigen Rotebühlkaserne) eine Seidenmanufaktur und legte hinter ihr einen Maulbeergarten an, der sogar in Johann Adam Riedigers Stadtplan von 1743 verzeichnet ist. Die neue Gesellschaft wollte innerhalb von vier Jahren eine halbe Million Maulbeerbäume pflanzen. Die Regierung verlangte von den Gemeinden, die Allmenden ebenfalls mit Maulbeerbäumen zu bestocken.

Nach anfänglich reger Tätigkeit schrieb das Unternehmen, trotz neuer Darlehen, infolge von Schlampigkeit schon nach acht Jahren rote Zahlen und war nach 14 Jahren zahlungsunfähig. Deshalb übernahm Herzog Karl Eugen 1749 den Betrieb selbst, um ihn zu erhalten. Das Hauptgebäude der Manufaktur

In einer chinesischen Seidenmanufaktur werden Kokons gewogen.

wurde jetzt in eine Kaserne umgewandelt (die 1791 teilweise abbrannte und 1827 bis 1843 durch den heutigen Bau ersetzt wurde).

Im Jahre 1751 übernahmen die Kommerzienräte Christian Jakob Rheinwald und Christoph Wilhelm Finckh von der Heidenheimer Leinwand-Kompagnie den Betrieb. Sie erhielten für 25 Jahre die gleichen Vorrechte wie die Gesellschaft davor, nämlich Privileg, Steuer- und Abgabenfreiheit, sowie einen beträchtlichen Zuschuss und übernahmen für 5000 Gulden Geräte und Färberei. Zudem erwarben sie die Pflanzungen und Räumlichkeiten für die Seidenraupenzucht in Maulbronn, Groß-Villars und Ludwigsburg sowie sechs Morgen vor dem Bollwerk. Nach der dort angelegten Maulbeer-Plantage erhielt das Gebiet den Namen »In den Seidengärten« (heute Seidenstraße). In Berg baute die Gesellschaft 1754 am Mühlkanal ein sechsstöckiges Gebäude mit einer Seidenfabrik, das Filatorium. Die Energie zum Antreiben der Haspel lieferte ein großes Wasserrad. Das Geschäft blühte auf, und 1755 waren in dem Betrieb 297 Personen beschäftigt, davon ein Viertel Kinder. Das war für die damalige Zeit ein Großbetrieb! Bis 1755 verkaufte die Gesellschaft allein ins Ausland mehr als 9000 Paar Seidenstrümpfe.

Die für die Raupenzucht notwendigen Bäume wurden in Mailand erworben und im ganzen Land gesetzt. Bis 1755 waren in 30 Oberämtern 15 141 Stück »schön angewachsen«. Der Herzog ordnete am 23. Oktober 1755 sogar an, »zu mehrerer Emporbringung der Seiden-Cultur« an allen neugemachten Straßen zu beiden Seiten im Abstand von jeweils 16 Fuß Maulbeerbäume zu setzen. Sie sollten denen gehören, auf deren Grundstücke sie zu stehen kamen, und diese Personen sollten sie auch pflegen. Im Jahr darauf setzte der Landesherr zwei Prämien aus: Eine für den, der die meiste Seide produzierte, und eine für denjenigen, der die meisten Bäume pflanzte. 1759 rief der Herzog abermals dazu auf, nur einheimische Seide zu kaufen, damit nicht ein Einfuhrverbot verhängt werden müsse.

Aber der Absatz und die Pflege der Kulturen blieben unzureichend. Offenbar mangelte es an der nötigen Sorgfalt, denn schon 1759 waren von den 69 Webstühlen nur noch 42 in Betrieb, das Filatorium stand oft still, und die Zahl der Beschäftigten betrug nur noch 68. So konnte sich das Unternehmen nicht halten und ging schließlich 1767 mit ihrer Mutterfirma, der Heidenheimer Leinwand-Kompagnie, in Bankrott, das Filatorium in Berg verfiel.

In Cannstatt wurde 1756 ebenfalls mit der Zucht von Seidenraupen und der Seidenfabrikation begonnen. Die Cannstatter Fabrik stand 1786 aber ebenfalls still. Von den 1750 bis 1755 gesetzten 18 807 Bäumchen waren 14 359 bis zum Jahr 1755 bereits wieder eingegangen. 1767 fand sich der Stadtrat bewogen, so heißt es in der Oberamtsbeschreibung von 1832, »die Maulbeerbäume umhauen zu lassen, welche in großer Zahl vorhanden waren«. 1351 Gulden hatte die Stadt für die Plantage aufgewendet, aber in einem Jahr nur 19 Gulden Gewinn gehabt. Zwar gab es für das Abschlagen dann eine Strafe, das Holz war inzwischen jedoch bereits verkauft. 1768 gewannen drei Cannstatter Bürger 341,5 Pfund Kokons, Anfang des 19. Jahrhunderts war die Raupenzucht dann gänzlich eingestellt worden.

Nochmals eine Blüte erlebte die Seidenraupenzucht in der ersten Hälfte des 19. Jahrhunderts. Im Jahre 1830, in einer Phase wirtschaftlicher Belebung, wurden im landwirtschaftlichen Versuchsgarten der Tierarzneischule (an der Neckarstraße) Maulbeerstämmchen gesetzt, auf der Feuerbacher Heide eine städtische Maulbeer-Pflanzschule eingerichtet und bald auch wieder eine Seidenfabrik eröffnet. Auch in Hohenheim nahm man die Kultur von Maulbeerbäumen auf und setzte um den Botanischen Garten herum eine Maulbeerhecke. An der Landwirtschaftlichen Akademie fanden 1840 bis 1880 sogar Lehrgänge für Seidenraupenzucht statt und wurde 1847 eine »Seiden-Abhaspelungsanstalt« eingerichtet.

Um diesen Wirtschaftszweig voranzubringen, wurde 1846 ein Seidenzucht-Verein gegründet. Er wurde vom König Wilhelm I. und von der Kronprinzessin

Olga gefördert und von der Zentralstelle für Landwirtschaft unterstützt. Dieser Verein vergab sogar Preise für die Maulbeerbaum- und die Seidenraupen-Zucht. Gemeinsam mit der Kronprinzessin Olga und dem Bezirks-Armenverein setzte er 1848 in Plattenhardt auf einem Allmendplatz eine größere Zahl von Maulbeerbäumen und -büschen.

Doch auch diesen Unternehmen war kein dauerhafter Erfolg beschieden. 1880 wurde die Zucht aufgegeben.

Auch Stuttgart und Cannstatt hatten eine Seilerbahn

Die Seiler waren in Stuttgart und Cannstatt nie in großer Zahl vertreten. Dennoch hatten sie – zumindest zeitweise – eine Seilerbahn vor der Stadt. Die Stuttgarter Bahn ist jedoch in keinem der älteren Stadtpläne bezeichnet und in den Ortsbeschreibungen nicht erwähnt. Kein Wunder also, dass sie in Vergessenheit geraten ist. Anders in Cannstatt, wo die 1908 benannte Seilerstraße daran erinnert, dass an ihrem Ende einst der »Seilerwasen« lag.

Für Stuttgart sind die Seiler erstmals 1393 erwähnt, mit Sicherheit aber schon früher hier tätig gewesen. Im Jahre 1591 erhielten sie eine eigene Zunftordnung, eine neue am 6. Februar 1660. Die Zahl der Seiler war jedoch nie sehr groß: Für die Jahre 1618 und 1654 werden in der Beschreibung des Stadtdirektions-Bezirkes von 1856 fünf, für 1727 acht und für 1760 sieben Seiler angegeben. Gegen Ende des 18. Jahrhunderts belief sich ihre Zahl auf zehn bis zwölf; 1852 waren es sieben Meister und acht Gesellen. Sie waren zahlenmäßig also nicht bedeutend. Die Frage ist: Wo lag die Bahn, auf der sie ihre Seile schlugen?

Bei der Durchsicht unveröffentlichter alter Karten und Pläne von Stuttgart fand der Verfasser 1982 eine Skizze des unteren Dobelbachs von 1777. Diese war angefertigt worden, weil der Bach bei starken Regengüssen mit seinen Wasser- und Schuttmassen die Bauten der Militärakademie gefährdete und man Sicherungsmaßnahmen plante. In der Zeichnung ist nördlich der heutigen Charlottenstraße – auf der rechten Seite des damals noch offenen Dobelbachs – eine schräg zum

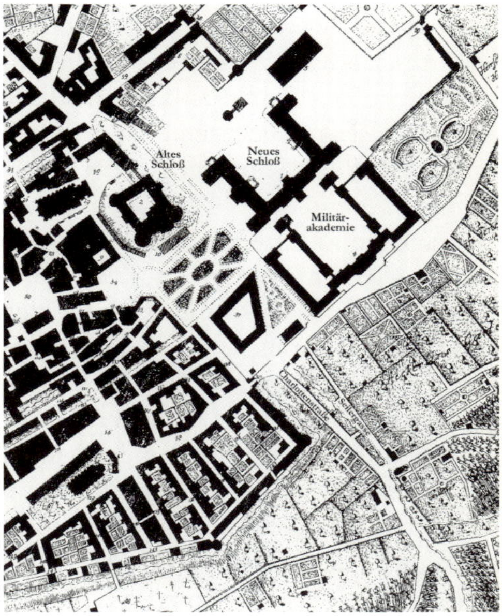

Ausschnitt aus dem »Grundriß der Herzoglich Wurttemberg. Haupt und ersten Residenz Stadt Stuttgardt« von Johann Ludwig Roth aus dem Jahre 1780. Im Gebiet rechts unten erkennt man die spätere Charlottenstraße und etwas darüber die Seilergasse.

Hauptverkehrsweg, jedoch geradlinig verlaufende Gasse verzeichnet und als »Sailer Gäßlein« bezeichnet.

Diese Gasse begann nahe dem heutigen Olgaeck an der jetzigen Olgastraße, die damals noch »untere Esslinger Staig« hieß. Im heute von der Allianz Versicherung überbauten Bereich verbreiterte sie sich bis zur Urbanstraße zu einem lang gezogenen Dreieck. Eine schmale gerade Fortsetzung endete am heutigen Charlottenplatz etwa dort, wo jetzt das Wilhelmspalais steht. Das Gebiet lag damals vor den Mauern und Toren der Stadt.

Nachdem die Seilerbahn in der Lageskizze entdeckt war, galt es auch andere Pläne daraufhin zu prüfen. Der berühmte Stich von Matthäus Merian aus dem Jahre 1638 zeigt die Seilerbahn nicht, und auch in den von Heinrich Schickhardt (gestorben 1634) verfertigten Plänen sucht man sie vergebens. Im Jahre 1743 aber muss die Seilergasse dort bestanden haben; denn in dem damals von dem Geometer Johann Adam Riediger gezeichneten Plan ist sie enthalten. Ebenso findet man sie in allen danach angefertigten Plänen, ob sie gedruckt wurden oder nicht. Allerdings ist die Seilergasse in keinem anderen Plan benannt, auch nicht von Johann Ludwig Roth, der seinen hübschen Stadtplänen von 1772, 1775, 1780 und 1782 jeweils ein Straßenverzeichnis beifügte. Sie könnte sogar schon in einer Karte von 1712 enthalten sein, wenn man einen nördlich des Dobelbachs eingetragenen Weg als nicht ganz lagetreu wiedergegeben ansieht.

In den Jahren 1780/81 baute sich Major Reinhard Ferdinand Heinrich Fischer, der Hofbaumeister des Herzogs Karl Eugen, an der Ecke Charlottenstraße – Konrad-Adenauer-Straße ein prächtiges Wohnhaus, das er 1783/84 noch erweiterte. Dazu wurde ihm das unterste Ende der Seilerbahn überlassen, die dadurch zu einer Sackgasse wurde.

Bald danach muss die Bahn aufgelassen worden sein. In einem Grundriss der unteren Charlottenstraße von 1812 ist nämlich der untere Abschnitt als »ehem. Seilergäßle« bezeichnet. Der obere Abschnitt erschien noch auf der 1826/28 aufgenommenen Topographischen Karte der amtlichen Landesvermessung, diente wahrscheinlich aber schon nicht mehr den Seilern zur Ausübung ihres Berufs. Offenbar wurden um diese Zeit öffentliche Wege als Seilerbahnen benutzt. Zumindest wurde darüber verhandelt; denn im Stadtarchiv gab es dazu besondere Akten, die leider im letzten Weltkrieg verbrannt sind.

Zumindest einige der Seiler waren schon zu jener Zeit, als Major Fischer sein Haus baute, gar nicht mehr auf der Seilerbahn tätig. Das geht aus einer Eingabe des Handelsmanns Landauer vom 27. August 1777 und der darauf folgenden Korrespondenz hervor. Danach drehte Seilermeister Wolfgang Lachenmayer bereits im Vorjahr, als Landauer einen auf der Leimengrube (Marienstraße) gelegenen Garten kaufte, seine Seile im Folterturmgässle, das sich zwischen der Stadtmauer und dem noch innerhalb der Mauer gelegenen Garten befand. Landauer beklagte sich nun, dass der Seiler ihm die Zufahrt zum Garten blockiere und mit Grobheiten nicht spare. Er bat, dem Seiler einen anderen Platz anzuweisen. Lachenmayer und sein Kollege David Börith konterten, sie würden die Gasse mit Genehmigung des Magistrats benutzen. Lachenmayer bezahlte dafür auch jährlich zwölf Kreuzer Zins. Es habe, so die beiden Seiler, vorher auch keine Probleme gegeben, bis

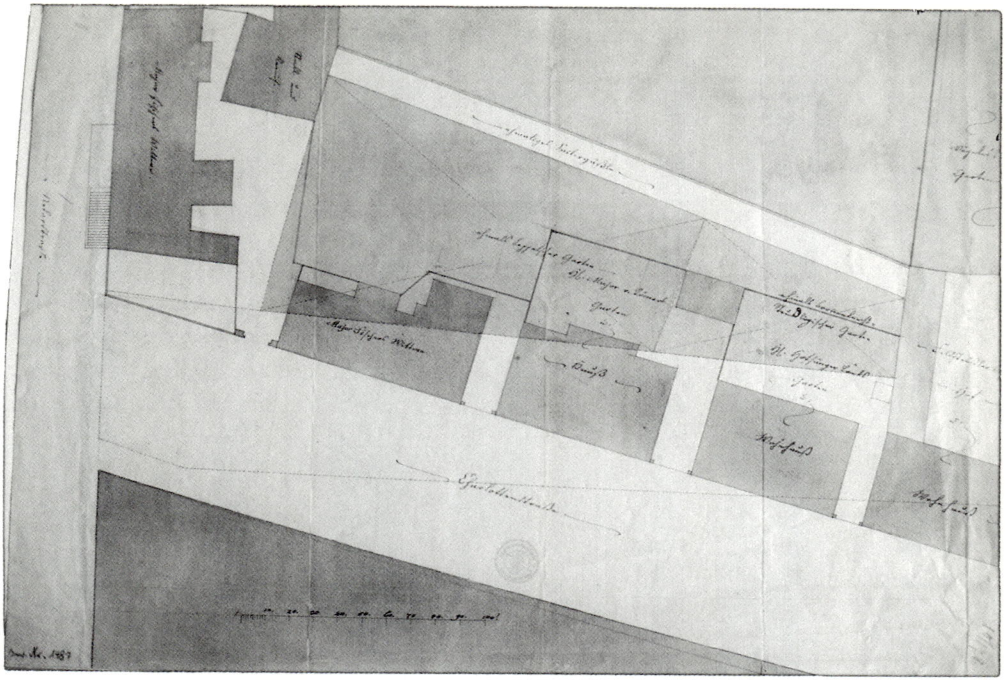

Die untere Charlottenstraße nach 1812. Im oberen Teil das »ehemalige Seilergässle«.

Landauer mit Drohungen angefangen habe. Schließlich kam es zu einem Kompromiss: Die beiden Seiler waren bereit, ihre Spann- und Dreharbeit künftig auf der Allmende und in der Allee beim Feuersee auszuführen, und Landauer übernahm Lachenmayers Geschirr-Hütte, die sonst für teures Geld hätte versetzt werden müssen.

Aus Cannstatt liegt eine Nachricht über das Seilergewerbe bereits aus dem Jahre 1591 vor. Als damals landesweit über die Seiler-Ordnung verhandelt wurde, bemerkten die Cannstatter Meister, sie sähen es nicht gerne, dass auch der Seiler zu Untertürkheim einen Lehrjungen annehmen dürfe. Ansonsten sind die Angaben für Cannstatt ebenso dürftig wie für Stuttgart. Um 1830 waren, der alten Beschreibung des Oberamts von 1832 zufolge, sieben Meister und vier Gesellen tätig; die Oberamtsbeschreibung von 1895 gibt für Cannstatt sechs und für Untertürkheim zwei Seiler an. Laut Dr. Heinz Schrag gingen auf dem Seilerwasen noch um 1930 Seiler ihrer Arbeit nach.

Verkehrsprobleme anno dazumal

Ein Kanal nach Stuttgart und ein Kran für Cannstatt – Von Flößerei und Schifffahrt auf dem Neckar

Man schrieb den Juni 1735, als sich Herzog Karl Alexander wegen des Ansinnens, einen Kanal vom Neckar nach Stuttgart zu bauen, an den Geheimen Rat wandte. Er hatte sich berichten lassen, dass ein solcher Kanal für die Residenz zu Stuttgart von nicht geringem Nutzen sein würde. Nun forderte er das Ratskollegium auf, den Gedanken zu diskutieren und ein Gutachten über Ausführung und Kosten zu erstellen. Immerhin setzte er 1736 die verfallene Scheiterholz-Flößerei auf der Rems wieder in Gang.

Der Vorschlag, einen Kanal vom Neckar zur Landeshauptstadt zu bauen, stammte von Anton von Herborth, der früher in Bern tätig gewesen und 1734 in württembergische Dienste getreten war. Er war hier Kammerjunker und Major, als der Herzog ihn im Mai 1735 zum Oberbaudirektor ernannte und ihm die Oberinspektion über das gesamte Bauwesen übertrug. Herborth hatte bereits Erkundigungen bezüglich eines Kanalbaus eingeholt, doch sind darüber leider keine Aufzeichnungen erhalten. Auch ein Bauplan liegt nicht vor.

Den Vorteil, den ein direkter Wasserweg nach Stuttgart bieten würde, sah der Herzog in dem bequemeren Transport

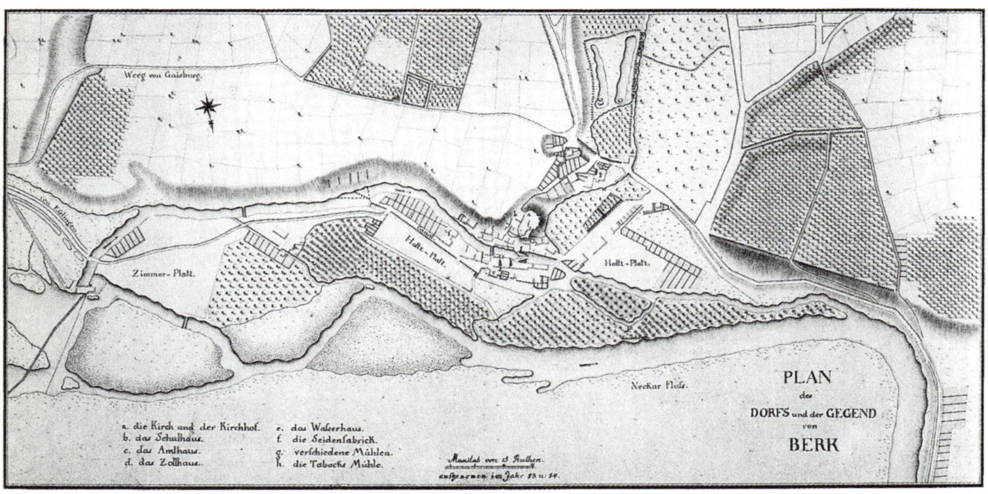

Der »Plan des Dorfs und der Gegend von Berk« aus den Jahren 1783/84 gibt Aufschluss über die Lage zweier Holzplätze. Der erste befand sich rechts des Floßkanals (in der Mitte der Zeichnung). Ihm gegenüber lag die Seidenfabrik. Der zweite Holzgarten befand sich unterhalb der Mühlen links des Mühlkanals.

von Holz, sowie von »Victualien« (Lebensmitteln), Waren und anderem. An dieser Aufzählung ist die Reihenfolge interessant: Das Holz steht an erster Stelle.

Man muss sich in diesem Zusammenhang den damaligen Zustand der Fernstraßen vor Augen halten – er war alles andere als gut – wie auch die territoriale Zersplitterung bedenken. Der große Bedarf der wachsenden Residenzstadt an Bau- und Brennholz war aus dem Wald der Umgebung nicht mehr zu decken. Eine Anfuhr auf dem Landweg war nicht nur umständlich, sondern vor allem, angesichts des Holzpreises, viel zu teuer. Deshalb wurde der Neckar für den Holztransport genutzt. Schon am 17. Oktober 1458 hatten Württemberg, die Reichsstadt Esslingen und Österreich (für die Grafschaft Hohenberg) einen Vertrag abgeschlossen, der jeden Beteiligten verpflichtete, den Fluss für die Flößerei herzurichten und die Durchfuhr der Flöße zollfrei zu gestatten. Dieser Vertrag wurde wiederholt erneuert, zuletzt 1664 und dann – bereits nach Herzog Karl Alexanders Tod – im Jahre 1740. Nach diesen Verträgen durften die Flöße auf dem Neckar zehn Fuß breit (2,80 Meter) und 930 Fuß lang (266 Meter) sein. Hauptlieferant war der Schwarzwald bei Dornstetten, von wo das Holz über die Glatt zum Neckar gelangte. Ein Teil wurde in Berg aus dem Wasser gezogen und im Holzgarten gelagert, einiges auch bereits in Berg gesägt. Ein anderer Teil schwamm weiter flussabwärts.

Mindestens ebenso wichtig, wenn nicht gar wichtiger war die seit dem 16. Jahrhundert jeweils im Frühjahr betriebene Flößerei von Brennholz, das in etwa 1,10 bis 1,40 Meter langen Scheiten verfrachtet wurde. Dieses Holz stammte

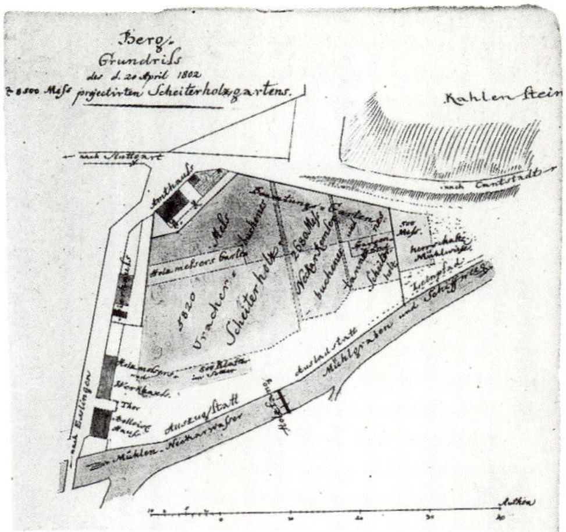

Der 1802 von Oberwasserbaudirektor Duttenhofer gezeichnete Plan des Holzgartens in Berg zeigt die Lage der Ausziehstelle für das Holz von der Alb und der Ausladestelle für das von Neckarrems gebrachte Holz.

aus zwei Gebieten: aus dem Uracher und aus dem Schorndorfer Forst. Das Holz aus dem Letzteren wurde anfangs auf der Fils, später auf der Rems geflößt.

Als Herzog Eberhard III. 1668 befahl, über die Erms Brennholz nach Stuttgart zu flößen, schlug Expeditionsrat Johann Christoph Walter vor, in Berg wenigstens die Hälfte der Spittelerschen Wiesen zu kaufen, um dort eine „Ausziehanstalt" einzurichten. Das dürfte der Anfang des Holzgartens in Berg gewesen sein.

Das auf der Alb um Urach eingeschlagene Holz wurde mit Schlitten und Fuhrwerk und ab 1680 über eine Rutsche, die gegenüber vom Schloss an den Hang gebaut war, von der Höhe hinab ins Tal gebracht. Im Frühjahr wurde es in die Erms geworfen und in Berg durch einen Rechen aufgefangen, aus dem Wasser gezogen und im Berger Holzgarten gestapelt. Das über die Rems geflößte Scheiterholz wurde in Neckarrems aufgefangen,

Um 1780 malte Adolf Friedrich Harper den Blick vom Kahlenstein (heute Rosenstein) auf den Ort Berg. Im Mittelgrund erkennt man den großen Holzgarten. Links daneben treffen sich der Floßkanal und der Mühlkanal (mit der Brücke). Der Neckar ist weiter links sichtbar.

zwischengelagert und nach und nach auf Schiffen neckaraufwärts nach Berg getreidelt. Da wäre es zweifellos von Vorteil, könnte man die Schiffe direkt bis nach Stuttgart ziehen lassen.

Über den Umschlag des Brennholzes in Berg informiert uns ein Plan des damaligen Oberwasserbaudirektors Karl August Friedrich Duttenhofer vom Jahre 1802. Darin ist etwa in der Mitte des Holzgartens ein »Holzfang« eingezeichnet, der dazu diente, das von Urach kommende Holz aufzufangen. Oberhalb davon lag die »Auszugstelle«, an der dieses Holz aus dem Wasser geholt wurde. Unterhalb des Holzfangs sind die »Ausladestelle« für die von Remseck kommenden Schiffe und der Leinpfad verzeichnet. Der Holzgarten war der Beschriftung nach unterteilt in Flächen für »5820 Meß Uracher buchenes Scheiterholz« und 2680 Meß Neckarremser »buchenes und tannenes Scheiterholz«. (1 Mess oder Klafter entsprach 3,386 Raummeter.) Die von der Alb gekommene Menge war also mehr als doppelt so groß wie die aus dem Schorndorfer Forst. Zwei Zusatzplätze gestatteten die vorübergehende Lagerung weiterer kleinerer Mengen.

Das in Berg gestapelte Brennholz diente in erster Linie zum Heizen der herrschaftlichen und staatlichen Gebäude, zum Beispiel des Schlosses und der Kasernen. Ein Teil wurde den staatlichen Bediensteten als Deputat gegeben, ein weiterer Teil verkauft.

Wenn zur Begründung des Projekts auch der Transport von Lebensmitteln genannt wurde, so ist dabei vor allem an Getreide zu denken. Der Ackerbau spielte in Stuttgart ja nur eine untergeordnete Rolle. So umfassten Weinberge und -gärten auf der Stuttgarter Gemarkung 1723/24 rund 832 Hektar, Äcker aber nur 172 Hektar. Getreide musste also von auswärts herangefahren werden.

Schließlich hätte durch das Projekt Stuttgart auch an die Neckar-Frachtschifffahrt, die seit dem Ausbau des Neckars durch Herzog Eberhard Ludwig 1712/13 bis nach Cannstatt möglich war, angeschlossen werden können. Der Wasserweg hatte allerdings keine große Bedeutung, wenngleich 1743/44 in Cannstatt zum Be- und Entladen der Schiffe ein Kran aufgestellt wurde.

Warum die interessante Idee nicht weiter verfolgt wurde, ließ sich bisher nicht ermitteln. Vielleicht war mit ein Grund, dass der Oberbaudirektor Herbort 1736 als Kommandant auf den Hohenneuffen versetzt wurde. Vor allem aber dürften die zu erwartenden hohen Kosten die Ausführung verhindert haben. Dennoch ist der Plan interessant, weil er ein Schlaglicht auf die Verkehrsverhältnisse zu jener Zeit im Stuttgarter Raum wirft. Das gilt auch für den Bau des Krans in Cannstatt.

In den Jahren 1712/13 hatte Herzog Eberhard Ludwig durch den Kammerpräsidenten von Tessin den Neckar zwischen Heilbronn und Cannstatt für die damaligen Neckarkähne schiffbar machen lassen und damit der Wirtschaft

Das Modell des Heilbronner Krans im Neckar-Museum in Heilbronn zeigt, wie der Kran von Cannstatt wahrscheinlich ausgesehen hat.

Der Kran von Heilbronn um 1842. Er diente als Vorbild für den Kran in Cannstatt.

Der Hafen von Cannstatt in der ersten Hälfte des 19. Jahrhunderts. Rechts das Lagerhaus, dahinter der Kran, links die Zais'sche Türkischrot-Färberei und Baumwoll-Spinnerei.

Cannstatts einen großen Impuls gegeben. Der Verkehr konnte sich aber nicht anhaltend entwickeln, weil sich der Herzog anschließend nicht mehr um die Instandhaltung der Schifffahrts-Einrichtungen kümmerte.

Ein Handelsmann aus Stuttgart war es, der den Wasserweg von und nach Cannstatt wieder beleben wollte: Johann Georg Hilch. Er schrieb am 27. März 1743 dem Herzog-Administrator Karl Rudolph, wenn die Schiffsgassen (die Durchlässe in den Wehren) besser instand gehalten werden würden und Cannstatt einen Kran erhielte, traue er sich, mehr Güter als jetzt durch das Land zu befördern, Güter, die zurzeit über den Main und über Straßburg nach Bayern und weiter transportiert würden.

Der Herzog hatte hierfür ein offenes Ohr; denn mehr Durchgangsverkehr bedeutete ja mehr Einnahmen. Schon nach drei Tagen erhielt Regierungsrat und Vogt Rampacher in Cannstatt die Anweisung, den dortigen Schiffsfaktor (Hafenverwalter) Krimmel zu fragen, »ob er nicht Lust habe, unter gewissen annehmlichen Conditionen ... einen Crahnen zu Cannstatt zu erbauen«. Auch wollte der Herzog wissen, ob weitere Schiffe auf den Fluss gebracht werden könnten und wo die Schiffsgassen schadhaft seien.

Rampacher antwortete am 22. Mai, dass derzeit zehn brauchbare Schiffe auf dem Neckar verkehrten und demnächst fünf weitere hinzukommen könnten. Inzwischen hatte er bereits mit dem Baumeister Weyhing und dem Cannstatter Magistrat nach einem Standort für den Kran gesucht – das erklärt die späte Antwort – und ihn »unterhalb der Vorstadt gegen Münster zu« gefunden. Sowohl Handelsmann Hilch als auch der Cannstatter Magistrat waren bereit, den Kran zu erstellen, wenn sie das Waage- und Krangeld erhalten würden. Aber der Herzog wollte ihnen nach Abzug der Unkosten nur fünf Prozent der Einnahmen zubilligen und den Rest für die Herrschaft haben. Unter diesen Bedingungen war der Magistrat nicht bereit, den Kran zu errichten.

Anscheinend suchte man in der Regierung nach einer Lösung, denn die Rentkammer ließ im September 1743 in Cannstatt anfragen, ob der Magistrat einverstanden wäre, die von der Landesherrschaft erbaute Holz- und Schiffsgasse (die der Durchfuhr von Flößen und von Schiffen durch das Wehr diente) gegen völlige Überlassung der Kran- und Lagerhaus-Einrichtungen künftighin zu unterhalten. Der Cannstatter Magistrat sagte ja, der Weg war frei.

Am 3. Dezember 1743 ging der entscheidende Brief an den Vogt in Cannstatt ab: Die Stadt erhielt die Erlaubnis, Kran und Lagerhaus zu bauen und instand zu halten, »auch auf ewige Zeiten zu erhalten«. Sie bekam dafür die Befugnis, das Krangeld einzuziehen. Allerdings sollte der Magistrat bestätigen, dass er die Bau- und Reparaturkosten tragen und die Schiffsgasse »auf ewige Zeit in der Stadt Costen« erhalten wollte.

Nun wurde für den Kran ein Platz unterhalb der Stadtmühle vorbereitet und ein städtisches Gebäude als Lagerhaus eingerichtet. Durch unglückliche Umstände blieb aber die Bestätigung des Magistrats beim Vogt liegen und kam erst im Mai 1744 auf den Weg. So wurde es denn der 14. Mai 1744, bis die Vereinbarungen mit Siegel und Unterschrift bestätigt waren. Wann der Kran aufgestellt wurde, berichten die Akten leider nicht.

Bemerkenswert ist, dass man sich bezüglich der Konstruktion des Krans und der Gebühren an Heilbronn orientierte. In der Tat zeigt die Abbildung des Cannstatter Krans zwar keine vollständige, aber doch eine weitgehende Übereinstimmung mit dem Kran von Heilbronn. Vogt Rampacher schickte im Mai 1743 sogar ein Holz-Modell nach Stuttgart ein. Leider sucht man nach ihm heute in Museen und Archiven vergebens. Man kann jedoch im Neckar-Museum in Heilbronn ein von W. Rieth angefertigtes Modell des »Heilbronner Kranen« besichtigen.

Herzogliche Verkehrsregelung

Auch früher schon, als es noch gar keine Autos gab, schien schnelles Fahren mit den Wagen bei so manchen Einwohnern von Stuttgart recht beliebt gewesen zu sein. Dies bezeugt die Polizeiverordnung, die Herzog Karl Eugen am 9. Oktober 1790 erließ. In ihr hieß es nämlich unter Punkt sieben, dass durch schnelles Fahren der Kutscher nachts auf der Planie schon einige Male ein Unglück hätte passieren können. Vor allem galt dies für die nächtlichen Heimfahrten von der Komödie oder Redoute.

Das Komödienhaus, auch Kleines Theater oder Kleines Schauspielhaus genannt, stand am heutigen Charlottenplatz nahe dem Waisenhaus, gegenüber dem damals noch nicht vorhandenen Wilhelmspalais. Hofbaumeister Reinhard F. H. Fischer hatte es 1779 erbaut. Für den Unterbau hatte man Steine des schon früher abgebrannten Neuen Baus verwendet und als Oberbau das Opernhaus aus Teinach daraufgesetzt. 600 Personen fanden in dem 1780 eröffneten Haus Platz. Gespielt wurde zweimal wöchentlich, wobei jedermann, gegen Bezahlung, Zutritt hatte. Am 17. September 1802 brannte das Gebäude ab, nachdem auf der Bühne, bei der Darstellung eines Blitzes am Ende eines Trauerspiels von August von Kotzebue, ein Feuer entstanden war. Erfreulicher Weise kam dabei niemand zu Schaden. Nach dem Brand wurde das Haus nicht wieder aufgebaut.

Anscheinend hatten es die Bürger, die sich in ihren Personenwagen abholen ließen, auch schon damals sehr eilig. Deshalb verbot der Herzog 1790 allzu schnelles Fahren und ordnete an, dass die Kutschen auf dem Weg von der Reichen Vorstadt zum Opern- oder Komödienhaus vor dem Brunnen des Prinzenbaus (Ecke Königstraße/Schlossplatz) sich »beständig auf der Straße rechts«, nämlich auf der Seite von Kanzlei, Altem Schloss und Waisenhaus, und in der Gegenrichtung auf der anderen Seite zu halten hätten. Für die Fußgänger und die »Porte-Chaisen« (Sänften) sollten »die zu beyden Seiten der Straße befindliche[n] Alleen zu einem sichern Wandel übrig bleiben.«

Bemerkenswert erscheint hierbei, dass nur von der Anfahrt aus der Reichen Vorstadt, also von der Königstraße her, die Rede ist, nicht von der Zufahrt aus der Esslinger Vorstadt. Offenbar kamen aus der Reichen Vorstadt mehr Besucher als durch das Esslinger Tor, hinter dem vor allem Handwerker und Weingärtner wohnten.

Allzu lange hielt die angestrebte Ordnung nicht an. Jedenfalls beklagte die Königliche Polizei-Direktion am 8. Januar 1808 die Unordnung des Verkehrs nach den Vorstellungen im Schauspielhaus. Jeder, so ließ sie nun wissen, »muß sich auf den gewöhnlichen Platz in die Reihe rangieren«, so wie er mit seinem Wagen ankommt. Es soll dann der Reihe nach vorgefahren werden. Sind die Herrschaften aber noch nicht zum Einsteigen bereit, so muss der Wagen wieder nach hinten. Selbstverständlich waren königliche Wagen von dieser Regelung ausgenommen.

Wer »aus Muthwillen und ohne Noth« durch die Stadt stark reitet oder ungewöhnlich schnell fährt, so besagte die Verordnung von 1790, auch wer mehr als zwei Pferde an der Hand führt, soll einen Gulden Strafe zahlen. König Friedrich ließ den Begriff »schnelles Reuten« 1812 näher definieren. Er wollte darunter anhaltenden Trott oder Galopp verstehen.

König Friedrich wandte sich 1807/08 erneut durch eine »Policei-Verordnung, das schnelle Fahren und Reiten betreffend«, gegen zu hohes Tempo. Auch die Straßen-Polizei-Verordnung von 1811 enthält als zusammenfassende Ordnung dieses Verbot. Jeder Kutscher musste »in der Mitte der Straßen« fahren, und keiner durfte – bei zehn Gulden Strafe – »dem andern vorzufahren suchen«, sprich: überholen. Überhaupt durfte man nur im Schritt reiten und (so 1811) nicht »schärfer als im kurzen Trott« fahren. Auch musste man »bei einer Wendung um eine Ecke aus einer Straße in die andere« den Schritt einhalten, d. h. langsam fahren, andernfalls drohten 15 Gulden Strafe.

Nach der Wege-Ordnung vom 23. Oktober 1808 musste man entgegen kommenden Wagen noch nach links ausweichen, doch am 15. September 1809 wurde verfügt, »frühzeitig und immer auf die rechte Seite« auszuweichen. Den Extra-Posten und (Post-) Kurieren musste, wenn der Postillon das Horn blies, jeder Fuhrmann und Bauer Platz machen. Tat er das nicht, durfte sich der Postillon gar nicht erst auf einen Wortwechsel einlassen, sondern musste den Betroffenen beim nächsten Polizeiposten anzeigen. Überdies sollte nach einer Verordnung von 1826 unnötiges Peitschenknallen unterbleiben.

Offenbar boten Übermut und Alkohol im Verkehr auch damals schon Probleme. Am 15. September 1809 verlautete deswegen: »Da die Fuhrleute im Fahren vielfältig großen Leichtsinn dadurch beweisen, daß sie kein Leitseil führen und öfters in der

Als um 1800 dieses Bild des Gasthauses »Goldene Krone«, Hauptstätter Straße 2, gezeichnet wurde, mussten die Fuhrwerke noch nach links ausweichen.

Trunkenheit sich auf den Wagen stellen oder sezen und solchergestalt die Pferde sich selbst überlassen, hierdurch aber nicht nur die ihnen entgegenkommenden Fuhrwerke, sondern auch Fußgehende nicht geringer Gefahr ausgesetzt werden: so wird hiemit verordnet, daß kein Fuhrmann seine Pferde verlassen oder ohne Leitseil sich auf seinen Wagen stellen oder sezen solle.«

Die Regierung des Königs Friedrich nahm in gewisser Weise in ihrer Verordnung vom 6. August 1811 den allgemeinen § 1 unserer heutigen Straßen-Verkehrsordnung vorweg, wonach niemand andere Verkehrsteilnehmer gefährden darf. Es hieß damals, allerdings mehr mit Bezug auf Baumaßnahmen, Behinderungen auf der Straße und Ähnlichem: »Jedem Stadteinwohner liegt es ob, dazu mitzuwirken, daß in den Straßen der Stadt die persönliche Sicherheit des Mitbürgers nicht gefährdet werde. Sie haben daher die Unterlassung aller solcher Handlungen, durch welche die persönliche Sicherheit verlezt wird, sich eben so sehr zur Pflicht zu machen, als es ihnen obliegt, jede ihnen bekannt werdende, diese Sicherheit störende Thathandlung zur Anzeige zu bringen.«

Das Gewicht der Ladung wurde schon vor 350 Jahren begrenzt. Eine Anordnung von 1653 schrieb nämlich vor, einen Weinwagen mit nicht mehr als einem Fuder, höchstens 6½ Eimern zu beladen. Für jeden weiteren Eimer waren zehn Reichstaler Strafe fällig. 1660 war von sieben Eimern die Rede. Das Generalrescript vom 6. Juni 1701 schrieb vor, auf einem Fuhrmanns-Wagen nicht mehr als 50 bis 60 Zentner zu befördern. Die Weg-Ordnung von 1772 nannte dann 60 Zentner als Obergrenze. Höchstens sechs Pferde durften ab 1772 vor den Wagen gespannt sein, vom Vorspann an Steigungen abgesehen. 1797/98 wurde die Obergrenze in zwei Generalrescripten auf 66 Zentner Wiener Gewichts, das waren etwa 80 Schwäbische Zentner, erhöht. Wagen mit solcher Last durften mit acht Pferden bespannt sein, unterlagen aber einer besonderen Kontrolle.

In die Bauart der Fuhrwerke griff Herzog Eberhard Ludwig mit einer Verordnung vom 5. Februar 1711 ein, die besagt, dass das Fahren mit der Gabel »ernstlich« abzustellen sei. Stattdessen sollte die »Teixel« benutzt werden. 1736 erinnerte ein Generalrescript daran, dass das Lannen- oder Gabel-Fuhrwerk im ganzen Land abgeschafft werden und dafür das Deichsel-

Fuhrwerk benutzt werden soll. Wer allerdings nur ein Pferd halten konnte, durfte den Karren (mit Gabel) benutzen.

Für die Fahrt bergab war der »Schleiftrog« oder Radschuh anzulegen. Das schrieb bereits ein herzogliches General-Rescript von 1749 vor. Die Wege würden zu stark beschädigt, hieß es darin. Deshalb solle jeder Fuhrmann einen »Schlaifftrog« mit sich führen und auf den Steigen benutzen, aber nicht mehr mit Ketten und Seilen »sperren« (bremsen). Andernfalls drohte eine Strafe von einem Gulden. An jeder Steige sollten eine »Straff-Säule« errichtet werden und ständig Bremsschuhe zum Ausleihen bereit liegen, vor allem für auswärtige Fuhrleute, die die hiesige Verordnung nicht kannten. In der Zweiten Weg-Ordnung von 1772 wurde noch einmal darauf hingewiesen, dass jeder Fuhrmann einen »tüchtigen Schlaif-Trog« am Wagen haben müsse, und wurde angeordnet, an jedem Ortsanfang durch ein »Blech« – gemeint war wohl ein Schild – darauf hinzuweisen.

Der Radschuh musste vorne aufgebogen sein, damit er nicht den Weg aufreißen konnte, der damals noch ein festes Gemisch aus Steinen und Erde war. Wer diese »Bremse« nicht bei sich führte, riskierte einen Gulden Strafe. Am oberen Ende einer Steige stand, wie man es noch heute in der Nähe von Heinsheim (am Neckar) sehen kann, ein Stein, dessen Inschrift auf die Verordnung hinwies. Wahrscheinlich stand einst auch am oberen Anfang der Weinsteige ein solcher Mahnstein. Nach der Wegordnung von 1808 war nur bei den (leichteren) Chaisen mit zwei Pferden das Sperren mit Ketten oder Stricken erlaubt.

Schließlich legte die Straßenpolizei-Ordnung vom 6. August 1811 fest, dass niemand einen mit Ochsen oder Pferden bespannten Wagen allein und ohne Aufsicht auf der Straße stehen lassen durfte, andernfalls drohten zwei Gulden Strafe. Wegeknechte und Wegemeister sollten, so hieß es 1813, jeden Fuhrmann anzeigen, »welcher seine Pferde allein stehen oder gehen läßt, es sei nun, daß er im Wirtshaus sitzt oder mit einem vor oder hinter ihm fahrenden andern Fuhrmann geht oder sonst seinen Wagen verläßt«. Den Kutschern wurde bei gleichfalls zwei Gulden Strafe untersagt, die ihnen anvertrauten Wagen beim Abholen ihrer Herrschaften durch Absteigen vom Bock zu verlassen. Für das Füttern des Zugviehs auf der Straße war ein Gulden Strafe fällig.

Nicht unerwähnt bleiben soll die am 18. August 1809 wiederholte Anordnung, nach der alle Fuhrwerke zur Seite fahren und still stehen mussten, wenn Seine Königliche Majestät (König Friedrich) vorbeifuhr.

Der Radschuhstein von Heinsheim trägt die Inschrift: »1fl (Gulden) Strafe wer ohne Radschuh sperrt«.

Das »moderne Heinzelmännchen« von Cannstatt und das erste Motorboot auf dem Neckar

Rund viereinhalb Jahre lang erprobte Gottlieb Daimler in den Straßen von Cannstatt ein neues Verkehrsmittel, in das man große Erwartungen setzte. Viele auswärtige Kommissionen kamen, um sich an Ort und Stelle zu informieren. Doch die Hoffnungen erfüllten sich nicht, so dass Daimler seine Versuchsanlage in den ersten Monaten des Jahres 1892 ersatzlos entfernen musste.

Begonnen hatten die Probefahrten mit dem Volksfest 1887. Gottlieb Daimler hatte einen Personenwagen für Schienenbetrieb entwickelt und ließ nun, wie die Presse berichtete, »die kleinsten Eisenbahnwagen der Welt zum Ergötzen von Alt und Jung im periodischen Betrieb« zwischen Wilhelmsplatz und Kursaal pendeln.

Der Gemeinderat der Stadt Cannstatt hatte den Betrieb auf den öffentlichen Straßen genehmigt. Kreisregierung und Innenministerium waren jedoch nicht informiert worden, und so blieb denn auch eine behördliche Untersuchung nicht aus. Baurat Euting kam nach Cannstatt, um die ganze Versuchsanlage gemeinsam mit Regierungsrat Rath vom Oberamt Cannstatt, Straßenbau-Inspektor Feldweg, Oberbürgermeister Nast, dem Cannstatter Stadtbaumeister und dem Ingenieur Daimler in »Augenschein« zu nehmen. Er berichtete am 29. September 1887 ausführlich über seine Feststellungen.

Die Bahn benutze, so berichtete Euting, nur Gemeindeeigentum. Aus diesem Grunde habe der Gemeinderat auch keine Meldung an die übergeordneten Behörden gemacht, doch im Ministerium wolle man wissen, ob nicht andere Verkehrsteilnehmer gefährdet würden. Daimler wolle,

Gottlieb Daimlers Motor-Kleinbahn auf der Versuchsstrecke in Cannstatt. Auf der vorderen Bank sitzen (von rechts) Gottlieb Daimler und sein Gefährte Wilhelm Maybach.

so der Bericht weiter, die Verwendung eines Motors in einer Straßenbahn testen, und schon im September 1887 habe in seiner Werkstatt in Cannstatt ein großer Straßenbahnwagen gestanden, den er mit seinem Motor ausstatten wolle. Sollte sich die Konstruktion bewähren, strebe er an, ein Patent zu erhalten. Die während des Volksfestes aus dem Betrieb der Bahn erzielten Einnahmen überlasse er dem Cannstatter Brunnenverein.

Der Baurat schilderte in seinem Bericht ausführlich die technischen Einzelheiten der neuen Bahn: Die Schienen aus Stahl waren über eine Strecke von 700 Metern und mit einer Spurweite von 450 Millimetern auf eiserne Querschwellen gelegt. Die Schienen-Oberkante lag in der Höhe der Fahrbahn der zwölf Meter breiten Straße. Am Anfang und am Ende der Strecke befand sich jeweils eine Drehscheibe. Der etwa 2,4 Meter lange und

Gottlieb Daimlers erstes Motorboot 1886 auf dem Neckar in Cannstatt. Der Herr mit dem Zylinderhut ist Wilhelm Maybach, die Dame mit dem Schirm seine Frau. Am Steuer Werkmeister Wilhelm Bauer.

1,2 Meter breite Wagen hatte vier Räder mit 50 Millimeter breiter Lauffläche und fünf Millimeter dickem Spurkranz. Auf zwei der Länge nach aufgestellten Bänken mit gemeinschaftlicher Rückenlehne konnten sechs bis acht Personen Platz nehmen, während der Führer des Wagens an dessen Ende etwas erhöht auf einem Bock saß. »Teils über, teils unter den Bänken« befand sich die kleine Maschine, die mit Erdölgas angetrieben wurde und durch einen Holzkasten abgedeckt war. Ähnliche Maschinen wurden, so berichtete Euting, seit etwa einem halben Jahr bereits für zwei Boote auf dem Neckar benutzt. »Sie sollen ein nicht allzu lautes zischendes Geräusch von sich geben.« Eine Gefährdung der Benutzer und des Straßenverkehrs sei nicht zu befürchten.

Der Bericht fiel also positiv aus, weshalb dem Versuchsbetrieb nichts in den Weg gestellt wurde. Die von Zeit zu Zeit erforderliche Verlängerung der Genehmigung bereitete keine Schwierigkeiten, zumal Daimler für etwaige Unfälle haftete. Die Bahn sei die einzige ihrer Art, hieß es in einem Bericht an das Ministerium vom Jahr 1888, und sie werde häufig von Interessenten besichtigt.

Die damals beliebte Zeitschrift »Über Land und Meer« schrieb im Frühjahr 1889 über »das moderne Heinzelmännchen« – womit der Motor gemeint war – lobend: »Das Movens ist der Daimlersche Gas- oder Petrol-Luftmotor, welcher die nichts kostende Luft als Hauptbestandteil verwendet und als echtes Heinzelmännchen im modernen Gewande alle ihm aufgetragenen Arbeiten emsig und pünktlich verrichtet, seine Thätigkeit nur mit leichtem Ticktack bemerklich machend, jede Gefahr ausschließend und sich im übrigen mit geringster Ration begnügend, so daß mit Aufwendung von nur einem halben Liter Petrol die stündliche Kraftleistung eines Pferdes erzielt wird.« Der Motor erspare die kostspielige Pferdehaltung, »wie überhaupt die Möglichkeit des motorischen Betriebes kleiner und kleinster Fahrzeuge damit erstmals geschaffen wurde.« Der Einsatz auch in einer Straßenbahn sei nur noch eine Frage der Zeit, hieß es in dem Bericht, und auch eine motorbetriebene Feuerspritze sei geplant.

Gottlieb Daimlers Werft in Cannstatt, gegenüber der Wilhelma gelegen. Hinter den Bäumen erkennt man den Turm der Stadtkirche, etwas weiter rechts den Dachreiter des Rathauses.

Das Fahrzeug erfüllte die Erwartungen offenbar nicht, denn im April 1892 erhielt das Ministerium des Innern die kurze Information: Daimler hat die Gleisanlagen ausbrechen lassen. Auch seine Straßenbahn konnte sich gegenüber der elektrisch betriebenen Bahn nicht durchsetzen. Ein interessantes Kapitel der Technikgeschichte war damit zu Ende. Einen Wagen der Daimlerschen Bauart kann man im Straßenbahn-Museum in Zuffenhausen kennen lernen.

Die Versuche mit einem Motorboot verliefen dagegen erfolgreicher. Anfang August 1886 baute Gottlieb Daimler einen Einzylinder-Motor von vier Pferdestärken in ein Boot ein und begründete damit die Motorschifffahrt. Das etwa sieben Meter lange Boot schenkte er 1888 dem Reichskanzler Otto Fürst von Bismarck; heute kann man es im Daimler-Chrysler-Museum in Stuttgart besichtigen.

Im Jahre 1889 stellte Daimler zwei solche Boote auf der Weltausstellung in Paris vor, wozu auf dem Ausstellungsgelände eigens ein kleiner See hatte angelegt werden müssen. Die Fahrzeuge erregten ein solches Aufsehen, dass nach der Ausstellung weit mehr Motoren für den Bootsantrieb als für Landfahrzeuge geordert wurden. Im Mai 1892 überführte Gottlieb Daimler gemeinsam mit fünf Mitreisenden das Motorboot »Libelle« nach Düsseldorf. Es hatte bereits zehn Meter Länge und bot zwölf Personen Platz. Ein Journalist berichtete anschließend in der Kölnischen Zeitung, er zähle diese »romantische Petroleumfahrt mit den lieben Herren aus Schwabenland« zu seinen »schönsten Erinnerungen«.

Im April 1893 reichte Daimler bei der Stadt Cannstatt einen Antrag ein, ihm einen Motorbootverkehr zwischen dem Wehr in Cannstatt und dem Berger Wehr zu genehmigen. Vier Anlegestellen wollte er auf dieser Strecke bauen. Mit einem zweiten Boot plante er Fahrten vom Berger Wehr nach Untertürkheim. Außerdem stellte er eine spätere Erweiterung des Verkehrs nach Münster und Hofen in Aussicht. Das Ministerium des Innern, dem der Antrag vorgelegt werden musste, erhob keinerlei Einwände, verlangte aber, Flößerei und Schiffsverkehr nicht zu behindern. Für Fahrten unterhalb von Cannstatt galt ohnehin die Schifffahrts-Ordnung. Zum Steuern des Bootes, so das Ministerium, sollten »schiffs- und maschinenkundige«, zuverlässige Leute eingesetzt werden. Zur Ausführung des Planes kam es allerdings nicht.

Als im August 1899 die Neckardampfschifffahrtsgesellschaft in Heilbronn das Daimlerboot »Pfeil« erwarb, war wieder ein entscheidender Schritt getan. Das zwölf Meter lange und zwei Meter breite Fahrzeug mit 35 Zentimeter Tiefgang startete zunächst zu Versuchsfahrten zwischen Heilbronn und Heidelberg. Es hatte immerhin bereits einen Zweizylinder-V-Motor von 15 PS. Am 10. Januar 1900 bestellte die Gesellschaft dann ein Motorboot für 50 Passagiere. Daimler lieferte nun ein Fahrzeug von 20 Meter Länge, drei Meter Breite und 46 Zentimeter Tiefgang mit zwei vierzylindrigen Motoren, die dem Schiff mit jeweils zwölf Pferdestärken eine Geschwindigkeit von 13,5 Kilometern pro Stunde verliehen. Ende Juli 1900 konnten die fahrplanmäßigen Fahrten zwischen Heilbronn und Heidelberg beginnen.

Daimlers Werft lag in Cannstatt am rechten Ufer des Neckars gegenüber dem Wilhelma-Theater. Die heute dort den Fluss überspannende Brücke gab es damals noch nicht.

Inschriften in Stein wiesen den Weg

Nur noch selten trifft man Heute in dem großen Gebiet der Stadt Stuttgart auf solche steinernen Kleindenkmale, die einst für den Straßenverkehr aufgestellt wurden. Sie wiesen den Weg, zeigten Entfernungen an und machten auf Ge- und Verbote aufmerksam. Leider mussten sie zum größten Teil modernen Verkehrszeichen weichen oder fielen Straßenbauten zum Opfer. Die württembergische Straßenbauverwaltung hat mit diesen Zeugen einer vergangenen Zeit gründlich aufgeräumt, während die Verwaltungen in anderen Bundesländern weniger rigoros verfuhren. Ohne Zweifel stand einst auch um Stuttgart herum eine Vielzahl steinerner Verkehrszeichen.

So fand man an Straßengabeln oder Kreuzungen in Stein geschlagene Wegweiser, das heißt etwa mannshohe behauene Steine, auf denen die jeweils nächsten Orte angegeben waren.

Eine Besonderheit unter solchen Steinen ist der 1,29 Meter hohe Vaihinger Bildstock, der gemeinhin »das Bild« genannt wird. Er stand früher an dem Weg, der über die Lauchäcker zum Katzenbacher Hof und nach Leonberg führte, und zwar an der Gabelung zum Schatten, wurde aber beim Bau der Kurmärker-Kaserne an die Ecke Katzenbach-/Büsnauer Straße versetzt. Schon 1528 wurde für den früheren Platz ein »Bild« erwähnt.

Der Stein weist in der Mitte der Vorderseite eine 12 Zentimeter tiefe und 32 Zentimeter hohe Nische für eine religiöse Figur auf. Darüber befindet sich eine nach oben gerichtete rechte Hand mit leicht gespreizten Fingern, die als Schwurhand gedeutet werden könnte. Vermutlich diente der Bildstock also zunächst als Sühnestein.

Auf der Südseite des Steins steht oben in zwei Zeilen »KATZE NBACH«, auf der Nordseite »LEWEN BERG« (= Leonberg), doch sind die Worte wegen der Verwitterung und des Bewuchses kaum noch lesbar. Der Stein wurde also später zugleich als Wegweiser genutzt. Wahrscheinlich wurden die Ortsangaben im 16./17. Jahrhundert nachgetragen.

Die Schreibweise der Namen zeigt übrigens, dass man früher auf solchen Steinen nicht nach Silben trennte, sondern versuchte, die Buchstaben möglichst gleichmäßig zu verteilen.

Häufig standen früher am Straßenrand Steine, welche die Entfernungen anzeigten, sei es als Meilensteine, auf denen die Distanzen in Meilen beziffert waren, oder als Stundensteine, die die Entfernungen in Wegzeiten angaben, oder – in neuerer Zeit – die Kilometersteine. Ein solcher Entfernungsstein steht am Ortsende von Hofen, dort wo sich der Weg nach Öffingen und Schmiden gabelt. Er ist 1,80 Meter hoch und misst im Geviert 26 bis 40 Zentimeter. Auf der einen Seite kann man lesen, dass es bis nach Schmiden eine halbe Stunde Weg ist, auf der anderen Seite ist die Entfernung nach Öffingen ebenfalls mit einer halben Stunde angegeben. Der Stein dürfte im 18. oder im frühen 19. Jahrhundert aufgestellt worden sein.

Kilometersteine standen übrigens nicht nur an Straßen, sondern auch am Treidelpfad des Neckars, wobei die Kilometer hier flussaufwärts gezählt wurden. Stellenweise, wie in Lauffen, steht der eine oder andere noch heute, doch die meisten wurden durch neue Zeichen ersetzt.

Der Bildstock und Wegweiser von Vaihingen. An der Seite des Steins sind Teile der Inschrift »Lewenberg« nur mit Mühe erkennbar.

An Stellen, an denen es steil bergauf oder bergab ging, war entweder ein Vorspann geboten oder musste mit dem eisernen Bremsschuh gebremst werden. Daran erinnerten etwa mannshohe Steine mit einer entsprechenden Inschrift und Strafandrohung. Sie standen am Fuß einer Steigung, wo vorgespannt werden musste, oder am Beginn eines Gefälles, wo der Rad- oder Bremsschuh anzulegen war (siehe Seite 135). Ein Vorspann-Stein soll zum Beispiel früher in der Nähe des Koppental-Brunnens gestanden haben.

Ein Radschuhstein ist noch oberhalb von Heinsheim am Neckar erhalten. Seine Inschrift besagt: »1 fl (Gulden) Strafe wer ohne Radschuh sperrt« (bremst). Dies war durch die herzogliche Wegeordnung vorgeschrieben und sollte zum einen Schäden an den meist unbefestigten Wegen verhindern, zum anderen die Gefahren für Leib und Leben verringern. Mit einem Stecken zu bremsen, den man in die Speichen steckte, war verboten.

Für Stuttgart könnte man sich einen Vorspann- wie auch einen Bremsschuh-Stein gut für den unteren bzw. oberen Anfang der Alten Weinsteige vorstellen, die früher die wichtigste Verbindung zwischen Ober- und Unterland war und wegen ihrer Steilheit als Schinderstrecke galt.

Das Stuttgarter Zentrum der Fuhrleute war die Hauptstätter Straße. Gaststuben und Bäckereien, die als Absteigen bis zur Rückfahrt dienten, häuften sich dort in großer Zahl. Besonders an Markttagen herrschte ein reges Leben. Im Adressbuch konnte man nachlesen, welcher Fuhrmann wann und woher ankam, wo er ausspannte und wann er wieder abfuhr. So konnte jeder Bürger, der Waren zu holen oder zu versenden hatte, sich rechtzeitig einfinden.

Der Beruf der Fuhrleute war nicht ungefährlich; sie mussten nicht nur bei Wind und Wetter unterwegs sein, sondern auch Straßen benutzen, die »grundlos und bös« waren, die also zahlreiche Schlag- und Wasser-Löcher aufwiesen. Da war ein Unfall nicht ausgeschlossen. Zudem konnte es leicht geschehen, dass die Pferde scheuten und durchgingen und der Fuhrmann dabei unter die Räder seines Wagens geriet. Meist war es dann um ihn geschehen. Noch heute erinnern einzelne Gedenksteine, wie sie früher zur Erinnerung an besondere Unglücksfälle aufgestellt wurden, an den tragischen Tod eines Fuhrmanns.

Der älteste Gedenkstein stand einst im Schwarzwildpark an der Straße von Botnang nach Vaihingen beim Parkwärterhaus (heute Forsthaus) nahe dem großen Straßenknoten an der Wildparkstraße. Es war ein aus gelb-grünem Sandstein gefertigtes, etwas grob und plump wirkendes Steinkreuz von 1,40 Meter Höhe und 87 Zentimeter Breite, das ins 15./16. Jahrhundert datiert wird. Es zeigt auf der Kreuzmitte einen großen, allerdings etwas unregelmäßigen Kreis mit sechs von der Mitte ausgehenden Strahlen. Man geht gewiss nicht fehl in der Annahme, dass es sich um die Darstellung eines Rades handelt. Wir können es deshalb als einen Gedenkstein für einen Fuhrmann ansehen, der auf dem Wege zwischen Botnang und Vaihingen oder Stuttgart und Leonberg zu Tode gekommen ist. Wahrscheinlich ist es jener schon 1521 erwähnte Gedenkstein, den Hartmut Dölker als »Hecklinskreuz« und Otto Feucht als »Egelinskreuz« bezeichneten.

Über den Grund für die Aufstellung des Kreuzes gibt es allerdings noch eine andere Deutung. Nach ihr soll es sich um einen Gedenkstein für einen erschossenen Wilderer handeln. Allerdings lässt sich das Rad mit dieser Deutung nicht in Einklang bringen.

Im Jahre 1930 wurde das Kreuz zunächst ins Feuerbacher Heimatmuseum gebracht. Jetzt wird es im Magazin des Stadtarchivs verwahrt.

An der früheren Straße von Vaihingen nach Böblingen (Hutteneichenweg) steht gegenüber der Einfahrt zum städtischen

Der steinerne Wegweiser in Hofen zeigt die Entfernung in Stunden an.

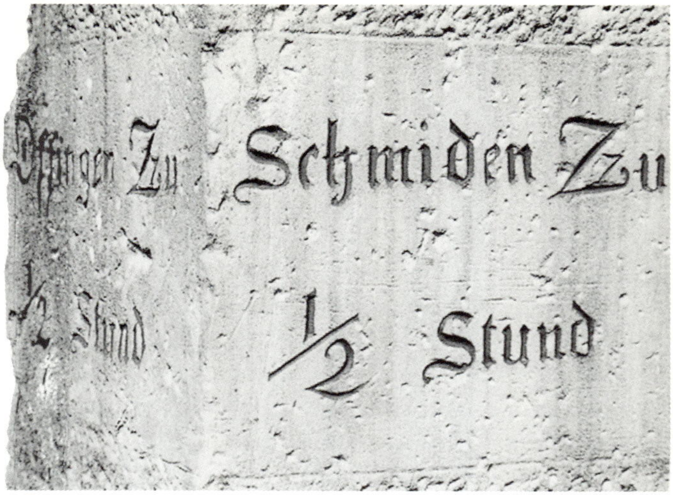

Gebäude Pascalstraße 99, durch den Hangdruck etwas schräg gestellt, ein grabplattenähnlicher neugotischer Gedenkstein, 63 Zentimeter breit, 116 Zentimeter hoch und 19,5 Zentimeter tief. Auf der Oberseite ist schräg ein H eingeritzt. Er wurde aufgestellt für den Fuhrmann Gottlieb Friedrich Erhardt aus Böblingen, der dort am 15. August 1868 von den Rädern seines Wagen überrollt wurde. Eine eingemeißelte, schwarz ausgemalte Inschrift erinnert an dieses Ereignis und mahnt: »O Fuhrleut' denkt an diesen Stein, wie schnell ihr könnt des Todes sein«. Der Stein ist ein Zeugnis der alten, mit dem Bau der Autobahn unterbrochenen Verbindung mit überörtlichem Rang und bezeugt vergangene Formen volkstümlicher Pietät.

Ein jüngerer Fuhrmanns-Stein steht an der alten Straße von Möhringen nach Unteraichen (Hechinger Straße) an der Westseite kurz vor der Unterführung unter den Autobahnzubringer. Er ist aus Stubensandstein gefertigt und erreicht 97 Zentimeter Höhe, 54 Zentimeter Breite und 20 Zentimeter Tiefe. Ursprünglich stand er näher zum Schwimmbad an der jetzigen Sackgasse, wurde aber in Zusammenhang mit dem Straßenbau umgesetzt. Der Stein trägt zwei Tafeln, deren Inschriften schwarz ausgemalt sind. Die obere lautet: »Hier ist Gottl. Ruckaberle, Fuhrmann aus Dettenhausen, am 17. Nov. 1922 tötlich verunglückt.« Der untere Text besagt: »Ich wandre meine Straßen, die zu der Heimat führt, da mich ohn' alle Massen mein Vater trösten wird.«

Gärten vor und in der Stadt

»... ein Häuschen und ein Gärtchen vor der Stadt«

»Mein Vater hinterließ ein hübsches Vermögen, ein Häuschen und ein Gärtchen vor der Stadt«, ließ Johann Wolfgang von Goethe 1806 das Gretchen im »Faust« sagen. Gretchens Worte geben eine zeitgemäße Entwicklung wieder. Um die Jahrhundertwende war es nämlich üblich, einen Ziergarten außerhalb der Stadt zu besitzen, sofern man eben ein »hübsches Vermögen« hatte.

Der erste Stuttgarter Ziergarten, von dem wir wissen, entstand 1699, als der Geheime Regimentsrat und Hofmarschall von Staffhorst einen Acker vor dem Rotebildtor kaufte und auf ihm einen Garten anlegen ließ. Einige Jahre später kaufte er von einem Weingärtner auch ein Baumgut von einem Viertel Morgen und erstellte darauf ein »Lustgebäu«, was die Anlage deutlich als Lustgarten bezeichnet. Und wenn 1702 im Garten der Geheimrätin von Culpis auf dem Bollwerk, also noch innerhalb der Stadtmauer, Pomeranzen-, Myrten- und Lorbeerbäume wuchsen und ein Gewächshaus stand, kann es sich ebenfalls nur um einen Zier- oder Lustgarten gehandelt haben. Die Pomeranzenbäume sollen sogar bis zu 20 Jahre alt gewesen sein.

Von dem schmalen, aber langen Garten des Kreisrats Waechter auf dem Bollwerk – ebenfalls innerhalb der Stadtmauer – gibt es aus dem Jahr 1719 einen hübschen farbigen Riss des Feldmessers Johann Georg Lawmayer. Er zeigt eine lange Allee, die von Rabatten gesäumt ist, in der Mitte ein Gartenhaus und an jedem Ende der Allee einen hübschen Pavillon. Die größte Fläche des 31,7 Ar messenden Grundstücks nahmen Bäume ein, ein geringer Teil diente als »Küchengarten«.

Ziergärten im Stadtgebiet, nämlich innerhalb der Häuserblöcke, waren schon früher üblich. So wiesen, den alten Stadtplänen zufolge, alle Blöcke in der Reichen Vorstadt kleine Grünflächen auf. Mit der Einrichtung der Lustgärten außerhalb der Mauern aber setzte eine neue Entwicklung ein. Ihren Höhepunkt erreichte sie im 18. und 19. Jahrhundert.

Einer der Stuttgarter Ziergärten ging sogar in die Literatur ein. Es war der Garten des Bürgermeisters Hehl. Die Geschichte begann im Jahre 1777, als die Stadt Stuttgart auf der Feuerbacher Heide ein großes Stück Land für einen jährlichen Erbzins von fünf Gulden pro Morgen an ihre Bürger verpachtete. Zuerst griff Stadtsekretär Johannes Hehl (1739 bis 1813, ab 1797 Bürgermeister) zu und übernahm ein Stück von neun Morgen (= 2,84 Hektar). Wo diese Fläche lag, können wir anhand der von Christian Friedrich Roth 1807 gestochenen Gemarkungskarte allenfalls vermuten. Die Karte zeigt nämlich südlich des Gutes Weißenhof, etwa am oberen Ende der Friedrich-Ebert-Straße, eine Baumanlage mit zwei kleinen Häuschen. Auf der ersten Katasterkarte von 1827 ist der Garten jedoch nicht mehr zu sehen.

In der Literatur ist dieser Garten durch die Reisebeschreibung von C. Meiners aus dem Jahre 1794 bekannt. Nicht einmal die Rebhügel am Neckar, so meinte der Autor, böten dem Freunde der Natur

Als eines der ersten Gartenhäuser Stuttgarts kann auch die Silberburg gelten (oben auf dem Berg). Das Haus entstand 1798 als Lusthaus des Obristleutnants Freiherr von Irmtraut vor den Toren der Stadt, wurde 1803 vom Fürsten von Thurn und Taxis erworben und 1806 von dem Gastwirt Lorenz Silber übernommen, der dort eine Gastwirtschaft einrichtete. Nach ihm erhielt das Gebäude den Namen Silberburg.

so viel Vergnügen wie die so genannten »Hehlischen Anlagen«, die etwa eine halbe Stunde von Stuttgart entfernt in einem bis dahin ungenutzten Gebiet lagen. Auch in Karl Pfaffs »Geschichte der Stadt Stuttgart« wird der Garten erwähnt. Pfaff schrieb darin 1846, er denke »noch jetzt mit Freude« an dieses Gut, »da es ihm als Knaben so manches Vergnügen und bei seinem Obst-Reichtum auch so manchen Genuß gewährte«. Kein Wunder, dass er den Garten kannte, Johannes Hehl war nämlich sein Großvater mütterlicherseits.

Wie Meiners berichtete, war Hehl der Erste, der sich dort ein Grundstück pachtete, und so konnte er den schönsten Platz auswählen. Hehl entschied sich für eine Fläche an dem nach Südosten geneigten Hang bis zur oberen Ebene hinauf. So konnte er gut eine Folge von Terrassen anlegen. Zudem war die Aussicht von der Höhe bezaubernd, weil man, so Meiners, »an den höchsten Stellen des Gartens 30 verschiedene Orte zählen« konnte.

Der Garten war besetzt mit Rebenlauben und -geländern, mit Gruppen fruchtbarer oder seltener und schöner ausländischer Bäume, mit Blumen- und Gemüsebeeten sowie mit Baumschulen und Grasflächen, die von labyrinthischen Gängen und einer Hecke eingeschlossen waren. »Allenthalben ist das Nützliche mit dem Schönen verbunden, und gerade dadurch wird das Vergnügen des Anblicks sehr erhöht«, schrieb Meiners. Weiter hieß es: Das Obst und das Gemüse seien dort schmackhafter als in den Gärten um Stuttgart herum, angeblich wegen mehr

1770 erbaute Uhrmacher Stitz in seinem Weinberg ein Landhaus, das im Volksmund nach ihm die Stitzenburg genannt wurde.
Nach der Form seines Baukörpers nannte man es auch die »kleine Solitude«.

Sonne und besserer Luft. Auch seien die Trauben süßer als alle anderen, die er bislang genossen habe.

Hehls Beispiel folgten der Bäckermeister Weiß – mit dem Weißenhof – und der Gastwirt Mühlbach. Auch wurde, so berichtet Pfaff, auf der Feuerbacher Heide »die erste und bis jetzt einzige Hopfenpflanzung in der Stuttgarter Markung angelegt«.

Bald legten sich weitere vermögende Stuttgarter außerhalb der Stadt Ziergärten mit kleinen Gartenhäusern an. In der erwähnten Gemarkungskarte von 1807 sind bereits mehrere solcher »Gütle« verzeichnet. Noch deutlicher wird das in den späteren Plänen. Dem Namen nach bekannt sind vor allem das schon 1770 errichtete Landhaus des Uhrmachers Stitz, das im Volksmund die »Stitzenburg« hieß, und das um 1798 gebaute Landhaus des Obristleutnants Freiherr von Irmtraut, das später an den Küferobermeister Silber überging und nach ihm die »Silberburg« genannt wurde. Diese Landhäuser waren weit mehr als reine »Gartenhäuschen«. Gleichwohl durften sie nicht ganzjährig als Wohnungen genutzt werden.

Eine grüne Oase inmitten der Stadt – Wie der Stadtgarten entstand

Als am 14. Mai 1871 der Stadtgarten offiziell eröffnet wurde, war dies der erste Schritt, den Fortbestand der »grünen Lunge der Stadt« zu sichern. Die Stuttgarter wussten die symmetrisch zu einer Mittelachse gestaltete Grünanlage nicht nur als Oase der Ruhe zu schätzen, sondern auch als Wegweiser des Fortschritts. Denn auf dem benachbarten freien Platz fanden viele bedeutsame Ausstellungen statt, auf denen württembergische Tüftler ihr Können vorstellten.

Die erste Grünanlage Stuttgarts war freilich erheblich älter, befand sich aber an der selben Stelle wie der spätere Stadtgarten. Sie ging auf eine private Initiative zurück: Stadtamtmann Johann Friedrich Stockmayer wählte einen Platz aus, der

»vorher alleinig für die Schweine und den großen Kutter« bestimmt war – eine Deponie also. Herzog Karl Eugen schenkte das Grundstück der Stadt, die es planieren ließ, um dort von den Stuttgarter Honoratioren gestiftete Kastanien- und Lindenbäume zu pflanzen. So entstand aus einem wüsten Platz eine reizvolle Allee, auf der sich die Bürger beim Spaziergang trafen. 1787 wurde sie durch eine zweite, schräg zu ihr angelegte Allee ergänzt und durch ein Rondell mit dieser verbunden. 1864 entschloss sich der Magistrat jedoch, die Grünanlage zugunsten des Ausbaus der Alleenstraße (heute Max-Kade-Weg und Geschwister-Scholl-Straße) aufzugeben.

Die weitere Entwicklung wurde getragen von der Begeisterung für den Gartenbau, die sich im 19. Jahrhundert allenthalben entwickelte. So entstanden 1842 in Stuttgart ein Blumen- und Gartenbauverein und 1854 die Gartenbaugesellschaft Flora. Bereits 1843 fand im königlichen Redoutenhaus die erste Stuttgarter Blumenausstellung statt. Als dann 1870 die Versammlung der deutschen Land- und Forstwirte in Stuttgart abgehalten werden sollte, plante man, in einer großen Ausstellung zu zeigen, was Württemberg im Gartenbau und in der zugehörigen Industrie zu leisten imstande war.

Zu diesem Zweck erwarb die Stadt durch Tausch vom Staat rund 150 Ar der ehemaligen Seewiesen, nämlich den Alleenplatz, der bis dahin als Exerzier- und Turnplatz, für Schaustellungen, Maienfeste und Ähnliches gedient hatte. Der Stuttgarter Landschaftsgärtner Adolph

Die Stuttgarter Gartenbauausstellung im September 1870. Im Hintergrund ist die heutige Fachhochschule für Technik im Bau. Später wurde diese Grünfläche als Stadtgarten bezeichnet.

Wagner entwarf den Plan für eine dem Stil der Zeit entsprechende Gartenanlage mit einem Springbrunnen im Zentrum. In dem zur Kriegsbergstraße hin gelegenen Teil beherbergte ein Pavillon die Ausstellung, soweit sie nicht im Freien stattfinden konnte. Die Versammlung musste zwar wegen des deutsch-französischen Krieges ausfallen, die Gartenbauausstellung fand jedoch vom 10. September bis zum 2. Oktober 1870 statt.

Für Stuttgart war die Ausstellung, auch wenn ähnliche und zum Teil sogar größere Gartenschauen in anderen Teilen Deutschlands bereits viel Aufmerksamkeit gefunden hatten, ein besonderes Ereignis. »Eine neue Zierde der Stadt«, eine »Zierde ersten Ranges« hatte Stuttgart nach der Meinung der Presse mit der Gartenanlage erhalten. Natürlich stellte sich anschließend die Frage, was mit dem Gelände geschehen sollte.

Am 3. November 1870 beschlossen die Gremien der Stadt, die Anlage wenigstens vorerst zu erhalten, und eröffnete sie im Mai 1871 als »Stadtgarten«. Aber noch immer war dessen Zukunft unsicher. Deshalb appellierten angesehene Bürger an den Gemeinschaftssinn. Eine Gesellschaft wurde gegründet und Aktien zu jeweils 50 Gulden ausgegeben. Große Gewinne waren freilich nicht zu erwarten. Die Gesellschaft pachtete den Stadtgarten Ende 1871 und übernahm dessen Pflege, denn ein städtisches Gartenamt gab es damals noch nicht. Jetzt auch beschlossen die städtischen Gremien die endgültige Erhaltung der Grünanlage.

Anfang der achtziger Jahre des 19. Jahrhunderts wurde das Gelände sogar noch vergrößert. Als nämlich die städtische Gewerbehalle 1881 (an der Stelle der heutigen Universitätsbibliothek) fertiggestellt wurde, veranstaltete man eine Landesgewerbeausstellung. Diese wiederum begann mit einer Blumen- und Gartenbauaustellung, wofür der Stadtgarten durch Pacht eine zusätzliche Fläche von 100 Ar erhielt. Als Beispiele für weitere bemerkenswerte Veranstaltungen, in die der Stadtgarten mit einbezogen wurde, mögen hier nur die Stuttgarter Bauausstellung 1908 – nach der Chronik der Stadt ein »Glanzpunkt des Jahres« – und die Frühjahrsausstellung des Württembergischen Gartenbauvereins 1913 erwähnt sein, die auf dem freien Platz zwischen Stadtgarten und Holzgartenstraße (vor der heutigen Universitätsbibliothek) stattfanden. Im Jahre 1921 übernahm die Stadtverwaltung den Garten in ihre Obhut.

Schon früh erhielt der Stadtgarten ein Restaurant und – vor dem Springbrunnen gelegen – einen Musikpavillon. 1913 errichtete man anstelle des Restaurants einen Neubau, der ein beliebtes Weinhaus mit einschloss. Hier trafen sich die Stuttgarter gerne zu Konzert, Unterhaltung und Tanz.

Im Bombenhagel des Zweiten Weltkrieges zerfiel alles in Trümmer, die Anlage verkam. Die Bundesgartenschau 1961 bot den Anlass, die Grünanlage nach modernen Gesichtspunkten neu zu gestalten und sie zugleich durch die seitlich angrenzenden Abschnitte der Kanzlei- und der Seestraße sowie hinüber zur Holzgartenstraße zu erweitern. Eine moderne Springbrunnen-Anlage ist seitdem das Wahrzeichen des Stadtgartens, in dem sich heute vor allem die Studierenden gerne entspannen. Auch ein Restaurant ist als ein beliebter Treffpunkt wieder vorhanden. Lediglich die alten Kastanien, insbesondere die kurze Allee mit ihren antiken Skulpturen, zeugen noch von der früheren Zeit.

Wohn- und Arbeitsverhältnisse in früherer Zeit

Oft drei Familien in einer Stube – Wie arme Weingärtner lebten

Es war im Frühjahr 1820, als 19 Weingärtner beim Rat der Stadt um die Erlaubnis baten, an der Militärstraße (heute Breitscheidstraße), die damals außerhalb der Stadt lag, kleine Wohnungen bauen zu dürfen. Es war ungewöhnlich, dass so viele Bürger gemeinsam einen Antrag stellten. Vermutlich glaubten sie, die Genehmigung eher zu erhalten, wenn sie in einer größeren Gruppe auftraten. Immerhin war es verboten, außerhalb der Stadt Wohngebäude zu erstellen. Nun war also eine grundsätzliche Entscheidung erforderlich.

Der Stadtrat bat zunächst den Professor der Baukunst Nikolaus von Thouret um ein Gutachten, ehe er den Antrag am 1. Juni 1820 weitergab. Damals mussten alle Bauanträge aus Stuttgart auf dem Dienstweg dem König persönlich vorgelegt werden. Dementsprechend formulierte der Minister der Residenzpolizei von Phull das diesbezügliche »Anbringen« am 26. Juni. Er fasste darin Antrag und Gutachten zusammen. Was er schrieb, bezeugt, welcher soziale Sprengsatz da in den Stuttgarter Weingärtner-Vierteln verborgen lag.

Die Antragsteller, so schrieb der Minister, hätten wohl Gärten, Weinberge und Feldgüter, aber keine Häuser, und sie benötigten dringend Raum zur Aufbewahrung der Produkte, des Rebholzes und für anderes. Wegen ihres geringen Einkommens konnten die Weingärtner keine hohen Mieten zahlen und deshalb kaum eine Wohnung innerhalb der Stadt finden. So kam es vor, wie Thouret bei seiner Erhebung festgestellt hatte, dass oft drei Familien oder 20 bis 30 Menschen in einem Raum zusammen wohnen mussten. Es war nicht selten, dass 20 Personen gemeinsam in einer niedrigen Stube lebten, die nur 20 Fuß lang (5,73 Meter) und 15 Fuß breit (4,30 Meter) war. Die Eltern schliefen in einer Kammer, die Kinder mussten meistens auf dem Dachboden nächtigen.

Viele Stuttgarter Weingärtner lebten im 19. Jahrhundert in miserablen Wohnverhältnissen. Einige konnten ab der Mitte des Jahrhunderts an die Militärstraße (Breitscheidstraße) aussiedeln, wo dieses Haus entstand.

Ähnliche Verhältnisse gab es übrigens noch in den 1870er-Jahren auf den Dörfern. Karl Model berichtete beispielsweise von Feuerbach vom Haus Haldengässle 4, in dem zwei Familien gemeinsam lebten: »Im ersten Stock war die Wohnstube gemeinsam für beide Familien mit je einem Tisch in der Ecke. Schlafstuben gab's damals nur für die Eltern, die Kinderschar wurde im Bühnenstock unter Dachplatten untergebracht«. Einen Backsteinherd gab es nur in wenigen Häusern. »In den meisten Steinbrecher- und Weingärtnerhäusern hatte man nur eine Steinplatte mit offenem Kamin und Rauchfang. Das Koch- oder Bratgeschirr wurde einfach auf das Dreibein von Eisen gestellt. Das Feuer unter dem Dreibein wurde mit Büschel- oder Rebholz unterhalten.«

In einer in Stuttgart im Jahre 1851 geführten Korrespondenz wurden die Angaben von 1820 bestätigt. In ihr erklärte der Vorstand des Güterbesitzervereins, es mangele den Weingärtnern an Raum, um ihre Felderzeugnisse zu lagern. »Wenn zum Beispiel ein Weingärtner ein Stück Ackerland besitzt oder gepachtet hat und auf dasselbe Dinkel pflanzt«, schrieb der Vorstand, »so muß er hier sehr häufig die ausgedroschene Frucht in Säcken neben seinem Bett in der Kammer aufstellen, weil es ihm an Raum zum Aufspeichern gebricht, und nicht selten verdirbt sie ihm auf diese Weise«.

Im Jahre 1820 musste auch ein medizinisches Gutachten her. Medizinalrat Köstlin meinte darin, die von den Weingärtnern angestrebte Aussiedlung – ein Begriff, der heute geläufig ist, damals aber noch nicht üblich war – sei sehr zu wünschen, weil »das zusammengedrängte Wohnen« der Weingärtner ungesund sei und ihre Wohnungen im Falle epidemischer Krankheiten »eine bleibende Niederlage dieser Krankheit«, das heißt, einen bleibenden Herd bilden würde.

Die Armut der Weingärtner wurde durch die Hungerjahre noch verstärkt. Die Missernten von 1816/17 wirkten zweifellos 1820 noch nach (siehe Seite 96), hatten sie doch enorme Preissteigerungen zur Folge gehabt. Zu den mehrjährigen Missernten an Kartoffeln und den zum Teil schlechten Erträgen an Wein kamen 1848 die politischen Unruhen hinzu. Die Möglichkeit, sich beispielsweise als Tagelöhner oder Holzmacher etwas dazu zu verdienen, war stark eingeschränkt. Oft war es der Gemüsegarten, der die Familie erhielt. Vor allem die Frau musste sich um den Garten kümmern, während der Mann im Weinberg, auf dem kleinen Acker oder für zusätzlichen Lohn arbeitete.

Nicht nur wegen der Arbeit im Garten war es sinnvoll, das Haus bei diesem zu haben, sondern auch wegen der Kinder. Wohnte die Familie in der Stadt, dann blieben die kleineren Kinder während der Gartenarbeit der Mutter stundenlang unbeaufsichtigt in der Wohnstube eingesperrt, oder sie trieben sich auf der Straße herum. Die um 1850 bereits bestehenden »Kleinkinder-Bewahranstalten« nützten da nichts, weil sie ihre Tore erst um acht Uhr öffneten, die Arbeit der Weingärtner-Familien aber im Sommer in der Regel schon um vier Uhr begann.

Es gab also mehrere Gründe, die für eine Aussiedlung sprachen. Stadtplanerisch war das 1820 aber noch nicht vorgesehen. Der Stadtrat befürwortete den Antrag, »weil die hiesige Stadt ohnehin nirgends mehr geschlossen ist«. Das Polizeiamt lehnte ihn dagegen ab, weil die nötige polizeiliche Aufsicht nicht gewährleistet sei und »durch diese Colonie der Felddiebstahl und die Beherbergung liederlichen Gesindels begünstigt werde«. Minister von Phull schließlich sah keine Bedenken, weil in der Stadt »an kleinen Mietwohnungen für die minder bemittelten Klaßen ein großer Mangel ist« und man dem Andrang am Ende doch nachgeben müsse. Er fügte sehr richtig hinzu, dass »die polizeiliche Aufsicht nicht allen Unfug verhüten kann, der selbst mitten in der Stadt von schlechten Menschen verübt wird«. Den Bedenken des Polizeiamts war damit der Boden entzogen.

König Wilhelm I. erklärte sich am 27. Juni 1820 grundsätzlich mit der Einrichtung einer Weingärtner-Kolonie an der Breitscheidstraße einverstanden, wollte aber noch einige Fragen geklärt wissen. Als dies geschehen war, genehmigte er am 25. August 1820 die Ansiedlung, und noch am selben Tage erhielt als erster Weingärtner Fr. Widmann seine Baugenehmigung, allerdings mit der Auflage, sich bestimmten Bedingungen zu unterwerfen und beispielsweise seinen Zaun mit silberfarbenem Ölanstrich zu versehen. Ordnung musste schließlich sein.

So war nun ein neues Quartier geboren, und wenn fortan Weingärtner an einer anderen Stelle außerhalb der Stadt bauen wollten, wurde ihr Antrag abgelehnt und sie wurden auf die neue Kolonie verwiesen. Bis 1833 ließen sich allein an der Breitscheidstraße 13 Weingärtner nieder, in dem nördlich anschließenden Gebiet weitere 15. Hinzu kamen in dem gesamten Bereich 16 Weingärtner und sieben Weingärtners-Witwen in Miete sowie fünf Handelsgärtner mit ihren Betrieben.

»Frühe auf und späte nieder« – Von Arbeitszeit und Urlaub, Frauenarbeit und Kinderarbeit in Feuerbach vor hundert Jahren

Wir reden oft von der »guten alten Zeit« und vergessen dabei viel zu leicht, wie schwer unsere Vorfahren meistens arbeiten mussten. Noch um 1880 lag die Arbeitszeit bei 60 bis 70 Stunden in der Woche. In den Feuerbacher Steinbrüchen arbeiteten die Männer zum Beispiel von fünf bis 19 Uhr. Wenn man die Pausen abzieht, waren das 11,5 Stunden am Tag, also 69 Stunden in der Woche. Erst seit 1885 – nach dem ersten Streik in Feuerbach – wurde von sechs bis 19 Uhr gearbeitet. Da konnte man wirklich sagen: »Frühe auf und späte nieder, iß geschwind und arbeit' wieder«, wie ein Vers der Zeit die Situation beschrieb.

Freilich war die Arbeitszeit in den einzelnen Berufen unterschiedlich lang. Aus einer von Theodor Leipart im Auftrag der Gewerkschaften 1897 durchgeführte Erhebung, bei der 7580 Fragebögen ausgewertet wurden, geht hervor, daß die Fuhrleute damals durchschnittlich 85,5 Stunden, Bäcker 83 Stunden und Frisöre 80,6 Stunden in der Woche arbeiteten, Buchbinder dagegen »nur« 54,6 Stunden und Handlungsgehilfen 52,1 Stunden. Die kürzeste Arbeitszeit hatten die Xylographen (Holzbildschneider) mit 47,8 Stunden. In den meisten Berufen waren die Schwankungen allerdings beträchtlich. So lagen die von den Arbeitern angegebenen wöchentlichen Arbeitszeiten bei den Fuhrleuten zwischen 60 und 100 Stunden, bei den Maschinisten zwischen 48 und 112 Stunden und bei den Zimmerern zwischen 40 und 60 Stunden. Textilarbeiterinnen hatten Arbeitszeiten zwischen 47 und 85 Stunden, Tagelöhnerinnen von 60 bis 73 Stunden, Handlungsgehilfinnen zwischen 49 und 72 Stunden. Mehr als 75 Prozent aller männlichen Arbeiter waren in der Woche zwischen 51 und 60 Stunden tätig, bei den Frauen waren es 82,2 Prozent.

Einem Bericht von E. Breuninger zufolge wurde um 1870, als er in Backnang in der Lehre war, in Ladengeschäften und Manufakturbetrieben auch an den Sonntagen gearbeitet. Die Arbeitszeit begann, »wie damals allgemein üblich«, im Sommer um 6, im Winter um 7 Uhr, Arbeitsschluss war um 22 Uhr. »Selbst an Festtagen, wenn der Laden geschlossen war, musste ein Teil des Personals im Nebenzimmer bis abends 7 Uhr anwesend sein.« Wer sonntags nicht in die Kirche musste, hatte auch während des Gottesdienstes im Kontor zu bleiben. Nur an jedem vierten Sonntag hatte man von 16 bis 20 Uhr frei. »Von Urlaub wusste man nichts.« Später, nämlich 1871, als Breuninger in einem Konfektionsbetrieb in Stuttgart arbeitete, war der Laden im Sommer von 7 bis 12 Uhr, im Winter von 8 bis 12 Uhr sowie von 14 bis 17 Uhr geöffnet.

Erst 1884 setzten Bestrebungen ein, die Sonntagsarbeit abzuschaffen. Von den Dienstmädchen arbeiteten 1908 mehr als die Hälfte 16 Stunden am Tag, der Sonntagnachmittag war für die meisten frei, aber keineswegs für alle.

Je länger die Arbeitszeit war, desto geringer war im Schnitt der Stundenlohn. Ein Arbeiter mit 48-stündiger Arbeitszeit verdiente 1897 durchschnittlich 55 Pfennig in der Stunde, bei 66 Stunden 28 Pfennig und bei 96-stündiger Arbeit dagegen nur 19 Pfennig; Arbeiterinnen erhielten für eine Arbeitszeit von 48 Stunden im Durchschnitt 29 Pfennig, für 66 Stunden dagegen nur 14 Pfennig je Stunde.

Bei der Bewertung dieser Zahlen muss man zudem berücksichtigen, dass die meisten Männer und Frauen den Weg zur Arbeitsstätte zu Fuß zurücklegten, auch wenn sie »nur« im Nachbarort lag. Die ersten Arbeiter der Chininfabrik Jobst zum Beispiel kamen alle zu Fuß aus Weilimdorf und Stuttgart. Und von Feuerbach gingen 1895 etwa 500 bis 600 Einwohner über die Stäffelesfurch zu Fuß nach Stuttgart zur Arbeit, weil ihnen das Billett für die Bahn zu teuer war. Tatsächlich blieb den Menschen in der kaiserlichen Ära also nicht viel freie Zeit.

Im Jahre 1895 bildeten die Feuerbacher Steinbrecher eine Kommission, die mit den Besitzern der Steinbrüche über eine weitere Verkürzung der Arbeitszeit verhandeln sollte. Sie wollten eine Reduzierung auf zehn Stunden am Tag erreichen, wie sie in vielen anderen Berufen bereits erfolgt war. Tatsächlich beschlossen die Besitzer der Steinbrüche am 28. Mai 1895 denn auch, die Arbeitszeit entsprechend zu verringern.

Zu dieser Zeit nahm sich allerdings auch die Gesetzgebung bereits der Regelung an. Ab 1. April 1892 war zum Beispiel die tägliche Arbeitszeit für Frauen allgemein auf elf Stunden begrenzt; zur Nachtarbeit durften sie nicht eingesetzt werden, und die Mittagspause musste mindestens eine Stunde betragen. Auch durften die Frauen samstags und vor Festtagen nur zehn Stunden und nicht länger als bis 17.30 Uhr beschäftigt werden. Sie hätten damit Zeit, so eine Dissertation von 1892, »für das Hauswesen zu sorgen, sich und ihren Angehörigen ungestörte Sonntagsfeier zu verschaffen und dadurch zur Hebung des Familienlebens beizutragen«. Das war gewiss reichlich geschönt gesagt.

An Urlaub konnten viele Arbeitnehmer gar nicht denken. So erhielten die bei der Stadt Stuttgart angestellten Arbeiter im Jahre 1902 bei fünfjähriger Zugehörigkeit drei Tage, nach zehn Jahren sechs Tage Urlaub. Für die städtischen Arbeiter in Feuerbach gab es Urlaub erst ab März

Frühstückspause in der Trikotfabrik Schober in Feuerbach um die Jahrhundertwende. Die Frauen brachten sich ihre Mahlzeit in Körben von zu Hause mit.

1908, und zwar nach einer dreijährigen Zugehörigkeit fünf Tage, ab sechsjähriger Tätigkeit acht Tage. Die Feuerbacher Gemeindebeamten kamen besser weg: In den ersten sechs Jahren erhielten sie zwei Wochen, bei längerer Dienstzeit drei Wochen Urlaub im Jahr. Bei Daimler in Untertürkheim gab es 1909 nur drei bis sechs Tage bezahlten Urlaub, aber nur für Beschäftigte, die der Firma bereits seit zehn oder mehr Jahren angehörten. Aber von 1700 Arbeitern nahmen nur 110, das heißt nur 6,5 Prozent der Arbeiterschaft, Urlaub.

Mit den so genannten »Sonntagsruhe-Gesetzen« für das Handelsgewerbe (1892) sowie für Industrie, Handwerk und Kleingewerbe (1895) wurden weitere Schritte auf dem Weg zu kürzeren Arbeitszeiten getan. Ab 1908 arbeitete man zehn Stunden an sechs Tagen in der Woche. Arbeitervertreter hatten schon 1890 die 48-Stunden-Woche gefordert, sie wurde aber erst 1906 von Robert Bosch eingeführt und erst 1918 allgemein üblich. Immerhin war bei Bosch ab 1908 und allgemein ab 1910 der Samstagnachmittag arbeitsfrei. Noch 1905 hatten im Königreich Württemberg 73 Prozent der gewerblichen Arbeiter (Männer und Frauen zusammen) eine tägliche Arbeitszeit von mehr als zehn Stunden. Fast 95 Prozent mussten morgens bis um sieben Uhr mit der Arbeit beginnen, und gut 35 Prozent hatten Arbeitsschluss erst nach 18 Uhr.

Es ist verständlich, dass auch die Selbständigen eine Verkürzung ihrer Arbeitszeit anstrebten. So stimmten die Feuerbacher Ladenbesitzer im Oktober 1910 mit einer Mehrheit von zwei Dritteln zu, die Geschäfte abends um acht Uhr zu schließen. Gleichzeitig führte man einen ärztlichen Sonntagsdienst ein, »damit den stark in Anspruch genommenen Ärzten hier auch ein freier Sonntag gesichert werde«. Die Apotheken zogen 1911 mit der wechselseitigen Sonntagsruhe nach.

Die Frauenarbeit war in den einzelnen Branchen verschieden stark verbreitet, aber in jedem Fall schlecht bezahlt. Die Trikotwarenfabrik G. J. Schober in Feuerbach beschäftigte im Jahre 1908 insgesamt 355 Frauen. Auch in der Papierwarenfabrik Gebrüder Oehler und in der Bettfedernfabrik Lepman waren viele Frauen tätig. Geringer, wenn auch nicht unbedeutend war ihr Anteil in der Chemischen Industrie. In Büros war die Beschäftigung von Frauen um diese Zeit schon selbstverständlich, etwa als »Schreibmaschinen-Dame« oder Telefonistin.

Die Mittagspause betrug für zwei Drittel der industriellen Arbeitnehmer höchstens eine Stunde. Das war zu wenig, um zum Essen nach Hause zu gehen, und Betriebskantinen gab es erst etwa seit den 1880er-Jahren. Die Firma Siegle in Stuttgart zum Beispiel ließ damals täglich in einem Wagen ein Mittagsmahl aus der benachbarten Volksküche holen und gab dazu einen beträchtlichen Zuschuss. Trotzdem brachten sich viele Arbeiter auch weiterhin ihre »Sutten und Essenshäfele« mit. Immerhin boten einige Firmen die Möglichkeit, das Essen aufzuwärmen und es im Speisesaal einzunehmen. Groß war aber auch die Zahl derer, die sich das Mittagessen von ihren Frauen oder Kindern bringen ließen. In Zuffenhausen zum Beispiel brachten Familienangehörige das Häfele zum Rathaus, stellten es je nach dem Arbeitsplatz des Mannes in einen bestimmten Korb, bezahlten zehn Pfennig, und einzelne Frauen brachten die Sammelkörbe dann zu den Arbeitsstellen. Sie fuhren dabei aber nicht etwa mit der Bahn nach Feuerbach oder Cannstatt oder gar nach Stuttgart, sondern marschierten, die Körbe auf dem Kopf tragend, zu Fuß, weil ihnen die Bahnfahrt zu teuer war.

Manchen Familien waren auch die zehn Pfennig zu teuer, und sie schickten deshalb Kinder los. Schon 1851 äußerten viele Eltern in Zuffenhausen den Wunsch, man möge ihre Kinder um zehn Uhr aus der Schule entlassen. Das änderte sich auch bis nach dem Ersten Weltkrieg kaum. So erzählte eine Stammheimerin des Jahrgangs 1910 dem Verfasser vor einiger Zeit, dass sie noch 1922 bis 1924 täglich dem Vater das Essen in die Firma Stotz in Kornwestheim tragen musste. Eine halbe Stunde vor Unterrichtsschluss hieß es zu ihrer Zeit in der Stammheimer Schule: »Essenträger dürfen gehen!« Von Daimler berichtete übrigens Fritz Schumann 1911, »daß bei den verheirateten Arbeitern das Frühstück appetitlicher aussah, besonders wenn ihre Frauen während ihrer Dienstmädchentätigkeit gelernt hatten, einen ordentlichen Haushalt zu führen.«

Angesichts der niedrigen Löhne schickten viele Familien auch Kinder in die Betriebe und ließen sich den Lohn abliefern. Am 1. März 1873 zählte man in Feuerbach erst vier Kinder unter vierzehn Jahren, die arbeiten mussten; sie wurden

Nähsaal III der Trikotfabrik Schober in Feuerbach. Die Frauen arbeiten an Rundwirkmaschinen.

in einer Fabrik für Papierwaren beim »Couvertmachen« eingesetzt. 1895 dagegen waren 73 Kinder in der Industrie tätig. Das entsprach einem Wert von 10,7 Kindern, bezogen auf 1000 Einwohner. Damit rangierte Feuerbach weit über dem Durchschnitt des Landes, der bei 6,25 Kindern pro 1000 Einwohner lag. Von diesen 73 Kindern waren 39 beim »Dütenkleben« eingesetzt, 22 mit Steineklopfen (!) beschäftigt, und zwölf mussten Blechbüchsen putzen, Zigarren drehen oder ähnliche Arbeiten verrichten. Außerdem wurden viele als Essensträger zum Vater oder frühmorgens als Milchmädchen nach Stuttgart geschickt oder mussten in der Landwirtschaft und dem Weinbau helfen.

Vor allem jenen, die Essgeschirre in die Fabriken trugen, mangelte es an Zeit, selbst in Ruhe zu Mittag zu essen. »Schlimme Folgen« habe das »sowohl für die körperliche Entwicklung als für Unterricht und Erziehung«, hieß es in einem damaligen Bericht. Bei einem Kind stellte man infolge zu starker Ausnutzung und mangelhafter Ernährung körperliche Schäden fest und bei neun Tütenklebern Beeinträchtigungen im Lernen.

Bestimmungen zum Schutz der Kinder brachte erstmals die Neue Gewerbeordnung für das Königreich Württemberg von 1862. Schulbesuch, Gottesdienst, Gesundheit, körperliche Entwicklung sowie religiöse und sittliche Erziehung durften danach nicht behindert werden. Als 1871 die Gewerbeordnung des Norddeutschen Bundes von 1869 in Württemberg eingeführt wurde, durften Kinder unter zwölf Jahren in gewerblichen Betrieben überhaupt nicht mehr beschäftigt werden, und Kinder bis zum 14. Lebensjahr mussten täglich mindestens drei Stunden Schulunterricht haben und durften höchstens sechs Stunden arbeiten. Sonn- und feiertags sowie zur Zeit des Konfirmationsunterrichtes durften sie nicht beschäftigt werden. Für Jugendliche von 14 bis 16 Jahren war die tägliche Arbeitszeit auf zehn Stunden begrenzt. Überdies musste den Jugendlichen vor- und nachmittags jeweils eine halbe Stunde und mittags eine Stunde Pause gewährt werden. Ihr Arbeitsbeginn durfte nicht vor 5.30 Uhr, der Schluss nicht nach 20.30 Uhr liegen.

Trat ein Junge in eine Lehre ein, so mussten die Eltern noch im vorigen Jahrhundert in der Regel ein Lehrgeld zahlen. Das ist uns noch heute im Sprichwort geläufig. Wenn dann 1895 in der Zeitung eine Anzeige erschien, in der es hieß: »Ein gesitteter Knabe findet eine gute Lehrstelle ohne Lehrgeld, nach Übereinkunft wird auch ohne Kost ein kleiner Lohn gezahlt«, dann war das damals gewiss ein günstiges Angebot.

Viele suchten eine neue Heimat in Übersee

Das Jahr 1848 brachte nicht nur politische Unruhe, sondern es war auch eine Zeit großer wirtschaftlicher Not. Beides ließ bei zahlreichen Württembergern den Entschluss reifen, sich in Übersee eine neue Existenz aufzubauen. Die Auswanderung aus Stuttgart bot dabei ein ganz anderes Bild als die aus Cannstatt oder den benachbarten Dörfern.

Die Not begann mit einer Kartoffelkrankheit, die in der Mitte der 1840er-Jahre verheerend um sich griff. Die damit einhergehende Teuerung brachte 1846/47 viele landwirtschaftliche Kleinbetriebe, wie sie die Erbteilung hervorgebracht hatte, ebenso wie viele Handwerker, Lohnarbeiter und Tagelöhner in finanzielle Schwierigkeiten. Dies kam um so mehr zum Tragen, als die politischen Unruhen von 1848 eine Stockung der Kreditvergabe zur Folge hatten, die eine Entwertung der Grundstücke bewirkte. Zu allem Unglück folgten 1850 bis 1853 mehrere Missernten. Viele Einwohner Württembergs verloren damit ihre wirtschaftliche Existenzgrundlage. Zudem wuchs die Bevölkerung schneller als die Zahl der Arbeitsplätze.

In dieser Situation sah so mancher Württemberger in der Auswanderung nach Übersee eine Chance, aus der Krise herauszukommen; denn er durfte, so schrieb Hermann Freudenberger, »drüben nochmal würfeln, hüben meist nicht mehr«. Infolgedessen kam es im Jahr 1848 zu einer starken Zunahme der Auswanderung, die dann in den Jahren 1852 bis 1854 ihren Höhepunkt erreichte. Dieser Entwicklung entsprach es, dass 1848 in Stuttgart eine »Gesellschaft für nationale Auswanderung und Kolonisation« (in Chile) ins Leben gerufen wurde.

So ohne weiteres konnte man allerdings das Land nicht verlassen. Man benötigte ein Unbedenklichkeitszeugnis des Schultheißenamts oder musste einen Bürgen stellen (der nötigenfalls die Schulden bezahlte), um die Entlassung aus der

Auswanderer warten in Le Havre auf ihre Einschiffung. Ein Bild aus dem Jahre 1861.

Staatsbürgerschaft zu erhalten. Wer darum nachsuchte, der wurde, wie aus den Listen über Feuerbach von 1850 und 1851 hervorgeht, beim Schultheißen von der Auswanderung »abgemahnt«, in der Regel aber ohne Erfolg. Einem Mann aus Feuerbach wurde 1851 zum Beispiel die Auswanderung für zwei Kinder nicht genehmigt, weil seine Mittel zu beschränkt waren, um für sie sorgen zu können. Sie würden nachgeschickt werden, wenn der Vater die Erziehungskosten erstatten würde, beschied man ihm. Mancher Bürger wanderte auch einfach aus, ohne sich abzumelden, und beantragte nachträglich die Entlassung aus der Staatsbürgerschaft.

Ab 1851 hielten die Oberämter in tabellarischen Listen Daten über die Abgemeldeten fest: die Namen und die Größe der Familie, das mit ausgeführte Vermögen, einen etwaigen Zuschuss zu den Reisekosten, die Namen von Bürgen sowie das Ziel und (nicht immer) den Auswanderungsgrund.

So können wir beispielsweise in den Listen über Feuerbach nachlesen, dass 1851 bis 1856 (ohne 1853, für das keine Zahlen vorliegen) insgesamt 124 Einwohner, nämlich 27 Familien mit jeweils zwei bis sieben Angehörigen sowie 32 Einzelpersonen über das große Meer zogen. Die meisten gingen nach Nordamerika, etliche nach Australien, einer nach Südamerika. Als Auswanderungsgrund wird in der Liste des Amtsoberamts Stuttgart stereotyp »Niederlassung« angegeben, in der des Oberamts Ludwigsburg »um ein besseres Auskommen zu suchen«, und im Oberamt Stuttgart heißt es, »um ein besseres Einkommen zu finden«, was alles dasselbe besagte: Die Heimat bot diese Möglichkeit nicht mehr.

Die Auswanderung aus dem heutigen Stadtgebiet Stuttgarts 1851 bis 1856 (ohne 1853)

	Einwohner	Auswanderer						% nach
	3. 12. 1852	1851	1852	1854	1855	1856	insges.	N-Amerika
Stadt Stuttgart	50 003	55	69	169	24	41	358	67
Stadt Cannstatt	6 698	19	50	113	12	17	211	92
Degerloch	1 466	4	7	1	14	1	27	100
Möhringen	2 255	15	14	40	4	8	81	91
Plieningen	2 648	2	58	15	8	12	95	96
Vaihingen	1 635	8	16	173	8	13	218	100
Feuerbach	2 720	29	38	45	10	2	124	88
Zuffenhausen	1 821		19	20	4	1	44	100
Münster	682		4	4	1		9	44
Mühlhausen	823	5	31	21	2	1	60	90
Hofen	665			1	1	1	3	100
Obertürkheim	938		1	4	8		13	77
Untertürkheim	2 308	4	10	22	2	7	45	76
Hedelfingen	1 235	1	13	7	25	2	48	88
andere Dörfer	10 983	19	83	125	25	29	281	90
Insgesamt	86 880	161	413	760	148	135	1 617	74

Für 1853 liegen keine Zahlen vor.
Quellen: Einwohnerzahlen vom Statistischen Landesamt Baden-Württemberg, Auswandererzahlen errechnet nach Hauptstaatsarchiv E 143 Bü 486–495.

Mitunter meldeten sich gleich zwei bis drei Geschwister gemeinsam ab, manchmal auch verwandte Familien mitsamt ihren Kindern. In Cannstatt stellten 1851 allein drei Familien 17 der insgesamt 20 Auswanderer. Nicht selten erscheint als Angabe auch »Heurath« (= Heirat), wenn nämlich ein Partner Württemberg bereits verlassen hatte.

Nicht alle Orte waren in gleicher Weise betroffen. Die Zahlen konnten sowohl zwischen den einzelnen Dörfern als auch von Jahr zu Jahr erheblich schwanken. So wanderten 1852 aus Plieningen 58 Personen aus, 1854 aber nur 15 Personen. In Vaihingen waren es im Jahr 1852 dagegen 16 Personen und 173 Personen 1854, aus Zazenhausen 1852 niemand, 1854 dagegen 14 Personen. Mitunter gab es, wie gerade die Zahl für Vaihingen zeigt, in einzelnen Orten regelrechte Wanderungsschübe, während andere Dörfer kaum betroffen waren wie zum Beispiel Münster mit insgesamt nur vier und Hofen mit nur drei Auswanderern in den Jahren von 1851 bis 1856 (ohne 1853).

Überprüft man in den Auswanderungslisten die Berufsangaben, so fallen einige Gruppen besonders ins Auge. In Feuerbach sind dies Tagelöhner, Tagelöhnerinnen, Dienstboten, Dienstmädchen und Mägde. Sie gingen meist als Einzelpersonen, die Frauen zum Teil mit Kind. An zweiter Stelle folgten die Weingärtner, doch da diese in der Regel mit ihren Familien auszogen, die zwei bis sieben Köpfe umfassten, ist ihre Gesamtpersonenzahl weit höher. Handwerker wanderten in geringerer Zahl aus, zum Teil mit Familie, zum Teil alleine.

Oft genannt sind ledige Mütter mit Kindern. Die Akten bezeugen, dass man sie nicht selten aus ihrer Heimat geradezu verdrängte. So wurden am 7. Oktober 1854 aus Feuerbach sieben mittellose Frauen mit zusammen zwölf Kindern auf Kosten der Gemeinde mit einem Zuschuss von 1158 Gulden »nach Amerika spediert« – und das, obwohl zum Beispiel in den Jahren 1856 bis 1865 in Württemberg jedes sechste Kind unehelich war und Feuerbach in der Umgebung Stuttgarts zu den Dörfern mit den meisten unehelichen Kindern gehörte. In einzelnen Orten wie in Heumaden schob man auch Trunkenbolde und Leute, die häufig im Gefängnis landeten, ab über den großen Teich.

In der Landeshauptstadt waren es ganz andere Personengruppen, die ins Ausland gingen, nämlich vor allem Handwerker, aber kein einziger Tagelöhner, allerdings auch etliche ledige Frauen. Ähnliche Unterschiede wie bei den Berufen gibt es auch bei den Zielen. Während 1851 aus dem ganzen Amtsoberamt Stuttgart ein Steinbrecher aus Feuerbach nach Südamerika zog, aus Plieningen ein Lackierer nach Frankreich und ein Schmied nach Nassau (in Deutschland), gingen alle anderen 59 Personen (= 95 Prozent) nach Nordamerika. Von den 54 Auswanderern aus der Stadt Stuttgart dagegen zogen 13 Personen in andere deutsche Länder (die damals auch »Ausland« waren, weshalb der Umzug dorthin als »Auswanderung« galt), vier nach Österreich, zwei in die Schweiz und einer nach Prag, je einer nach Kuba und nach Südamerika und 32 (= 59 Prozent) nach Nordamerika. Die andere Berufsstruktur der Stadt hatte also ein unterschiedliches Wanderungsverhalten zur Folge. Cannstatt glich jedoch, obwohl es Stadt war, eher den Dörfern.

Neben der Not in der Heimat war es die Kunde aus den Neuen Welt, die locken mochte. Viele Württemberger hatten ja bereits Verwandte, Freunde oder Verlobte »drüben«. »Amerika ist Verwandtenland«, schrieb Hermann Freudenberger. Und die Ausgereisten berichteten, wie es ihnen in der neuen Heimat erging. So freute sich einer, dass er jetzt nicht mehr vor dem Schultheißen den Hut abnehmen musste, sich also freier fühlen konnte. Ein anderer berichtete, er habe ein gutes Einkommen erzielt, ja ein Möhringer schickte während der Notzeit 1847 aus Amerika einen größeren Geldbetrag in die frühere Heimat, um zu helfen. Die Nachrichten aus der neuen Heimat konnten sich aber auch ganz anders anhören: »Es ist nicht so, wie die Leute von hier hinaus schreiben. Es ist mästens Lüge, und ich warne jedermann drausen zu bleiben, wenn man halbwegs zu leben hat.« Und ein Rückkehrer schrieb 1858 aus Weilimdorf seiner noch in den Staaten gebliebenen Frau: »Ich habe in diesen 3 Tagen die Erfahrung gemacht, daß wir unser Leben im Vaterland viel besser machen könnten als in Amerika, wenn ich erst wieder gesund bin.«

Vielleicht lockte manchen auch das Gold, das um diese Zeit in Kalifornien und Australien entdeckt worden war. Allerdings ließen sich die meisten Schwaben im nordöstlichen Teil der Vereinigten Staaten nieder.

In jedem Fall war es ein schwerer Entschluss, das Land zu verlassen; denn man gab ja nicht nur die Heimat und seinen Lebenskreis auf, sondern man fuhr hinaus ins Ungewisse. Auch wenn es gut ging, war die Fahrt eine Strapaze. So schrieb der schon erwähnte Rückwanderer aus Weilimdorf 1858: »Die Kost auf dem Schiffe war ziemlich schlecht, wir hatten nichts als Erbsen, Bohnen, Reis, Gerste und Sauerkraut und gesalzenes Schweinefleisch dazu«, und an Deck herrschte oft »ein unaussprechlicher Gestank«. Dampfer gab es noch kaum, und die Reise mit dem Segelschiff von Hamburg nach Nordamerika dauerte im Durchschnitt 40 Tage, bei ungünstigem Wind bis zu 80 Tage, die Fahrt auf die Südhalbkugel entsprechend länger. Ein Schäfer aus Berkheim bei Esslingen war beispielsweise 1852 von Hamburg nach Sidney in Australien 122 Tage auf See. Andere schafften diese Strecke in 109 Tagen. J. M. Vogt aus Erlenbach war 1853 bis nach Sidney sogar 153 Tage unterwegs.

Viele wählten deshalb schon bei der Abreise den etwas kürzeren Weg über Mannheim und dann rheinabwärts über niederländische, vielleicht auch englische Häfen. Die meisten Auswanderer aus Südwestdeutschland fuhren jedoch mit der Bahn durch Frankreich und schifften sich in Le Havre ein.

So manche hoffnungsvollen Auswanderer kamen aber nie an ihrem Ziele an, weil sie das Schiffsfieber dahinraffte oder die stürmische See der Reise ein Ende setzte. So verlor der Möhringer Johann Steck im Jahr 1840, als sein Schiff nach 39 Tagen Seefahrt im Nebel vor der Küste Amerikas auf einen Felsen stieß, Vermögen, Geld und Kleider, ja schlimmer noch: Er sah Frau und Tochter ertrinken. Steck selbst konnte sich mit einigen anderen auf einen Felsen retten, aber »wir wußten nicht wo wir waren« und sahen bloß Felsen. Erst am sechsten Tag stießen sie auf einige Fischerhütten. Sein erschütternder Bericht an »Herrn Verwaltungs-Actuar Breining« in Möhringen ist noch heute erhalten.

Nach der Ankunft in New York fand so mancher Schwabe eine erste Unterkunft im »Stuttgarter Hof«. Ein Knecht des Hauses holte die Übersiedler im Hafen ab. Allerdings konnte man dort des Preises wegen nicht lange wohnen und zog möglichst rasch zu Verwandten oder Bekannten weiter.

Im Jahre 1852 wanderte auch Georg Adam Bürkle aus Plattenhardt nach Nordamerika aus, und 1859 folgte ihm sein Bruder Johann Martin. 1878 erwarben beide in Arkansas 11 000 Morgen Land, und bald siedelten sich weitere Familien dort an. Als eine Post eingerichtet wurde und die Siedlung einen Namen erhalten musste, gaben die Bürkles ihr 1880, in Erinnerung an ihre schwäbische Heimat, den Namen »Stuttgart«. Ebenfalls 1880 organisierte die »Atchison Topeka & Santa Fe Eisenbahn« in Kansas den Aufbau einer »Colonie Stuttgart«, in der sich Schwaben gemeinsam ansiedeln sollten, weil sie sich auf diese Weise leichter einleben könnten.

Mit Milch über den steilen Berg – Frauen brachten sie täglich aus den Dörfern in die Stadt

Wer in den Chroniken der Dörfer aus dem Stuttgarter Umland und vor allem in den Oberamtsbeschreibungen des 19. Jahrhunderts blättert, stößt immer wieder auf einen Satz wie diesen: »Die Milch wird täglich nach Stuttgart getragen und dort abgesetzt.« Ein kurzer Satz nur, aber er zeugt doch von einer beachtlichen Alltags-Leistung unserer Vorfahren – und das heißt hier vorwiegend der Frauen – aus der Umgebung.

Welche Bedeutung der Milchhandel für manche Orte besaß, zeigt die Angabe für Gaisburg von 1851: »Die Viehzucht ist hauptsächlich auf den Milchverkauf nach Stuttgart berechnet, welcher einen bedeutenden Erwerbszweig bildet, auf den manche Familie beinahe ausschließlich angewiesen ist.« Ähnliches kann man bei Degerloch und Heumaden lesen, und auch für die Kaltentaler war der Milchverkauf der »Haupterwerbszweig«. Von Feuerbach hieß es im selben Jahr: »Das Vieh wird hauptsächlich der Milch wegen gehalten, wovon täglich von 80 Personen mühselig über den steilen Berg, Gähkopf genannt, nach Stuttgart ungefähr 4 Eimer getragen werden, die einen jährlichen Erlös von etwa 20 000 Gulden abwerfen.« Das alte Hohlmaß Eimer entspricht rund 294 Liter, vier Eimer dementsprechend 1176 Liter. Eine beachtliche Menge, die da von den Feuerbacher Mädchen und Frauen in Kannen bergauf und bergab getragen wurde! Von Degerloch waren schon 1827 ebenfalls täglich etwa 80 Frauen unterwegs, von Zuffenhausen um 1850 44 »Weibspersonen«, die jährlich 10 000 Gulden einnahmen. 1861 wurde die Zahl aller »Milcherinnen« auf über 800 beziffert.

Die abends gewonnene Milch musste auf natürliche Weise bis zum Abmarsch am frühen Morgen kühl gehalten werden. Die Frauen stellten die Gefäße deshalb über Nacht in die Brunnentröge. In Münchingen waren es der Rosen- und der Spittel- (Spital-)Brunnen, die man zum Kühlen benutzte.

In so manchen Dörfern begnügte man sich nicht mit der im eigenen Stall gewonnenen Milch, sondern kaufte Milch aus Nachbarorten hinzu, um sie in Stuttgart abzusetzen. Die Frauen von Kaltental zum Beispiel holten Milch aus Vaihingen, die von Rohracker aus Heumaden, und aus Weilimdorf gelangte nur ein Teil direkt, ein anderer über Feuerbacher Händler in die Landeshauptstadt. Von Zuffenhausen wird berichtet, dass die Frauen abends Milch sowohl in Zuffenhausen als auch in Mühlhausen, Zazenhausen, Kornwestheim und Stammheim aufkauften und sie über Nacht zur Kühlung in die Brunnentröge stellten, um sie morgens in der Frühe nach Stuttgart zu bringen. Das Gut Kleinhohenheim vertrieb seine »sehr beliebte« Milch pachtweise über Händlerinnen. Sogar von Bonlanden aus, dessen Rindviehzucht unbedeutend war, kauften Händlerinnen Milch in Harthausen, um sie großenteils nach Stuttgart zu bringen.

Weiter entfernte Orte wie Heumaden, Ditzingen, Hirschlanden, Münchingen und Öffingen verarbeiteten die Milch zu Butter und verkauften dann diese auf dem Markt in Stuttgart. Gelegentlich wurden auch Obst und Eier auf den Stuttgarter Markt gebracht, was beispielsweise für Leinfelden belegt ist. Auch mit Hühnern und Gänsen aus Stetten oder mit Mastvieh aus Hemmingen, Höfingen, Münchingen und Korntal wurde dort gehandelt.

In Zuffenhausen machten sich die Mädchen und Frauen morgens um vier Uhr auf den Weg. Anfangs wurde die Milch in einer Kanne auf dem Kopf getragen, dazu in jeder Armbeuge eine weitere Kanne. Von Feuerbach erzählten ältere Einwohner dem Verfasser, dass sich die Milchträgerinnen frühmorgens am Fuß des Feuerbacher Weges trafen und dann gemeinsam mit dem Lied »Im schönsten Wiesengrunde« oder schwätzend und vielleicht zugleich noch strickend über die Höhe zogen. Auch aus Rohracker trugen die Mädchen die Last auf dem Kopf, die Männer jedoch im Kreben auf dem Rücken.

Später, als der Milchhandel umfangreicher wurde, benutzte man den zweirädrigen Stoßkarren, so zum Beispiel in Degerloch, Rohracker und Sillenbuch. Da der Bopserweg sehr steil war, mußten die Sillenbucher Karren, deren Korb häufig sechs große und einige kleine Kannen fasste, mit besonders starken Bremsen ausgestattet sein. In Zuffenhausen bediente man sich des Handwagens. Hier mussten Kinder bis zum Pragsattel schieben helfen, ehe sie zur Schule gehen durften, die um sieben Uhr begann. Auch von Rohracker heißt es, »durch Schieben den Berg hinaus verdiente sich mancher Bub vor dem Schulgang einen Groschen«. Zum Ausruhen dienten die steinernen Ruhebänke, zwischen Rohracker und Stuttgart vier Stück an der Zahl: am Burghaldenweg, beim Waldbeginn, bei der Stelle und im Kienle. Die Letztere ist noch erhalten. Auch am Feuerbacher Weg steht noch heute eine Ruhebank.

Aus weiter entfernten Orten benutzte man größere Fahrzeuge. So berichtete Böhm 1915, dass täglich »fast von jedem Filderort Milchfuhrwerke fahren, deren Besitzer zugleich Botendienste versehen«. Wie Zeitzeugen dem Verfasser berichteten, fuhr von Münchingen der Milchkutscher mit einem Pritschenwagen nach Stuttgart, und in Weilimdorf passierten täglich »einspännige leichtere Pferdewagen mit Segeltuchdach« aus Ditzingen, Höfingen und Hirschlanden den Ort nach Feuerbach (und Stuttgart) zu. Auf der Plane waren Namen und Heimatort der Lieferanten zu lesen.

Die Eisenbahn wurde in der ersten Zeit ihres Bestehens nicht benutzt, allenfalls in besonderen Fällen, so in Feuerbach »namentlich bei Glatteis«. Der Fahrpreis war im Verhältnis zum Milchpreis viel zu hoch. Die Bedeutung der Bahn wuchs aber rasch: Kamen 1896 noch täglich 32 100 Liter mit Handwagen und Fuhrwerk in die Stadt, aber nur 21 200 Liter mit der Bahn, so waren es 1903 zwar 28 440 Liter mit dem Fuhrwerk und 11 860 Liter mit dem Handwagen, doch 43 350 Liter mit der Bahn; 1906 lag das Zahlenverhältnis sogar bei 18 550 Liter (Fuhrwerk): 7000 Liter (Handwagen): 72 300 Liter (Bahn), die Anteile verschoben sich also sehr stark.

Die Entwicklung der Technik brachte dann aber doch manche Erleichterung. Mit der Fertigstellung der Zahnradbahn 1884 wurde der Transport von Degerloch nicht nur einfacher, sondern auch schneller. Von Zuffenhausen aus benutzten die Milchverkäuferinnen ab dem Ende des 19. Jahrhunderts die Bahn. In Feuerbach hörte man mit dem Milchtragen auf, als die Straßenbahn nach Stuttgart fertig gestellt war (1909).

Sillenbucher Milchmädchen, vermutlich aufgenommen im Jahre 1898 am Bopser auf dem Weg nach Stuttgart. Die Karren hatten an den Rädern stark wirkende Bremsen.

Der tägliche Milchdienst brachte aber auch manche Probleme. So beklagte sich der Zuffenhauser Kirchenkonvent 1823 darüber, dass die Milchträgerinnen sich auch sonn- und feiertags auf den Weg nach Stuttgart machten. Er beschloss, in Zukunft jede, die das tue, zu bestrafen und dies der Gemeinde bekannt zu geben. Offensichtlich traf diese Entscheidung aber zu viele Gemeindemitglieder in ihrer Existenz. Denn kurze Zeit später änderte der Kirchenkonvent seine Entscheidung dahingehend ab, dass die Milchfrauen zwar gehen, jedoch entweder zu Beginn des Gottesdienstes oder erst nach dessen Ende »im Orte erscheinen« durften.

Von Botnang weiß die Oberamtsbeschreibung zu berichten, dass dort die Ziegenhaltung groß war. Einzelne Ziegen wurden morgens in die Stadt getrieben und dort ausgemolken, um, wie es heißt, die natürlich-warme Milch zu Heilzwecken zu nutzen.

Es liegt auf der Hand, dass auch andere große Orte, die sich nicht selbst ausreichend mit Milch versorgen konnten, aus der Umgebung beliefert wurden. So brachten Frauen von Fellbach die Milch nach Cannstatt, Stuttgart und Untertürkheim, und die Kornwestheimerinnen lieferten außer nach Zuffenhausen (für Stuttgart) auch nach Ludwigsburg.

Im Jahre 1906 schrieben die Doktoren Gastpar und Camerer über diesen Milchhandel »im Kleinbetrieb«, wie er »hauptsächlich in den Filderorten und in den Vororten um Stuttgart« betrieben wurde, dass »die Milch auf offenen, kleinen, gegen Schmutz und Hitze ungeschützten Handwagen zum Verkauf gebracht wird. Auf dem Rückweg wird dann vielfach Schweinefutter mitgeführt«. Und weiter:

»Die Reinlichkeit des Stall- und Melkpersonals, die Reinhaltung des Viehs und der Stallungen sowie der Milchgefäße ist nicht nur um Stuttgart herum, sondern auch in allen Bezirken des Landes eine den hygienischen Anforderungen nicht entsprechende.« Da auch noch keine Kühlung erfolgte, wurde die Milch im Sommer unterwegs oft sauer.

Immerhin verbrauchte die Stadt Stuttgart im Jahre 1906 fast 100 000 Liter am Tag; nahezu 36 Millionen Liter wurden in diesem Jahr eingeführt und 2,7 Millionen Liter im damaligen Stadtgebiet selbst erzeugt. 100 Ortschaften bis hin ins Allgäu lieferten Milch per Bahn in die Hauptstadt, wobei »die Flaschen ohne jede Kühlung, ohne Schutz vor Staub und Schmutz« befördert wurden.

An ständigen auswärtigen Händlern, die Milch nach Stuttgart brachten, zählte man 1905 insgesamt 668, an gelegentlichen Händlern 134, dazu 877 ständige hiesige Milchgeschäfte und 122 nichtständige hiesige Verkäufer.

Unter so vielen Händlern gab es manche, die versuchten, die Milch durch Zugabe von Wasser zu vermehren. Jedenfalls klagte die Stadtverwaltung in ihrem Verwaltungsbericht von 1889/91: Nach den Untersuchungen des städtischen Laboratoriums hatte »die zum Verkauf von auswärts hieher gebrachte Milch fast durchaus ein spezifisches Gewicht von 29 bis 31 Grad, während in Wirklichkeit nach den angestellten Versuchen viel mehr bessere Milch in den Gegenden produziert wird, aus welchen diese nach Stuttgart geliefert wird. Dieser Umstand weist darauf hin, dass inbesondere von routinierteren Milchhändlern innerhalb der nach den bestehenden Vorschriften für das spezifische Gewicht festgesetzten Grenzen die Milchfälschung in der Weise betrieben wird, dass die Händler an der Hand der Milchwaagen durch Abrahmen und Wasserzusetzen die zugelassenen Grenzwerte des spezifischen Gewichts herstellen.« Die daraufhin erlassene Anordnung, die Milchgefäße mit den Namen der Händler und der Bezeichnung der darin befindlichen Milch – Voll- oder Magermilch – zu versehen, löste das Problem nicht, weil ein großer Teil über Zwischenhändler in die Stadt kam.

In den Jahren um 1848, als die Lebensmittelpreise wegen schlechter Ernten drastisch anstiegen (siehe Seite 101), wurde auch die Milch erheblich teurer. Von drei bis vier Kreuzer je Maß stieg der Preis auf fünf bis sechs Kreuzer an. Wir »bekommen aber mehr Wasser als Milch, von Rahm ist gar keine Rede«, beklagten sich Stuttgarter Hausfrauen am 4. August 1849 im Neuen Tagblatt für Stuttgart und Umgegend.

Den Stuttgarter Frauen ging die Verwässerung zu weit. Schon im Juni 1846 konnte man in der Zeitung lesen, die Farbe der Milch habe sich »ungeachtet des hohen Preises durch Wasserzusatz ins Himmelblaue verstiegen«. Im April 1847 beschwerten sich mehrere Hausfrauen in der Zeitung erneut darüber, »dass die Milch oft zur Hälfte mit Wasser vermischt ist«, und sie forderten die Polizei auf, den Milchhandel besser zu beaufsichtigen und Fälschungen zu bestrafen. Die Schuld an der Misere schoben sie den Zwischenhändlerinnen zu, denen sie zutrauten, »auf jede mögliche Weise zu betrügen«.

Die Maßnahmen halfen jedoch nicht, weshalb einige Leserinnen sich am 4. August 1849 im Neuen Tagblatt in einem »Aufruf an Stuttgarts Frauen und Jungfrauen« wandten und sie aufforderten, »einen Verein zu bilden, der zum Gegenstand hat, den Preis der Milch wieder auf den althergebrachten Preis« zu drücken und wieder eine gute, nicht mit Wasser versetzte Milch zu erhalten. In einer Versammlung wollten sie entscheiden, ob diese Ziele nicht durch einen Milchboykott angestrebt werden sollten. Sie beriefen die Zusammenkunft auf den 6. August nachmittags drei Uhr in den Speidelschen Garten in Heslach ein. Dort wollten sie auch darüber diskutieren, »ob sich nicht 14 Tage alles Kaffees und aller Milch enthalten werden soll«. Offenbar beschlossen sie auch, nicht mehr als vier Kreuzer pro Maß zu bezahlen.

Dass die Milcherinnen sich gegen die Vorwürfe wehrten, liegt auf der Hand, zumal sicherlich nicht alle in gleicher Weise an dem Betrug beteiligt waren. Sie mahnten die Stuttgarter Frauen im Oktober 1847 in der Presse, bei ihren Klagen nicht zu vergessen, wie hart ihre Arbeit sei: »Da muss man alle Tage kommen, es mag Wetter seyn, wie es will, bei Hitz und Kälte, Regen und Schnee.« Und sie kamen bei jedem Wetter, wie ein Zeitgenosse 1861 berichtete, »zu gewohnter Stunde bei ihren Kunden an«. Die Milcherinnen warfen den Stadtfrauen vor, ihr Geld auf der Bahn und im Wirtshaus zu verbrauchen, aber wegen der Milch Händel anzufangen. So spiegelt der Streit um den Milchpreis nach Beate Binder auch den wachsenden Gegensatz zwischen städtischem und ländlichem Frauenleben wider.

Es ging aber auch noch um einen anderen Gegensatz; denn die Stuttgarter Hausfrauen wollten, wie es in ihrem Aufruf hieß, sich versammeln »nicht zu politischen Zwecken, sondern zu Zwecken der von den Männern so vernachlässigten Häuslichkeit«. Sie meinten, »die Männer, unsere Tyrannen«, kümmerten sich zu sehr um »große Politik« und zu wenig um Haushalt und Familie, warfen doch Männer den Frauen vor, es liege ihnen nur an der Erhaltung ihrer Kaffeekränzchen und sie hätten das Haushalten verlernt. In einer Stellungnahme von Seiten der Frauen hieß es denn auch, es gehe ihnen nicht nur um ihren Kaffee, »sondern um die wichtigen sonstigen Haushaltungszwecke, wobei die Milch eine Rolle spielt, um unsere Kinder, die weit mehr Milch brauchen als wir«.

Die Ruhbank am oberen Ende des Feuerbacher Wegs bot nach dem steilen Anstieg Gelegenheit zu einer Rast.

Die Milchversorgung der immer weiter wachsenden Stadt änderte sich grundlegend, als 1905 die Stuttgarter Milchzentrale gegründete wurde. Von nun an wurde die meiste Milch dort angeliefert, gereinigt, pasteurisiert und in Flaschen abgefüllt oder offen an die Milchhandlungen ausgeliefert. Schließlich wurde 1936 der Direktverkauf der Milch aus hygienischen Gründen untersagt. Sofern man sie nicht schon längst an eine der vielen Genossenschaften ablieferte, die bereits um die Jahrhundertwende in der Versorgung Stuttgarts eine wichtige Stellung einnahmen, musste man sie zu einer Milchsammelstelle bringen.

Die Zeit der »Milcherinnen« war vollends zu Ende.

Wohnungselend in der Landeshauptstadt um 1900

Da redet man oft von der guten alten Zeit – aber gab es sie wirklich? Liest man Berichte über die Wohnverhältnisse in Stuttgart zur Zeit der Industrialisierung, so müssen erhebliche Zweifel kommen. Die Einwohnerzahl der Landeshauptstadt stieg in der zweiten Hälfte des 19. Jahrhunderts derart rasch, dass das Angebot an Wohnungen damit nicht Schritt halten konnte. Das Ergebnis war erschütternd: Zum einen waren die Wohnungen der minder bemittelten Klassen durchweg zu klein, zum anderen waren sie stark überbelegt.

Angesichts dieser Verhältnisse begann der »Verein für das Wohl der arbeitenden Klassen« unter seinem Vorsitzenden Eduard Pfeiffer mit Erhebungen über die Wohnverhältnisse der ärmeren Bevölkerung. Oberbürgermeister Hack ordnete hierfür Befragungen durch Armenärzte und Armenpfleger an. So wurde im Jahre 1886 in der Innenstadt die Wohnsituation untersucht. Von rund 3000 Fragebögen konnten 1331 ausgewertet werden. Und dies war das Ergebnis: In den 1331 Wohnungen lebten 5048 Personen, 255 Einzelpersonen und 1076 Familien. 2113 Personen wohnten in 795 Einzimmerwohnungen, mithin im Schnitt 2,6 Personen, tatsächlich – wegen der mitgezählten Einpersonenhaushalte – jedoch bis zu fünf. Weitere 2077 Einwohner hausten in 413 Zweizimmerwohnungen, also im Durchschnitt fünf Personen. In 104 Wohnungen mit drei Zimmern lebten jeweils bis zu sechs Menschen. Für einkommensschwächere Familien mit zum Teil fünf Kindern war damals die Zweizimmerwohnung die Regel, ja auch Familien mit sechs und sieben Kindern lebten zu zwei Dritteln in Wohnungen mit nur ein bis zwei Zimmern.

Die Ausstattung der Gebäude war schlecht. Von den 1331 Wohnungen hatten nur 329 eine separate Küche, und 75 Familien hatten nicht einmal eine Gelegenheit, in einer Gemeinschaftsküche zu kochen. In 537 Wohnungen konnte nur in einem der Zimmer gekocht werden, und in 352 Wohnungen mussten sich mehrere Familien Küche und Herd teilen. Von den 795 Einzimmerwohnungen hatten nur 57 eine Kochstelle, 257 lediglich ein einziges Fenster. Über eine moderne Wasserleitung, wie sie seit 1881 erst nach und nach eingeführt wurde, verfügten nur 620 Wohnungen. Die anderen Bewohner mussten das Wasser wie in alten Zeiten an den öffentlichen Brunnen holen. Nur 219 Familien hatten ihr eigenes Klo, 1112 Familien mussten die Toilette mit anderen Familien teilen.

Aber was sagen die Durchschnittswerte schon aus, wenn man erfährt, dass allein 18 Familien mehr als zehn Köpfe zählten! Für die 5048 Personen, die in den befragten Haushaltungen lebten, gab es nur 3317 Betten und 199 andere Lagerstätten! 1532 Menschen hatten keine Schlafstelle oder mussten sie mit anderen Personen teilen. Da blieb es nicht aus, dass hier zwei Mädchen mit einem älteren Knaben, dort ein Vater mit der fünfzehnjährigen Tochter und vielfach zwei bis drei Kinder in einem Bett schlafen mussten.

Die Qualität vieler Wohnungen ließ ebenfalls zu wünschen übrig. Die Straßen waren eng, die Bausubstanz schlecht, die Räume klein, feucht, muffig und dunkel, zudem schlecht heizbar – 50 Wohnungen konnte man überhaupt nicht heizen!

Die minderbemittelte Bevölkerung Stuttgarts wohnte um die Jahrhundertwende vielfach in Gelassen, in denen »kein gewissenhafter Landwirt sein Vieh unterbringen würde«. Eine Erhebung über diese Verhältnisse führte zum Beginn des Sozialen Wohnungsbaus in Stuttgart.

Auch die sanitären Einrichtungen erschienen mittelalterlich, von den fehlenden Gelegenheiten zum Baden oder Duschen ganz abgesehen. In vielen Wohnungen waren zudem Böden oder Wände schadhaft. Die Wäsche trocknete man teilweise im Schlafzimmer oder in der Küche auf einer durch den Raum gespannten Schnur. »Gelasse, in die kein gewissenhafter Landwirt sein Vieh unterbringen würde, dienen als Wohn-, Arbeits- und Schlafraum für Menschen«, schrieb Friedrich Westmeyer im Jahre 1911 in seiner (allerdings polemischen) Schrift über das Wohnungselend in Stuttgart. Gerade an kleinen Wohnungen, die am meisten benötigt wurden, herrschte in Stuttgart um die Jahrhundertwende der stärkste Mangel.

Der Verdienst der Arbeiter reichte, angesichts der Größe der Familien und der Höhe der Mieten, oft nicht aus. Stuttgart war hinsichtlich der Wohnungsmieten schon damals eine der teuersten Städte in Deutschland. 299 Mark musste ein Arbeiter in Stuttgart 1897 im Schnitt jährlich für seine Wohnung bezahlen, in der weiteren Umgebung dagegen nur 149 Mark. Relativ gesehen, war eine Arbeiterwohnung eineinhalbmal so teuer wie eine große Wohnung für Reiche. »Der Mietzins verschlingt einen so großen Teil des Einkommens, daß die Ernährung notleidet«, meinte Westmeyer. Von 14 325 Kindern, die im September 1909 bis März 1910 in Stuttgart und den Vororten von einem Stadtarzt untersucht wurden, waren nur 2761 Kinder so ernährt, wie es sein sollte. Mittelmäßig ernährt fand der Arzt 5149, mittelmäßig ernährt mit Blutarmut 3217, gering ernährt 1641 und gering ernährt mit Blutarmut 1553. Rachitis zeigten 989, Verkrümmung der Wirbelsäule 1225 Kinder, an den Augen litten 1850, an der Lunge (ohne Tuberkulose) 929, an Tuberkulose aller Organe 51 Kinder. »Proletarier-Krankheit« nannte man die Lungenschwindsucht damals.

»Der Tod hält in den Wohnquartieren der minderbemittelten Bevölkerung reiche Ernte«, meinte Westmeyer. »Die Zahl der Sterbefälle ist hier verhältnismäßig doppelt so groß wie in Villenvierteln.« Und weiter: »Noch krasser tritt dieses Verhältnis bei der Kindersterblichkeit in Erscheinung.«

Um ihre geringen Einkünfte ein wenig aufzubessern blieb vielen Familien nichts anderes übrig, als tagsüber, wenn man selbst bei der Arbeit war, sein Bett einem »Schlafgänger« zu überlassen oder einen Verschlag auf dem Boden zum Schlafen zu vermieten. Am 1. Dezember 1900 gab es laut der Chronik in Stuttgart 12 650 männliche und 2820 weibliche »Aftermieter« und »Schlafgänger« (bei 35 575 Haushaltungen), das heißt einer auf 2,3 Familien, während im übrigen Württemberg einer auf 9,4 Familien kam. Dabei war der Anteil dieser Untermieter bei unselbständigen Wohnungsinhabern besonders groß und stieg mit der Größe der Wohnung. Zum Teil wurden sogar ganze Familien als Untermieter aufgenommen. So wohnten in den etwa 180 Wohnungen der »Stuttgarter gemeinnützigen Wohnungsgesellschaft« am 1. Januar 1895 insgesamt 188 Mieter sowie 46 Familien in Aftermiete. Das waren zusammen 234 Familien mit 1059 Köpfen. Alle Mieter, mit Ausnahme von zwei Lehrerfamilien, gehörten der arbeitenden Klasse und »der Klasse der niederen Verkehrsdiener« an, hieß es 1895.

Nach der Auswertung der Erhebung bekannte der »Verein für das Wohl der arbeitenden Klassen«: »Die großen Mißstände, welche hierbei aufgedeckt wurden, ließen in uns den Entschluß reifen, hier tatkräftig einzugreifen.« Der Verein begann deshalb mit dem Bau der damals so genannten »Kolonie Ostheim«, in der 1891 bis 1901 insgesamt 1267 Wohnungen entstanden, hauptsächlich solche mit zwei oder drei Zimmern. Der Bau der Kolonien Südheim und Westheim schloss sich an. Außerdem leitete der Verein die Altstadtsanierung ein. Sie begann 1905 in der Weber-, Leonhard- und Bachstraße.

Wirkliche Abhilfe konnte aber nur eine flächenhafte Sanierung bringen. Deshalb erwarb der Verein – nach Verhandlungen mit mehr als hundert Grundeigentümern! – die Gebäude zwischen Eberhardstraße, Steinstraße und Ilgenplatz (um den heutigen Geißplatz herum), ließ sie 1906 abbrechen und an ihrer Stelle neue Häuser aufgelockert, aber doch im alten Stil wieder aufbauen. An der Eberhardstraße entstand dabei der für gewerbliche Nutzung bestimmte große Graf-Eberhard-Bau. Insgesamt wurden bei dieser Maßnahme 87 Einzelgebäude abgerissen, 34 Häuser neu errichtet und die Straßen – die Nadlerstraße hatte nur 4,25 Meter, die Steinstraße 5,50 Meter Breite – auf elf Meter verbreitert. Diese Maßnahmen wurden damals in ganz Deutschland als vorbildlich gerühmt.

Besondere Ereignisse

Einzigartig: Die Saurierfunde von Feuerbach, Degerloch, Heslach und Kaltental

»Eine der fruchtbarsten Gegenden, was fossile Saurierfunde anbelangt, ist seit Jahren die Gegend um Stuttgart«, schrieb Oskar Fraas 1867 in seinem Bericht über *Dyoplax arenaceus*. »Der Grund hierfür wird weniger in einem größeren Reichtum des Keupers an abgelagerten Saurierresten zu suchen sein als in den zahlreichen Grabarbeiten, die jahraus jahrein Berg und Tal um Stuttgart durchwühlen.« Seit dem Fund von Dinosaurier-Resten 1847 gab es »kein Jahr, das nicht neue, ungeahnte Resultate zu Tag gefördert hätte«, äußerte der Forscher 1877. Dazu sei angefügt, dass der Paläontologe als Saurier die Lurche (Amphibien) und Kriechtiere (Reptilien) des späten Erdaltertums und des Erdmittelalters bezeichnet. Heute befinden sich diese Fundstücke und lebensnahe Nachbildungen im Staatlichen Museum für Naturkunde am Löwentor in Stuttgart.

Die Bedeutung des Stuttgarter Raumes für die Paläontologie schlug sich sogar im wissenschaftlichen Namengut nieder: Ein bis zu drei Meter groß gewordener Urlurch, von dem Skelettreste an der Sonnenbergstraße im heutigen Stadtteil Sonnenberg geborgen wurden, erhielt den Namen *Metoposaurus stuttgartiensis*, und eine Gattung der Krokodilsaurier wurde von Oskar Fraas *Nicrosaurus kapffi* genannt (Neckarsaurier, lat. nicer = Neckar). Fraas schrieb dazu: »Dieser Saurier scheint das schwäbische Triasland

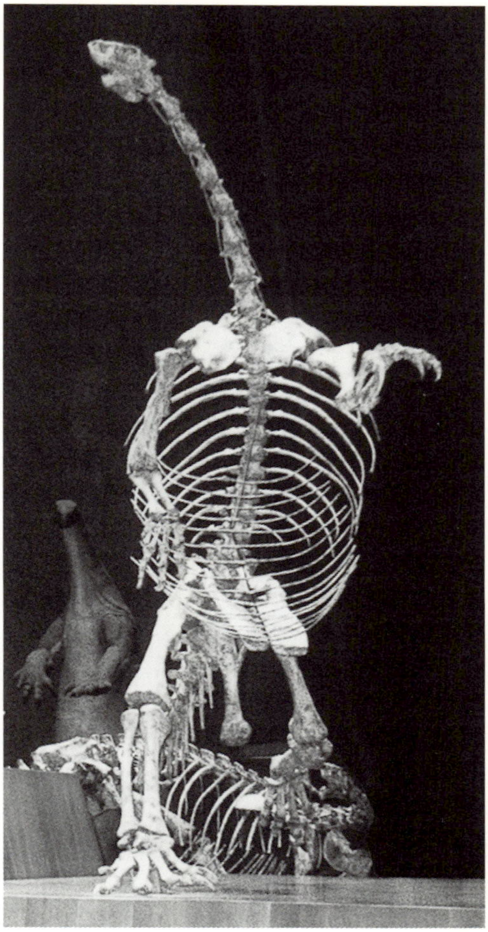

Nachbildungen des »Schwäbischen Lindwurms« im Staatlichen Museum für Naturkunde am Löwentor. Die im Durchschnitt 6,50 Meter langen Tiere konnten, wenn sie sich auf die Hinterbeine stellten, eine Höhe von vier Metern erreichen. Aufgenommen im März 1999.

und innerhalb desselben die nachmalige Neckargegend mit ganz besonderer Vorliebe zum Wohnsitz gewählt zu haben.« Mehrere Arten wie *Belodon plieningeri* und *Nicrosaurus kapffi* erhielten ihre wissenschaftlichen Artnamen nach bedeutenden Stuttgarter Paläontologen des

Der Sandsteinbruch bei Heslach, in dem in der zweiten (dunklen) Schicht von unten die 22 Adlerkopf-Echsen gefunden wurden.

19. Jahrhunderts. Mit den Saurierfunden befassten sich hier vor allem Gymnasialprofessor Theodor Plieninger (1795 bis 1879), Oberkriegsrat Friedrich von Kapff (1809 bis 1887) und Konservator Oskar Fraas (1824 bis 1897). Und weil so viele Saurier in Württemberg entdeckt und erstmals beschrieben wurden, gilt das Staatliche Museum für Naturkunde als ein Mekka der Wirbeltier-Paläontologen.

Entscheidend für die Funde war, dass zum einen der Keupermergel zur Bodenverbesserung und Ziegelherstellung abgebaut und zum anderen Schilf- und Stubensandstein als Baumaterial oder zur Gewinnung von Fegesand gebrochen wurden. Es sind Gesteinspakete, die vor rund 200 und mehr Millionen Jahren auf dem Festland abgelagert wurden.

Die Feuerbacher Steinbrüche im heutigen Killesberg-Gelände erwiesen sich als einzigartige Fundstätte. Die ersten Reste vorzeitlicher Tiere entdeckte dort Theodor Plieninger 1825 im Abraum, dem nicht verwertbaren Bruchmaterial. Um 1838 trafen die Arbeiter in den Feuerbacher Brüchen auf eine Bank, die voll von Panzerplatten-Stücken und Knochenresten war, wie man sie dann auch am Esslinger Berg (der heutigen Uhlandshöhe) und im Kienle fand. Hermann von Meyer, der führende Paläontologe des 19. Jahrhunderts in Deutschland, beschrieb 1844 den Schädel des Urlurchs *Metoposaurus diagnosticus* von der Feuerbacher Heide.

Zuerst fand man im Schilfsandstein sowohl in dessen unteren Lagen in den Steinbrüchen auf der Feuerbacher Heide als auch in den oberen Schichten im Kienle Schädel und Panzerplatten der Urlurche *Cyclotosaurus robustus* und *Metoposaurus diagnosticus*. Der größte Urlurch aller Zeiten war *Mastodonsaurus*, dessen Reste 1830 bis 1840 im Lettenkeuper von Gaildorf gefunden wurden. Allein sein Schädel konnte bis zu 1,25 Meter lang werden.

Etwas phantastisch und doch wahr erscheint die Geschichte von der 1870 an der Schlossstraße (heute Bolzstraße) errichteten Hauptpost. Dort hatten die Steinmetzen einen großen Quader aus Schilfsandstein von Hanweiler als Gesimsstein für ein Fenster fertig bearbeitet und poliert, mussten ihn jedoch aussortieren, weil er auf der polierten Seite Flecken zeigte. Bei näherer Untersuchung erwiesen sich diese Flecken als Querschnitte von Knochen. Der Präparator Wilhelm Schmidt ließ daraufhin den Block ins Naturkunde-Museum bringen. Bei der Präparation fand man dann ein fast vollständiges Skelett des Lurches *Metoposaurus*.

Im Mai 1847 entdeckte der Zigarrenfabrikant und Stuttgarter Stadtrat Reiniger in einer Mergelgrube in ehemaligen Weinbergen unterhalb von Degerloch etwa 60 Wirbel eines Sauriers. Der fehlende Schädel war vermutlich bereits dem Mergelabbau zum Opfer gefallen. Er verständigte Theodor Plieninger, der bei weiterer Suche 100 bis 120 Fuß entfernt (gut 30 Meter) und zehn Fuß höher (gut 2,80 Meter) auf ein ähnliches Saurier-Skelett stieß, bei dem ebenfalls der Schädel fehlte. Dies waren die ersten Dinosaurier-Funde auf dem europäischen Festland. Es handelte sich um Reste eines im Durchschnitt 6,5 Meter, bei besonders großen Exemplaren 9 bis 10 Meter langen und auf den Hinterbeinen aufgerichtet bis zu vier Meter hohen Sauriers, der in die Literatur als »schwäbischer Lindwurm« *(Plateosaurus engelhardti)* eingegangen ist. Einen Schädelrest dieser Art entdeckte 1862 Dr. Sixt Friedrich Jakob von Kapff. Hermann von Meyer meinte 1863, dass diese und andere von Kapff gefundene »Prachtstücke ... alles übertreffen, was der Stubensandstein je geliefert hat«. 1897 fand man beim Bau der Bahnlinie im Dachswald ebenfalls Reste dieser Dinosaurierart.

In den Bonebedschichten (Oberer Keuper) von Degerloch kamen Zähne und Knochen von *Termatosaurus albertii* und von Dinosauriern zu Tage. Diese Schichten von Degerloch enthalten neben Saurier- und Fischresten die ersten Spu-

Das Stück mit den 22 Echsen kann im Naturkundemuseum am Löwentor besichtigt werden.

ren von Säugetieren in Form kleiner Zähnchen der Art *Thomasia antiqua.*

Im Jahre 1857 hatte Kapff im Stubensandstein oberhalb von Stuttgart einen verkieselten Baumstamm entdeckt. Seine Neugier war geweckt, und er suchte eifrig nach weiteren Resten. Nach sechs Monaten hatte er so viel, zum Teil gut erhaltenes Material von Reptilien geborgen, dass die Auswertung erfolgen konnte. Kapff belohnte die Arbeiter der Steinbrüche für jedes Stück, das sie ihm brachten, und weckte so ihre Aufmerksamkeit. Das führte denn auch 1859 zu einem besonders interessanten Fund.

In diesem Jahr nämlich stießen Arbeiter beim Graben nach Fegesand im Stubensandstein bei Kaltental auf Reste eines Sauriers, der an den heutigen Alligator erinnert. Oskar Fraas benannte die Art zu Ehren von Kapff *Nicrosaurus kapffi.* Die Krokodilsaurier dieser Gattung sind Vorfahren der berühmten Dinosaurier. Die bis zu sechs Meter langen gepanzerten Tiere lebten in Flüssen und Seen und machten Jagd auf Land-Wirbeltiere.

Zusammen mit Resten der Krokodilsaurier fand Kapff Anfang der 1860er-Jahre im Stubensandstein auch die weltweit ältesten Belege von Schildkröten *(Proterochersis).* Weiteres Material hierzu erbrachte ein Fund von Rohracker. 1904 hatte dort ein Weingärtner beim Rigolen seines Weinbergs in einem Meter Tiefe eine offenbar vollständig erhaltene Schale einer Schildkröte gefunden. Er maß dem Stück jedoch keinen Wert bei, zerschlug es, vergrub die Teile bis auf eines, das er Eberhard Fraas übergab. Dieser erkannte den Wert des Fundes und scheute keine Mühe, den Weinberg umgraben und nach den anderen Stücken suchen zu lassen. Tatsächlich fand man einige Stücke wieder, doch entsprach die Ausbeute nicht den Erwartungen. Die Bruchstücke stammten von einem Panzer der Schildkröte *Proterochersis.* Die hohe Panzerwölbung weist diese Tiere als Landschildkröten aus.

Im Jahre 1860 barg Kapff 50 Fische der Gattung *Semionotus.* Oskar Fraas untersuchte und beschrieb sie ausführlich. Im selben Jahr fand Kapff im Stubensandstein den Oberkiefer eines räuberischen Scheinkrokodils, das bis zu sechs Meter lang werden konnte. Von Tieren dieser Art sind aus dem Kiesel- und Stubensandstein von Stuttgart auch vereinzelte Abdrücke der Hinterfüße bekannt.

Zu den bis dahin entdeckten Arten kam im Sommer 1867 »ein ganz neues Geschlecht«, nämlich eine kleine, mit eigentümlichen Panzerschuppen versehene Echse. Fraas nannte sie *Dyoplax arenaceus.* Man stieß eher zufällig auf das Fossil. Das Tier wurde im Steinbruch des Werkmeisters Michael Ludwig Leins, »der hart vor den Toren Stuttgarts am Fuß des Sonnenbergs liegt«, entdeckt, und zwar bei der Bearbeitung eines Mauersteins. Allerdings fehlte der auf 75 Zentimeter Länge geschätzten Echse das Ende ihres Schwanzes; nur 62,5 Zentimeter waren erhalten. Der Kopf war acht Zentimeter lang. Das Schwanzende hatte sich in dem am Vortag bearbeiteten und bereits verbauten Mauerstein befunden. Auch die Extremitäten wurden beim Zurichten des Steins zerstört.

»Der Zustand, in welchem das Fossil sich befindet, ist ein ganz eigentümlicher, wie er sonst nicht leicht sich wieder finden wird und wie wenigstens im schwäbischen Keuper noch kein Stück gefunden wurde«, meinte Oskar Fraas in seiner Beschreibung. Man fand nämlich keine Reste des Körpers, das heißt keine Knochen oder Schuppen. Vielmehr bestand der Fund aus feinem verfestigtem, grünem Tonschlick, der das Bild des Tieres wiedergab. Fraas schrieb: »Wir haben somit lediglich nur einen Abklatsch der Eidechse in feinem Ton, während der Körper längst spurlos verschwunden ist.« Deshalb ließ sich der Fund nicht in der üblichen Weise präparieren; denn man durfte das Stück weder mit Schwamm noch mit Bürste berühren, war doch der Ton papierdünn.

Die Echse, offensichtlich ein Landtier, war nach ihrem Tode ins Wasser geschwemmt und bäuchlings auf einer Sandbank abgesetzt worden. Hier war sie in den Sand eingesunken und vom Schlamm zugedeckt worden. »Später deckte der Sand alles zu, das Tier verweste drinnen und wäre spurlos verschwunden, wenn seine Form nicht in dem Ton erhalten gewesen wäre. So aber drückte sich dann der Sand in alle bei der Zersetzung des Körpers allmählich leer werdenden Räume ein«. Damit blieb das Bild der Echse erhalten, die, »halb Schuppenechse, halb Panzerechse«, nicht in das System der Reptilien passte. Leider fehlten zu einer genauen Bestimmung Zähne, Knochen und andere Körperteile.

Die Einordnung des Fossils hat denn auch die Paläontologen bis heute mehrfach beschäftigt. Spencer Lucas, Rupert Wild und Adrian Hunt, die sich erst jüngst (1998) mit diesem Problem befassten, halten es für ein frühes, rein landlebendes Krokodil.

Ein weiterer herausragender Fund gelang im Frühjahr 1875. Wo das Elsenbach- in das Nesenbachtal mündet, fanden die Arbeiter in neu eröffneten Steinbrüchen im Gewand Billert lichtblaue Knochen und Schuppen. Sorgfältig wurde nun das Gestein in möglichst

Lebensbild des »Schwäbischen Lindwurms« nach der Rekonstruktion von M. Wild.

großen Stücken weggenommen, ins Trockene gebracht und gereinigt. Anderthalb Jahre brauchte Kapff, um mit der Nadel Sandkorn für Sandkorn von der umhüllenden Decke wegzunehmen und ein Individuum nach dem anderen freizulegen. Auf weniger als zwei Quadratmeter Fläche kam eine Gruppe von 22 gepanzerten Echsen von ein und derselben Art heraus.

Die Tiere lagen in einem Tümpel zusammengeschwemmt neben-, über- und untereinander. Sie hatten, wie Oskar Fraas 1888 schrieb, »augenscheinlich von einer Katastrophe erfasst, das Leben verloren«. Einige Tiere hielten den Vorderkörper aufgerichtet, als hätten sie versucht, der Überschüttung zu entkommen. Alle Poren und Hohlräume waren ausgefüllt mit Toneisenstein, und die Knochen waren in Vivianit umgewandelt. Oskar Fraas, der den Fund 1877 beschrieb, nannte diese Tiere *Aëtosaurus ferratus* (Adlerkopf-

Echse, griechisch Aëtos = Adler), weil ihre Schädel dem eines Adlers ähnlich sein sollten. Im ausgewachsenen Zustand wurde diese Echsenart etwa 80 Zentimeter lang. Ihr Körper enthielt etwa 70 Wirbel und ringförmig angeordnete, sich überlagernde Panzerplatten. Die seiner Beschreibung beigefügte Abbildung dieser Echsen – nach einer Zeichnung von P. Huber – besticht noch heute durch ihre Klarheit.

Zu den Aëtosauriern, die auf dem Lande lebten und sich hauptsächlich von Insekten und anderen wirbellosen Tieren ernährten, gehört auch die bei Heslach gefundene Echse *Paratypothorax andressi*. Sie konnte drei Meter Länge erreichen. In zwei Reihen angeordnete, sich überlappende Panzerplatten umhüllten ihren Körper vom Hals bis zur Schwanzspitze.

Viele der Fundstücke legte Oberkriegsrat von Kapff frei, ein Jurist beider Rechte, der am Kriegsministerium tätig war, sich aber nebenbei der Paläontologie verschrieben hatte. Er war ein Meister im Präparieren von Fossilien, und seine mit großer Kunstfertigkeit freigelegten Objekte wirken nach dem Urteil der Fachleute so, als habe ein Bildhauer sie geschaffen. Wie schwierig die Arbeit war, schilderte Hermann von Meyer 1861: Die Freilegung sei »eine Arbeit, zu deren Ausführung bei der Härte des Gesteins und der Weichheit der meist an der Luft zerfallenden Knochen eben so viel Geschick als Kenntnisse erforderlich sind. Mit welcher Mühe diese Vorarbeit verknüpft war, wird erkannt werden, wenn ich anführe, dass um den Knochen zu schonen die Körner des Sandsteins einzeln mit Englischen Nadeln entfernt werden müssen. Auf diese Weise gelang es, bis in die Schädelhöhlungen einzudringen.«

Das Ende am Galgen – Die »Goldmacher« am Herzogshof

Der 2. April 1597 war für die Stuttgarter ein gruseliger Tag, der aber sicherlich viele Schaulustige auf den Galgenberg in der Wolframshalde lockte: Der neu errichtete eiserne Galgen wurde an diesem Tag seiner Bestimmung übergeben. Ein »Goldmacher«, der sein dem Herzog Friedrich I. gegebenes Versprechen nicht gehalten hatte und geflohen, aber wieder gefangen worden war, wurde gehängt.

Herzog Friedrich, der von 1593 bis 1608 regierte, förderte nicht nur den Bergbau in seinem Lande, sondern war auch darauf versessen, Gold machen zu lassen. Im alten Lusthaus (das später dem Neuen Schloss weichen musste) hatte er ein Laboratorium eingerichtet, in dem bis zu 20 Alchimisten und Laboranten versuchten, aus anderen Stoffen Gold zu gewinnen, um den wegen der aufwendigen Hofhaltung des Fürsten beträchtlichen Hunger nach dem edlen Metall zu stillen. Man glaubte zu dieser Zeit nämlich, aus naturphilosophischen Vorstellungen der Antike ein Verfahren zur Herstellung von Gold ableiten zu können. Auch suchte man nach dem »Stein der Weisen«, mit dessen Hilfe es möglich sein sollte, Unvollkommenes vollkommen zu machen und damit auch Krankheiten zu heilen. Abstruse Hypothesen stellte man auf und probierte mit den unterschiedlichsten Stoffen. Sicherlich glaubte mancher Alchimist tatsächlich an einen Erfolg, doch versuchte auch so manch ein Betrüger, unehrlich zu Geld zu kommen.

Am 2. April 1597 wurde der »Goldmacher« Georg Honauer am Galgenberg in der Wolframshalde aufgehängt. In der zeitgenössischen Darstellung ist neben ihm ein Spottgedicht wiedergegeben.

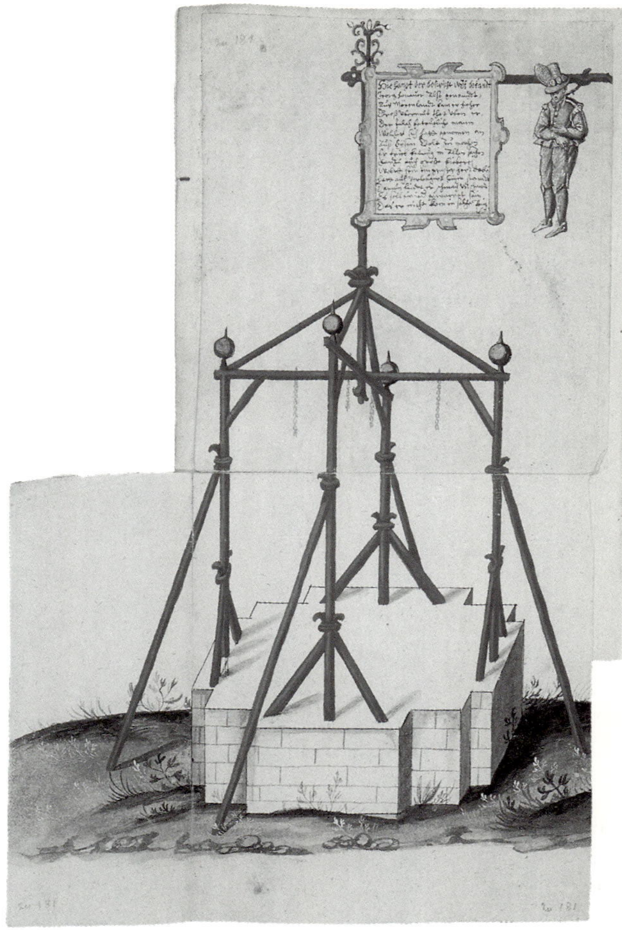

Einer von ihnen war Georg Honauer, Sohn eines Goldschmieds in Olmütz in Mähren (das in dem weiter unten folgenden Gedicht als »Möhrenland« bezeichnet wird), der sich großspurig »Herr zu Brunnhof und Grabenschütz« nannte. Er kam im August 1596 nach Stuttgart und versprach, mit Hilfe einer geheimen Tinktur monatlich 36 000 Dukaten zu produzieren. Als er öffentlich eine Probe seines Könnens geben sollte, flüchtete er heimlich. Der Herzog ließ steckbrieflich nach ihm fahnden, Honauer wurde gefasst und musste ein »peinliches Verhör« über sich ergehen lassen. Schließlich wurde er wegen Landbetrugs, Dieberei und anderer Missetaten zum Abschlagen der rechten Hand und anschließender Hinrichtung am Galgen verurteilt. Der Herzog ließ allerdings noch Gnade walten und statt der ganzen Hand nur zwei Finger öffentlich abschlagen, ehe Honauer am 2. April 1597 in einem Kleid aus Goldschaum, das man ihm zum Spott übergezogen hatte, am Galgen endete.

Offenbar schreckte das andere Betrüger nicht. Denn im März 1605 ließ Herzog Friedrich den Schotten Alexander

Sydon, der sich auch Sylon oder Steward nannte, ebenfalls steckbrieflich suchen. Sydon hatte dem Herzog einige Zeit zuvor versprochen, ihn gegen eine beachtliche Summe in seine alchimistischen Kenntnisse einzuweihen, verschwand aber nach Erhalt des Geldes. Der Herzog konnte nicht wissen, dass Sydon bereits 1604 in Krakau gestorben war.

Um diese Zeit war auch der Barbier Hans Heinrich Müller, der das Vertrauen Kaiser Rudolphs II. hatte gewinnen können und von diesem mit dem Namen Hans Heinrich von Mühlenfels in den Adelsstand erhoben worden war, in Stuttgart tätig. Er war am 4. Januar 1604 in württembergische Dienste getreten und reiste anschließend auf Kosten des Herzogs durch Frankreich, Spanien und Italien, um angeblich eine Goldtinktur zu erwerben. Doch der Herzog durchschaute ihn, ließ ihn festnehmen und verhören. Müller bestritt zunächst alles, gestand dann aber unter der Folter. Das Urteil lautete auf Abschlagen der rechten Hand, Tod durch den Strang und Einzug aller Güter wegen Majestätsbeleidigung. Am 30. Juni 1606 sahen die Stuttgarter den 28-Jährigen am Galgen enden.

Anscheinend von der Wahrheit seiner Ideen überzeugt war wohl Konrad Schuler, Oberrat der Regierung und Obervogt in Herrenberg. Er hatte angeblich eine Universalmedizin gefunden, mehrere Bücher geschrieben und verpflichtete sich am 16. Dezember 1606, eine Tinktur zur Vervollkommnung unedler Metalle zu suchen. In seinen Büchern beschrieb er derartige Tinkturen und den »Stein der Weisen«. Als der Herzog 1608 starb, enthob dessen Nachfolger, Herzog Johann Friedrich, Schuler aller seiner Ämter und sperrte ihn vorübergehend ein. Schuler klagte dagegen später vor dem Reichsgericht in Speyer, doch ist über den Ausgang des Prozesses nichts bekannt.

Das Hochgericht, an dem die Hinrichtungen durch den Strang erfolgten, stand früher in der Regel an einem höhergelegenen Platz, so dass es weithin sichtbar war. Der erste Stuttgarter Galgen befand sich in der Heide auf dem Schellberg, also auf dem der Stadt zugekehrten Hang der Uhlandshöhe. Dessen Name erscheint in Belegen des 16. Jahrhunderts als Scheihel- oder Scheuelberg. Das mittelhochdeutsche Wort Scheuel bezeichnete einen Gegenstand des Abscheus. Es kam also nicht von ungefähr, dass oberhalb des Stöckachs ein Weg als »Galgensteig« bezeichnet wurde.

Bereits vor dem Jahre 1447 wurde das Stuttgarter Hochgericht an die Galgensteige in der Wolframs- oder Werfmershalde versetzt. Nähere Nachrichten darüber fehlen leider. Bald nach der Verlegung erhielt die Tunzhofer Steige (alte Ludwigsburger Straße) den Namen »Galgensteige«. Dieser Name ist seit dem ersten Drittel des 16. Jahrhunderts belegt.

Im März 1581 wurde berichtet, die steinernen Pfeiler des Hochgerichts seien von den dortigen Weingärtnern ganz untergraben worden und das Balkenwerk sei so faul, dass der Henker sich nicht mehr getraue, jemanden daran aufzuhängen. Man befürchtete, das Gestell werde einstürzen. Zudem stellte man fest, dass der Galgen auf privatem Grund stand.

Also wurde beschlossen, das Hochgericht zu versetzen. Als Standorte hielt man die Prag und den Schwarenberg, vor allem aber die Schellberger Heide für geeignet.

Die Güterbesitzer am Schellberg wandten sich gegen den Plan und schrie-

Dieser einem Kupferstich von Matthäus Merian von 1624 stellt den Blick vom Gebiet der Weißenburg auf Stuttgart dar. In der Ferne erkennt man die beiden Galgen auf dem Galgenberg. Links das Alte Schloss (das Neue Schloss stand noch nicht), rechts der Wasserturm für die Wasserspiele im herzoglichen Garten.

ben, das Hochgericht habe zwar früher dort gestanden, habe aber wegen des »üblen und bösen Geschmacks«, den die Luft vom Neckar her besonders an warmen Tagen in die Stadt trieb, auf die andere Seite des Tales versetzt werden müssen. Das war offenbar ein überzeugendes Argument. Weil auch die beiden anderen Standorte doch nicht geeignet erschienen, entschied man sich, den Galgen auf der Wolframshalde lediglich um zehn Fuß (2,86 Meter) hangabwärts zu versetzen und mit einer Mauer zu umgeben. Allerdings musste hinreichend Platz bleiben, um auch »mit Rad und Feuer jederzeit hinlänglich richten zu können«.

Das Hochgericht bestand aus drei steinernen Säulen mit daraufgelegten Balken sowie aus einer Räder- und einer Brandsäule.

Als Herzog Friedrich I. den angeblichen Goldmacher Georg Honauer verurteilte, ließ er neben dem alten Galgen einen neuen errichten, und zwar aus jenem Metall, das er aus Mömpelgard hatte holen lassen, damit Honauer daraus Gold mache. Das neue Gestell war 35 Fuß (zehn Meter) hoch. Es wurde rot angestrichen und trug einen kleinen »Schnappgalgen«. An diesem also wurde Honauer vor rund 400 Jahren erhängt. Dort endeten ebenso die anderen »Goldmacher«, die der Herzog nacheinander geholt hatte: Peter Montanus (28. Juni 1600), Hans Heinrich Neuscheler (16. Juli 1601) und Hans Heinrich Müller (30. Juni 1606). Auch Jud Süß (Josef Levi Süß-Oppenheimer) fand dort 1738 sein Ende.

Von Honauers Hinrichtung gibt es zwei zeitgenössische Darstellungen. Die eine zeigt ihn zusammen mit einigen Dienern am Galgen, die andere allein. Dieses zweite Bild enthält dazu ein Spottgedicht, das besagt:

»Hie hängt der boswicht welt bekandt,
Georg honauer Also genandt,
Aus Möhrenlandt kam er hieher,
Groß Übermut thet üben er,
Der falsch betrugliche mann,
Welcher sich hatt genommen an,
Auß Eysen Goldt zu machen.
Er trieb betrug in allen sachen,
Dazu auch große dieberey,
Wollt sein ein großer herr Dabey.
Hatt auch verleugnet seinen standt,
Darum leidet er schmach und schandt.
Es soll ein jeder gewarnet sein,
Das er nicht kom in solche Pein.«

Alte Landkarten aus dem 18. Jahrhundert zeigen die beiden Galgen noch nebeneinander stehend. Ebenso sind sie in einem Bild von Matthäus Merian von 1624 dargestellt. In den Landkarten, so in einem Plan von Johann Georg Lawmayer von 1720, ist auch das »Cantstatter Haubtgericht« eingetragen, ein ebenfalls dreibeiniges Gestell. Es könnte im Bereich des Weißenhofgeländes gestanden haben. Das Mühlhausener Hochgericht ist in einem Augenschein-Plan von 1592 auf der Höhe von Mönchfeld – Freiberg verzeichnet.

Im Jahre 1782 wurde der Stuttgarter Galgen auf der Wolframshalde abgebrochen, der Name Galgensteig hielt sich aber noch lange. 1838 ließ die Freiin von König auf dem Gelände ihr berühmtes Landhaus »Rebenberg« errichten, das dann 1910 mitsamt dem Galgenbuckel der Anlage des Güterbahnhofs weichen musste.

Für Hinrichtungen durch das Schwert diente ein anderer Platz, nämlich die Hauptstätte, nach der die Hauptstätter Straße ihre Namen hat. Sie lag vor dem Hauptstätter Tor auf dem heutigen Wilhelmsplatz und ist seit 1451 belegt. Im Jahre 1581 baute man dort eine etwa 42 Zentimeter hohe, kreisrunde Mauer und füllte ihren Innenraum mit Erde auf. So ergab sich ein etwas erhöhter Platz, der »Käs« genannt. 1767 erneuert, wurde er 1811 abgetragen.

Ein Mönch trug eine schwere Last, und Herzog Ulrich gab dem Pferd die Sporen – Was sich die Einwohner von einigen ausgefallenen Steinen erzählen

Auf dem Gebiet der Stadt Stuttgart stehen einige bemerkenswerte Steine, von denen sich die Bevölkerung interessante Sagen erzählt oder die uns Rätsel aufgeben. In Mühlhausen knüpft man heute an den »Mönchstein« sogar einen sportlichen Wettkampf an.

Vor der katholischen Kirche im Mönchfeld (Steinbuttstraße) steht ein einfacher, unregelmäßiger, ab dem Sockel etwa 1,30 Meter hoher, bis zu 47 Zentimeter dicker und 38 Zentimeter tiefer, leider stark verwitterter Stein, der »Mönchstein« genannt. Ursprünglich stand er zwei Meter unterhalb des heutigen Seezungenwegs nahe bei der Aalstraße. Das Gewicht des Sandsteinblocks soll 3,5 bis 4,5 Zentner, das heisst etwa 200 Kilogramm betragen. Von seinem früheren Standort wurde er 1958 in den Hof der Mönchfeldschule und 1987 weiter an die Kirche umgesetzt.

Seinen Namen hat der Stein nach einer Sage. Danach deutete man den Namen

Links: Der schwere Mönchstein von Mönchfeld, von dem man sich eine seltsame Geschichte erzählt.

Mitte: Im Wald bei Zuffenhausen wurde 1983 der an die »Schdomba-Eiche« erinnernde Stein entdeckt. Unter dem Namen ist ein Wurzelstock mit einem recht traurig wirkenden Gesicht dargestellt.

Rechts: Von dem Bildstock von Plieningen erzählt man sich eine tragische Geschichte.

Münster, der sich von dem lateinischen Wort monasterium (Kloster) ableitet, derart, dass dort einstmals ein Kloster gestanden habe. In diesem habe ein Mönch gelebt, der sich ganz besonders am Essen und Trinken erfreut habe und derartig stark gewesen sei, dass er die schwersten Lasten habe tragen können. Bei einem Besuch des Klosters habe der Herr von Palm, der Ortsherr von Mühlhausen, die Stärke des Mönches bezweifelt. So sei es zu einer Wette gekommen: Der Mönch sollte den auf zehn Zentner (= 500 Kilogramm!) veranschlagten Stein auf das Zehntfeld bei Mühlhausen tragen, und dort, wo er ihn, von der Last bewältigt, fallen lassen würde, sollte in Zukunft die Zehntgrenze des Klosters liegen. Einerlei, ob sie zugunsten des Klosters oder des Mühlhausener Ortsherrn verschoben werden müsste. Schaffe er es nicht, dürfe der Mönch einen Monat lang nur Wasser trinken. Dieser habe den Stein aber bis auf das Mühlhausener Gebiet getragen, und so habe der Herr von Palm das Land bis dorthin an das Kloster abtreten müssen.

Die Sage vom Mönchstein findet sich bereits in der im März 1844 von Pfarrer Franz von Breitschwert verfassten Geschichte des Ortes Mühlhausen. Daraus machte jemand ein langes Gedicht, das 1845 in der »Stuttgarter Stadtglocke« erschien und heute gelegentlich zitiert wird.

Dichtung und Wahrheit liegen bei dieser Geschichte weit auseinander. Zum einen gab es in Münster kein Kloster, zum anderen kamen die Herren von Palm erst 1728 nach Mühlhausen. Bei näherem Hinsehen erkannte man zudem früher auf einer Seite des Steins ein M (wohl für Münster), durch das der Krummstab hindurchging, auf der anderen einen Kelch und die Jahreszahl 1661. (Heute sind nur noch Reste der Jahreszahl deutlich zu sehen.) Es handelt sich also eindeutig um einen Grenzstein, der den Zehntbezirk des Klosters Lorch abgrenzte. Im Lagerbuch von 1586 soll er als Stein Nr. 5, »der Mönch genannt«, erwähnt sein.

Heute ist die Sage für die Mühlhausener ein Anlass zum Feiern: In sportlichem Kampf wetteifern die stärksten Männer darum, wer einen knapp 100 Kilogramm schweren Stein am schnellsten über 100 Meter Entfernung trägt. Ein Stück Land gibt es dabei allerdings nicht zu gewinnen.

Der bekannte Stuttgarter Heimatforscher Gustav Wais erwähnt als weitere Besonderheit den »Ulrichstein«, der 200 Meter oberhalb des Gasthauses »Wirt am Berg« an der alten Esslinger Steige (Gaisburgstraße) linker Hand in eine Gartenmauer eingebaut war. Er trug die Zahlen 1519 und 1525. Im Jahre 1850 war auf ihm noch ein Pferd erkennbar. Man verband mit diesem Stein die Sage, hier sei das Pferd des Herzogs Ulrich dargestellt, wie es 1525 nach dem Sprung von der Köngener Brücke gestürzt sei, dabei zwar alle vier Beine gebrochen, aber seinen Herrn gerettet habe. Der Herzog habe später die Anordnung zur Aufstellung des Steines gegeben. Doch auch diese Darstellung ist erfunden. Tatsächlich handelte es sich nämlich ebenfalls um einen Grenzstein, und zwar mit dem Wappentier von Stuttgart. Heute sucht man den Stein leider vergebens.

Ein Stein ganz anderer Art steht im Waldstück »Bebenhauser Wald« bei der Schlotwiese in Zuffenhausen. Im Jahre 1983 fand Revierförster Dieter Hagenmüller dort im Boden unter Laub und Zweigen einen umgefallenen Stein, der auf zwei Seiten Inschriften trug. Er ließ ihn bergen, reinigen und unweit der Fundstelle nahe am »Korntaler Weg« auf einem leichten Fundament aufstellen. Der 41 Zentimeter hohe Stein besteht aus Muschelkalk und befindet sich in einem ungewöhnlich guten Zustand. Er ist 30 bis 37 Zentimeter breit und 20 Zentimeter tief. Der Kopf ist gleichmäßig bearbeitet. Die Vorderseite zeigt den zweizeilig angeordneten Namen »SCHDOMBA EICHE« (Stumpen-Eiche) und darunter einen Wurzelstock mit der Andeutung eines traurig wirkenden Gesichts. Die Rückseite trägt die vierzeilige Inschrift »WERLEGET HANDAND ENWALDW IRDNETALT« (Wer leget Hand an den Wald wird net alt). Die fortlaufende Schreibweise ohne Trennungen ist ähnlich von älteren steinernen Wegweisern bekannt, wie zum Beispiel von dem Bildstock-Wegweiser in Stuttgart-Vaihingen.

Wie alt der Stein ist, kann niemand sagen. Vermutlich wurde er im 18. Jahrhundert gesetzt. Ebenso ist nicht bekannt, warum dieser Stein aufgestellt wurde. Man könnte vermuten, der Stumpen mit dem traurigen Gesicht weise darauf hin, dass hier eine Eiche unerlaubt gefällt, also Waldfrevel begangen wurde. Dem würde auch die Inschrift auf der Rückseite entsprechen, die als eine Mahnung vor solchem Frevel gedeutet werden kann. Waldfrevel und Wilddieberei wurden ja sehr streng bestraft.

Eine derartige Warnung trägt auch ein Stundenstein, der bei einer Ruhbank bei Hüffenhardt im Kreis Mosbach steht: »Wer einen Baum beschädigt wird scharf Bestraft«. Ein als Gesicht dargestellter Wurzelstock aber ist sonst nicht bekannt. Jedenfalls blieb eine Umfrage im »Mitteilungsblatt der Gesellschaft zur Erhaltung und Erforschung von Kleindenkmalen« ohne Ergebnis. Auch scheint die Art der Darstellung für die frühere Zeit ungewöhnlich. Was steckt dahinter?

Eine interessante Sage knüpft sich an eine Säule – wohl eines Bildstocks – an der Straße von Plieningen nach Echterdingen (Echterdinger Straße) im früheren Gewand »Bildstöckle«. Es handelt sich um eine zugerundete, im oberen Teil jedoch viereckig gestaltete Säule mit dachartiger Oberseite. Sie ist 1,8 Meter hoch und misst im Geviert 42 Zentimeter. An ihrer Westseite ist ein handgroßes Zeichen eingemeißelt, das einer Pflugschar ähnelt. Weißer gibt auch für die Ostseite ein solches Zeichen an, doch sind heute lediglich Unebenheiten im Stein erkennbar. Vielleicht trug die Säule auf dem »Dach« einen passend angefertigten Aufsatz.

Der Überlieferung nach handelt es sich um einen Gedenkstein. Man erzählt sich von ihm nämlich die folgende Geschichte: Als Graf Gottfried von Calw 1130 zur Einweihung der Plieninger Kirche im Ort weilte, veranstaltete Ritter Hugo von Plieningen ihm zu Ehren eine Jagd, an der auch die Edelleute aus der Umgebung teilnahmen. Bei dieser Jagd sei der junge Sohn des Ritters Walter von Horwe von einem Keiler angegriffen worden. Als der Vater zu Hilfe kam, sei sein Speer vom Rücken des Tieres abgeglitten und habe den Sohn tödlich verwundet. Man setzte den Sohn neben der neu erbauten Plieninger Kirche bei, und der Vater zog sich im Gram ins Kloster Hirsau zurück. Doch er fand keine Ruhe und begab sich deshalb auf Anraten des Abts auf Pilgerfahrt nach Rom. Dort hieß man ihn, das Kreuz auf sich zu nehmen, und so zimmerte er sich ein Holzkreuz und schleppte es der Heimat zu. In Plieningen angekommen, betete er am Grab seines Sohnes. Als er dann nach Hirsau weiterzog, verließen ihn die Kräfte, er brach zusammen, starb und wurde an der Seite seines Sohnes beigesetzt.

Das von ihm mitgeführte Kreuz stellten die Einwohner an diesem Platz auf und ersetzten es später durch eines aus Stein. Nach Böhm und Schöck soll der Bildstock der Rest dieses Steinkreuzes sein, da jedoch keine Bruchstellen von Querbalken zu erkennen sind, dürfte dies nicht zutreffen. Zudem wird der Stein als »Bildstöckle« bezeichnet.

Wie Weißer ferner berichtet, wurden bei Grabarbeiten am Plieninger Kirchturm 1901 unter der Vorhalle ein großes und ein kleines Skelett neben einander gefunden, deren Alter ein Arzt auf 500 bis 600 Jahre schätzte. Doch dies als Beweis für die Richtigkeit der Legende zu sehen, wäre sicherlich sehr gewagt.

Stadtentwicklung im 19. Jahrhundert

Die Gerber mussten aus der Stadt aussiedeln– Wie die Gerber-Vorstadt entstand

König Friedrich von Württemberg war sehr darauf bedacht, Lärm, Gestank und Rauch aus der Stadt, vor allem aus der Umgebung des Schlosses zu verbannen. Er war der erste Landesherr in Württemberg, der aus diesem Grund Sanierungsmaßnahmen anordnete, mit denen Verlegungen mehrerer Gewerbe in die neue Tübinger Vorstadt oder sogar vor die Tore der Stadt verbunden waren. Das lief nicht immer ohne Schwierigkeiten ab, bedeutete zweifellos aber eine Verbesserung der Struktur der Landeshauptstadt, sofern man vom Zustand des Nesenbachs absieht.

Die Maßnahmen begannen mit dem Polizeigesetz vom 17. Mai 1806, welches besagt, daß alle »mit Unreinlichkeit und üblem Geruch verbundenen Werkstätten« aus den Hauptstraßen verbannt werden sollten und, wenn nicht aus der Stadt hinaus, wenigstens in die Nebenstraßen oder an deren Enden zu verlegen waren. Erneut kam das Thema mit dem Erlass vom 13. Mai 1809 zur Sprache, wonach Gewerbe, die zu gewissen Zeiten mit größerer »Unlust« (Belästigung) verbunden sind, insbesondere die Seifensiederei, in der Nähe des Schlosses nicht geduldet und in die neue Vorstadt vor dem Hauptstätter Tor umgesiedelt werden sollten. Nach der Verfügung des Königs vom 27. Juli 1809 sollte kein neuer Bau eines mit Feuer arbeitenden Handwerkers mehr innerhalb Stuttgarts (wozu die neue Vorstadt nicht gerechnet wurde) gestattet werden. Den stärksten Anstoß aber gab eine Randbemerkung, die König Friedrich am 19. August 1809 auf ein Baugesuch schrieb: »Die Gerber müssen hinaus in die Vorstadt«. Ebenfalls noch 1809 befahl er, auch die Brennöfen der Hafner zu verlegen. Im November 1810 folgte eine weitere Anordnung, Hafner, Schmiede, Ziegler und Seifensieder aus der Stadt auszusiedeln, und im Oktober 1811 erließ er eine entsprechende Verfügung für die Keltern. Insgesamt gesehen handelte es sich hier um ein großes Sanierungsprogramm aus Gründen des Umwelt- und des Feuerschutzes, nämlich zur Verminderung von Lärm, Rauch, Gestank und Brand. Die erste Sanierung in Stuttgart war es freilich nicht, denn schon 1761 hatte man das abgebrannte enge Gebiet zwischen Hirsch- und Königstraße nach neuen Gesichtspunkten lockerer wieder aufgebaut.

Bereits im Jahre 1807 siedelten drei Gerber in die spätere Paulinenstraße um. Damit begann die Anlage der Tübinger Vorstadt, wie man das Gebiet zwischen der verlängerten Hauptstätter-, der Tübinger- und der heutigen Paulinenstraße nannte. Am 30. Juni 1808 leitete das Hofbaudepartement die Planung dieser neuen Vorstadt ein. Oberwasserbauinspektor Carl von Seeger und die Hofbaumeister Nikolaus von Thouret und Karl Leonhard von Uber sowie Vertreter der Stadt sollten den Plan entwerfen. Im Januar 1809 war er fertig gestellt, wurde jedoch vom König niemals genehmigt. Friedrich gab seine generelle Zustimmung nur für die Bebauung der Hauptstraßen, ansonsten genehmigte er Bauvorhaben von Fall zu Fall.

Schon im Mai und Juni 1809 traten die zuständigen Gremien zweimal zusammen, das zweite Mal gemeinsam mit den Gerbern, um mit ihnen die Ansiedlung in der neuen Vorstadt zu besprechen. Die Gerber äußerten den Wunsch, sich gemeinsam in einer Straße ansiedeln zu dürfen. Für sie wurde deshalb ein Streifen am Nesenbach vorgesehen. Die Anwesen sollten mit der Rückseite zum Bach gerichtet sein, mit den Wohngebäuden zu einer noch anzulegenden Straße. Auf diese Weise entstand die Gerberstraße. Zwischen den Anwesen und dem Bach musste jedoch ein sechs Schuh (1,72 Meter) breiter Streifen frei bleiben, damit man zum Säubern des Baches und im Brandfall an den Wasserlauf gelangen konnte.

Die Umsiedlung der Werkstätten ging relativ rasch. Am 4. März 1810 hatten sich bereits elf Gerber in der neuen Vorstadt niedergelassen, darunter zwei, die gemeinsam arbeiteten. Drei Gerber verzichteten auf die Umsiedlung und gaben ihren Beruf auf, einer gedachte sich bei einem Mitmeister einzurichten. Viele Gerber verlegten auch ihre Wohnungen in das neue Gewerbegebiet.

Ein Problem, das sich durch die Umsiedlung der Gerber ergab, wurde in den Akten allerdings nicht erwähnt: Bislang arbeiteten diese Handwerker am unteren Teil des Nesenbachs, das heißt dort, wo der Bach aus der Stadt hinausfließt. Jetzt aber befanden sich die Werkstätten am oberen Teil des Baches, also vor seinem Eintritt in den alten Kern. Dem Zustand des Flusses im Bereich der Stadt war dies gewiss nicht zuträglich. Man löste das Problem später, indem man den Fluss verdolte.

Gerber bei der Arbeit.

Außer den Gerbern interessierten sich auch andere Handwerker für die neue Vorstadt. So wollten sich im April 1810 dort niederlassen: zwei Zimmerleute, zwei Schreiner, ein Steinhauer, ein Müller, ein Kartenmacher, ein Weingärtner, ein Nagelschmied und ein Gipsermeister.

In einem Dekret vom 27. Juni 1810 befahl König Friedrich, »daß nur Weiß- und Rotgerbern, Hafnern und im Feuer arbeitenden Handwerkern gestattet werden soll«, ihre Gebäude in Fachwerkbauweise zu erstellen. Er wollte damit die ihnen befohlene Umsiedlung erleichtern, denn alle anderen mussten das Erdgeschoss, wie es aus Gründen des Feuerschutzes mindestens seit dem 15. Jahrhundert vorgeschrieben war, teurer in Stein errichten. Überdies verlangte der König, ihm jedes Baugesuch nach der üblichen Prüfung mitsamt dem Riss vorzulegen, denn er behielt sich die endgültige Genehmigung selbst vor.

Den Anlass für die Aussiedlung der Hafner bot ein Brand, der 1810 in einer Hafnerwerkstatt entstanden war. Für die Neuansiedlung wählte der Magistrat zunächst ein Gebiet zum Bopser hin, etwa im Bereich Immenhofen, doch stellte er es den Hafnern später frei, sich selbst geeignete Plätze zu suchen. Diesmal ging alles sehr rasch; denn schon am 14. Februar 1810 erhielten die Handwerker die Mitteilung, dass sie sich innerhalb von drei Monaten einen neuen Bauplatz auszuwählen hätten und danach ihre Brennöfen innerhalb der Stadt nicht mehr benutzen dürften. Mehrere Hafner siedelten sich daraufhin vor dem Esslinger Tor, das heißt im Bereich des Olgaecks an, zwei am Bopserweg und einer an der Chaussee nach Heslach gegenüber der Ziegelei. Damit ergab sich deutlich eine Ausbildung von Schwerpunkten, wenn auch keine Konzentration.

Es bestand damals zwar generell ein Verbot, außerhalb der Stadt Wohnungen zu errichten, doch in der Tübinger oder Gerber-Vorstadt erhielten die Handwerker die Genehmigung ohne weiteres. Auch die Hafner vor den Toren durften in ihren Anwesen Wohnungen einrichten, denn sie mussten ja ihre Öfen beaufsichtigen können.

Ein Bürgerbegehren an den gestrengen König

Als selbstherrlich und rücksichtslos, streng und unnachsichtig gilt König Friedrich, der erste König unseres Landes, noch heute. Sogar Minister mussten gelegentlich strenge Rüffel hinnehmen. Eigenmächtigkeiten liebte er gar nicht. Und doch hatte er einen Sinn für Gerechtigkeit und berechtigte Anliegen der Bevölkerung. Das bezeugt eine Akte aus dem Jahre 1816, ein »Bürgerbegehren«, wie wir heute sagen würden, verfasst von Einwohnern der Reichen Vorstadt.

Die Bürger der Reichen Vorstadt hatten Angst, das Pulver, welches in einem Turm an der Stadtmauer, ganz in der Nähe, aufbewahrt wurde, könnte explodieren. Dieser bereits 1566 erbaute Turm stand hinter der heutigen Robert-Mayer-Schule (zwischen Hoher Straße und Jobstweg) mitten auf der heutigen Weimarstraße. In ihrer Sorge wandten sich zahlreiche Bürger am 10. Mai 1816 an den Magistrat, wobei sie gewusst haben dürften, dass der Turm und selbstverständlich auch das in dem Turm lagernde Pulver herrschaftliches Eigentum waren, ihre Eingabe folglich an den König weitergereicht werden musste. Trotzdem unterschrieben 69 Einwohner, die ihren absolutistisch regierenden König sehr wohl kannten.

Hier sei eingefügt, dass die Besitzverhältnisse an der Stadtmauer in Stuttgart kompliziert waren. Nach einem Dekret von Herzog Christoph gehörten Türme und Tore der Herrschaft, die Stadtmauer aber der Stadt. Die Wächter auf den Türmen hatte jedoch die Stadt zu stellen, und sie musste deshalb auch für Öfen, Fenster und andere Ausstattung sorgen.

Die Einwohner der Reichen Vorstadt wiesen in ihrem besagten Brief darauf hin, dass sich andernorts bereits furchtbare Explosionen ereignet hätten. Sie fürchteten, ein Blitzeinschlag, ein sich ausbreitender Brand, Unvorsichtigkeit oder anderes könne das Pulver in dem Turm zur Explosion bringen. Angesichts der massiven Bauweise des Turms hielten sie das für gefährlicher als bei einer leichteren Konstruktion. Der Magistrat möge, so lautete ihre Bitte, alles tun, um die Gefahr zu beseitigen, möge also einen anderen Aufbewahrungsplatz suchen. Immerhin lagerten in dem Turm, wie die Bürger vernommen hatten, 120 Zentner (6000 Kilogramm) Pulver.

Am 4. Juni sahen sich die Bürger gedrängt, ihre Eingabe beim Magistrat in Erinnerung zu bringen, denn es war bislang nichts geschehen. Jetzt sprachen sie sogar von 140 Zentnern Pulver (7000 Kilogramm). Dabei verwiesen sie auf »fürchterliche Beispiele« in Danzig, Eisenach, Leiden (Niederlande) und Toulouse (Frankreich). Zugleich gingen sie, wie man heute sagt, dem Magistrat schmeichelnd um den Bart, vielleicht in der Meinung, ihn so für sich gewinnen zu können. Diesmal unterzeichneten die Eingabe sogar 178 Einwohner!

Die königliche Stadtdirektion und der Magistrat, das heißt, die staatliche und die bürgerliche Verwaltung der Stadt, reichten beide Schreiben an den König weiter und baten, das Pulvermagazin zu verlegen, zumal bei einer Explosion auch staatliche Gebäude gefährdet seien. Die Rotebühl-Kaserne stand damals aber noch nicht, und ihre Vorgängerin war etliche Jahre zuvor abgebrannt.

König Friedrich antwortete am 22. Juni 1816, aber er schrieb kein Wort der Zurechtweisung, wie man es aus vielen anderen Fällen von ihm kennt. Er teilte viel-

Herzog Christoph ließ 1566 im Bereich der heutigen Weimarstraße den Pulverturm erbauen (Bildmitte), der bis gegen 1817 als Pulvermagazin diente. König Wilhelm I. befahl 1818, den Turm abzutragen.

mehr mit, dass nach den von ihm eingezogenen Berichten nicht mehr so viel Pulver in dem Turm verwahrt werde wie sonst. »Unlaborirtes Pulver befindet sich gar nicht da, sondern nur so viel, als die Garnison im Fall des Ausmarsches an Patronen etwa mitzunehmen bedarf.« 128 Zentner waren das. Der König befahl nun aber, diese Menge auf 50 Zentner (2500 Kilogramm) zu vermindern. »Der Salpeter, welcher in dem Pulver Magazin aufbewahrt wird,« schrieb er weiter, »ist ganz unschädlich«.

Der Turm blieb also auch weiterhin ein Magazin, die Gefahr war allenfalls verringert. Doch als Ende 1816 König Wilhelm I. die Regierung übernahm, waren die Tage des Pulverturms gezählt. Wie mehrere andere alte Türme der Stadtmauer ließ er 1818 auch den Pulverturm abbrechen. Das Pulver wurde fortan in einem Magazin nordöstlich der Stadt gelagert – die Bürger im Bereich des Bollwerks konnten, was die Explosionsgefahr betraf, wieder in Ruhe schlafen.

Literatur und Quellen

HStAS = Hauptstaatsarchiv Stuttgart
StAL = Staatsarchiv Ludwigsburg
StAS = Stadtarchiv Stuttgart

Allgemeine Literatur

Beschreibung des Amtsoberamts Stuttgart. Stuttgart 1851 (abgekürzt AOA Stuttgart).

Beschreibung des Oberamts Cannstatt. 2. Aufl. Stuttgart 1896 (abgekürzt OA Cannstatt).

Beschreibung des Stadtdirektions-Bezirkes Stuttgart. Stuttgart 1856 (abgekürzt SB Stuttgart).

Borst, O.: Stuttgart. Geschichte der Stadt. 3. Aufl. Stuttgart 1986.

Decker-Hauff, H.: Geschichte der Stadt Stuttgart, Bd. 1: Von der Frühzeit bis zur Reformation. Stuttgart 1966.

Dölker, H.: Flurnamen der Stadt Stuttgart. Nachdruck der Ausgabe von 1933, Stuttgart 1982.

Fischer, H.: Schwäbisches Wörterbuch. 6 Bände. Tübingen ab 1904.

Hagel, J.: Stuttgart im Spiegel alter Karten und Pläne. Stuttgart 1984.

Hagel, J.: Mensch und Wasser in der Geschichte. Stuttgart 1989.

Hagel, J.: So soll es seyn. Königliche Randbemerkungen und Befehle zur Stadtgestaltung in Stuttgart und Cannstatt in der ersten Hälfte des 19. Jahrhunderts. Stuttgart 1996.

Hagel, J.: Naturkatastrophen im Stuttgarter Raum. Zeitschrift f. württ. Landesgesch. 57, 1998, S. 65–107.

Hartmann, J.: Chronik der Stadt Stuttgart. Stuttgart 1886.

Pfaff, K.: Geschichte der Stadt Stuttgart. 2 Bände. Stuttgart 1845/46.

Rapp, A.: Urkundenbuch der Stadt Stuttgart. Stuttgart 1912.

Reyscher, A. L: Vollständige, historische und kritisch bearbeitete Sammlung der württembergischen Gesetze. Bd. 12–14. Tübingen ab 1841.

Sauer, P.: Geschichte der Stadt Stuttgart, Bd. 2 und Bd. 3. Stuttgart 1993 und 1995.

Wais, G.: Alt-Stuttgart. Die ältesten Bauten, Ansichten und Stadtpläne bis 1800. Stuttgart 1954.

Die Dörfer des Nesenbachtals sind verschwunden

Decker-Hauff, S. 25, 27–29, 60, 94ff., 123, 165, 209 – Dölker, S. 36ff. und Nr. 410, 621. – Pfaff I, S. 190.

Hagel, J.: Die Siedlungsentwicklung im Stuttgarter Raum. In: Stuttgart-Handbuch, hg. v. H. Schleuning, Stuttgart 1985, S. 189–219 (hier S. 189–193).

Hagel, J.: Die Verteilung der Weingärtner in Stuttgart 1794. In: Tübinger Geogr. Stud. 90, 1985, S. 217–224. (Siehe dazu Hagel im Kapitel »Wein im Überfluss«).

Hagel, J.: Zur sozialen und funktionalen Viertelsgliederung in Stuttgart um 1795. In: Stuttg. Geogr. Stud. 110, 1989, S. 283–299.

Wein, G.: Die mittelalterlichen Burgen im Gebiet der Stadt Stuttgart. Bd. 1: Die Burgen im Stuttgarter Tal. Bd. 2: Die Burgen in den Stadtteilen Solitude, Feuerbach, Cannstatt, Berg und Gaisburg. Stuttgart 1967, 1971 (Bd. 1 S. 3–4, Bd. 2 S. 193).

Eine neue Ordnung für die Stadt

Decker-Hauff – Hartmann – Pfaff I – Rapp Nr. 824 – Reyscher 12, S. 1ff. (Landordnung 1489), S. 4–5 (Schenkungen bei Hochzeiten usw.), S. 5–15 (Landordnung 1495).

Schanzenbach, O.: Zur Geschichte der Stuttgarter Schützengilde. Stuttgart 1901.

HStAS A 602 Nr. 12 618: Ordnungen und Satzungen ... der Statt Stutgarten zugeschickt.

Das schönste Bild von Alt-Stuttgart

Wais, S. 154–161.

Bach, M.: Die älteste Abbildung Stuttgarts. In: M. Bach u. C. Lotter: Bilder aus Alt-Stuttgart, Stuttgart 1896, Neuausgabe 1983, S. 77–79.

Eine »ägyptische Plage«

Pfaff I, S. 232.

Baron, St.: Die achte Plage. Wenn die Heuschrecken kommen. Hamburg/Berlin 1975.

Die Bibel: 2. Buch Mose Vers 10 sowie Psalm 78 und 105.

Pfaff, K.: Nachrichten über Witterung, merkwürdige Naturereignisse, Seuchen usw. in Süd-Deutschland, besonders in Württemberg, vom Jahre 807 bis zum Jahre 1815. In: Württ. Jahrb. 1850, S. 80–166.

Sammlung merckwürdiger Nachrichten von den Landverderblichen Heuschrecken, welche Anno 1747 und 1748 aus der Türckey in Siebenbürgen, Ungarn und Pohlen eingedrungen und von dar 1749 durch Oesterreich, Bayern und Francken biß in das Bischofthum Würtzburg ausgebreitet und sich daselbst niedergelassen. Frankfurt 1750.

HStAS A 39, Bü 42: Herzogliche Dekrete 1750.

Von großer Wassersnot und »schröcklichem Hagel«

Hagel, J.: Stuttgarter Wasser- und Umweltprobleme in der frühen Neuzeit im Spiegel alter Karten und Pläne des Nesen- und Dobelbachs. In: Zeitschrift f. württ. Landesgesch. 42, 1983, S. 217–254 (Diesem Aufsatz ist auch die – hier vereinfacht wiedergegebene – Tabelle entnommen).

Hagel, J.: Naturkatastrophen im Stuttgarter Raum. In: Zeitschrift f. württ. Landesgesch. 57, 1998, S. 65–107.

Blutregen, Höhenrauch und Nebensonnen

Hartmann – Pfaff I + II.
Deckart, G. u. a.: Katastrophen, die die Welt erschütterten. Stuttgart 1991 (S. 98f.: Island 1783; S. 138ff.: Krakatau 1883).
Möller, F.: Einführung in die Meteorologie, Bd. 2: Physik der Atmosphäre. Mannheim 1973 (S. 180–191 Atmosphärische Optik).
Pfaff, K.: Nachrichten über Witterung, merkwürdige Naturereignisse, Seuchen usw. in Süd-Deutschland, besonders in Württemberg, vom Jahre 807 bis zum Jahre 1815. In: Württ. Jahrb. 1850, S. 80–166.
Sapper, K.: Vulkankunde. Stuttgart 1927.
Stuttgarter Zeitung 26. 9. u. 28. 9. 1950, 27. u. 28. 1. 1983.
HStAS A 202 Bü 2820–2821: Himmelserscheinungen 1639 bis 1683.

Ein Hochwasser spülte die Volksfestzelte hinweg

Schwäbische Chronik 1851.

Vom Mist auf Stuttgarts Straßen

Rapp Nr. 43 (1315), 483 (1466), 789 (1490), 824 (1492) – Reyscher 12, S. 5ff.
Müller, K. O.: Altwürttembergische Urbare aus der Zeit Graf Eberhard des Greiners (1344 bis 1392). Stuttgart 1934 (S. 45).
Rüger, C.: Reisetagebuch eines Dresdners vom Jahre 1691. In: Arch. f. Kulturgesch. 6, 1908, S. 439–476.
Ortsbaustatut für die Stadt Stuttgart. Stuttgart 1874.
HStAS A 210 I Bü 26: Reinhaltung der Stadt 1613 bis 1666, 1678/79 (Beseitigung der Schweine etc.).
HStAS A 210 I Bü 27: Dungabfuhr 1633
HStAS A 210 I Bü 28: Reinlichkeit in der Stadt 1679 bis 1696 (u. a. Gassenreinhalteordnung).
HStAS A 210 I Bü 117: Kloak-Winkel-Fegen 1626.
HStAS A 210 I Bü 123: Verbot, Gänse und Enten in der Stadt laufen zu lassen 1549.
HStAS A 210 I Bü 124: Kotablagerung 1556.
HStAS A 210 I Bü 242: Säuberung der Brunnenstuben und Cloaken 1639.
HStAS A 210 II Bü 49: Unrat unter der Mauer bei der Propstei 1688/89
HStAS A 210 II Bü 449: Gassenreinhaltung 1734.
StAS Dep. B, C XIII C Bd. 1 Nr. 9: Entfernung der Düngergruben 1797–1871.

Das Wäschewaschen war mühevoll

Hagel, Stuttgart im Spiegel (Abb. 58) – Hagel, Mensch und Wasser (Abb. 52, 61) – Pfaff I, S. 34, 72, 166 – Wais, Alt-Stuttgart S. 39.
HStAS A 202 Bü 832: Unterer See 1622–1781.
HStAS A 210 I Bü 1: Schwemmung der Schweine 1555.
HStAS A 404 L Bü 27: Schwemmung der Schweine 1651 + 1669.
HStAS H 59 Nr. 38: Stadtplan von Cannstatt von G. W. Kleinsträttl 1655.
HStAS N 200 P 14: Plan des Büchsensees von Martin Herzer 1627/29.

Bräunlicher Dunst lag über der Stadt

Führer durch die Anstalten zur Förderung der öffentlichen Gesundheitspflege in der Haupt- und Residenzstadt Stuttgart. Festschrift Stuttgart 1895.
J. Hagel: Luftverschmutzung über einer Großstadt. In: Kosmos-Wandbilder für den Unterricht, Lieferung 62/1974, S. 9–16 (mit Foto des Smogs 1972).
J. Hagel: Umweltprobleme. (Der Erdkundeunterricht 23) Stuttgart 1976.
Stadtschultheißenamt Stuttgart (Hg.): Die Stuttgarter Stadterweiterung. Stuttgart 1901. Darin: Gutachten des I. Stadtarztes Dr. Knauss (S. 114–139, insbes. S. 121) und Gutachten über die verschiedenen Vorschläge für die Stadterweiterung von H. Ch. Nussbaum, S. 141–177 (insbes. S. 173).
HStAS A 210 II Bü 197: Brennofen des Hafners Simon 1708.

Die »Schlauchartillerie« sorgte für Reinlichkeit

Hack, F.: Die Entfernung und Verwerthung der Fäkalstoffe In: Die sanitären Verhältnisse und Anstalten der Haupt- und Residenzstadt Stuttgart, Stuttgart 1879, S. 135–142.
Kölle: Die Entfernung und Verwertung der Fäkalstoffe. In: Führer durch die Anstalten zur Förderung der öffentlichen Gesundheitspflege in der Haupt- und Residenzstadt Stuttgart, Stuttgart 1895, S. 77–86.
Landeshauptstadt Stuttgart (Hg.): Wir sorgen für klare Verhältnisse. Hauptklärwerk Stuttgart-Mühlhausen. Stuttgart 1985.
Sauer, P.: Das Werden einer Großstadt. Stuttgart 1988 (S. 128).
Sautter, A. u. E. Dobel: Die Abfuhr und Verwertung der Fäkalstoffe in Stuttgart. Stuttgart 1880.
Schury: Die Entfernung und Verwertung der Fäkalstoffe. In: Stadtgemeinde Stuttgart (Hg.): Führer durch die Haupt- und Residenzstadt Stuttgart, Stuttgart 1906, S. 181–189.
Städtisches Reinigungsamt (Hg.): Das Reinigungswesen der Stadt Stuttgart. Stuttgart 1930 (S. 37–49).

Ein Nesenbach-Müller beklagte sich beim Herzog

Hagel, Stuttgart im Spiegel, S. 104–106, 108 – Hagel, Mensch und Wasser, S. 16, 22, 31.
Dopsch, S. H.: Der Almkanal in Salzburg. In: J. Sydow (Hg.): Städtische Versorgung und Entsorgung im Wandel der Geschichte. Sigmaringen 1981, S. 46–76.
Herbst, L. D.: Der Stille Bach. Einmaliges Zeugnis mittelalterlicher Wasserbautechnik in Oberschwaben. (Weingartener Hochschulschriften 1) 1983.
Prag um 1600, Kunst und Kultur am Hofe Rudolphs II. Katalog zur Ausstellung Kulturstiftung Ruhr, Villa Hügel Essen 1988. Freren 1988.
HStAS A 403 Bü 50: Anlegung des Pfaffensees 1565.

Feuersgefahr und Löschwassernot

Hagel, Stuttgart im Spiegel – Hagel, Mensch und Wasser.

Hagel, J.: Mensch und Wasser in der alten Stadt. Stuttgart als Beispiel und Modell. In: Die Alte Stadt 14, 1987, S. 126–139.
HStAS A 202 Bü 828: Feuer-Ordnungen Stuttgart 1750–1790.
HStAS A 251 Bü 25: Feuer-Ordnungen Stuttgart 1661–1773.
HStAS A 403 Bü 52a I–II + 52b: Anlegung eines Feuersees 1683ff.
StAS Dep. B, C XIX Bd. 11 Nr. 32. Nesenbach 1719-1846.

Der kleine See im Vogelsang und eine Novelle von Theodor Storm

Dölker Nr. 239.
Barthel, G. (Hg.): Nicolaus Lenau's sämmtliche Werke. 2. Aufl. Leipzig 1883 (S. 13–14).
Bräuhäuser, M: Das Landschaftsbild Stuttgarts. In: Der Schwäbische Bund 1, 1919/20, S. 202–217 (S. 216).
Dolmetsch, E.: Aus Stuttgarts vergangenen Tagen. Stuttgart 1931 (S. 110).
Hagel, J.: Vom Werden des Stuttgarter Westens. In: Von der Gründerzeit zur Gegenwart, hg. von H. Bruckmann u.a.. Stuttgart 1984 (S. 18, 36).
Scheffler, W.: Lenau in Schwaben. Eine Dokumentation in Bildern. Marbacher Magazin 5/1977; S. 3, 11.
Storm, G.: Theodor Storm. Ein Bild seines Lebens. Bd. 2: Mannesalter. – Berlin 1913 (S. 220)
Storm, Th.: Sämtliche Werke, hg. von P. Wiegler. 4. Bd. Berlin 1924 (S. 17–18).
StAL D 52 Bü 624: Das neuerbaute Haus am Feuersee 1810.
StAS Dep. B, C XIX Bd. 6, Nr. 15: Vogelsangsee und Wasserableitungen aus dem Vogelsang 1737–1876.

Festliche Turniere in Stuttgart

Decker-Hauff, S. 265, 267, 312 – Pfaff I, S. 191, 194f., 218–220, 222, 224.
Krapf, K. u. C. Wagenknecht (Hg.): Stuttgarter Hoffeste. Texte und Materialien zur höfischen Repräsentation im frühen 17. Jahrhundert. Tübingen 1979.
Mack, Chr. u. B. Neidiger: Hoffest – Bürgerfeier – Volksbelustigung. 700 Jahre öffentliche Festkultur in Stuttgart. Stuttgart 1989.
Ruexner, G.: Ursprung unnd herkommen des Thurnirs in Teutscher Nation. Simmern 1530.
Schanzenbach, O.: Zur Geschichte der Stuttgarter Schützengilde. Stuttgart 1902.
Schukraft, H.: Das Fußturnier im Lustgarten am 11. März 1596. In: Stuttgart Archiv, Bl. 03019, Braunschweig 1991
Schukraft, H.: Feuerwerk im Lustgarten am 10. November 1609. In: Stuttgart Archiv, Bl. 03018, Braunschweig 1989.
Weckherlin, R.: Triumf newlich bey der Kindtauf zu Stutgart gehalten. Stuttgart 1616.
Wir Schützen. 800 Jahre deutsche Schützen. Hg. vom Deutschen Schützenbund. Stuttgart 1961.
HStAS A 20 Bü 39: Regeln der Turniere 1599 und 1603.

Auch in Stuttgart spielte man Balle Malle

Fischer – Hagel, Stuttgart im Spiegel, S. 40 und Abb. 26, 31, 52 – Wais, S. 192, 230.
Hagel, J.: Johann Adam Riediger und der älteste Grundrißplan von Stuttgart. In: Schwäbische Heimat 40, 1989, S. 1121.
Heineken, Ph.: Die beliebtesten Ballspiele. Stuttgart 1893 (S. 204–206).
Hennebo, D.: Entwicklung des Stadtgrüns von der Antike bis zum Absolutismus. 2. Aufl. Hannover/Berlin 1979 (S. 96–98).
Pfaff, K.: Geschichte der Reichsstadt Esslingen. Esslingen 1840.
Preiss, N.: Bayreuther Alleen in alter Zeit (I). In: Fränk. Heimatbote, Monatsbeilage Nordbayer. Kurier Nr. 8/1984.
HStAS A 403 Bü 25 fol. 14 (Plan von 1624).
StAS P 34–62 (Nachzeichnung von 1901).

Fasanen für die Fürstenjagd

Beschreibung des Oberamts Ludwigsburg, hg. v. Kgl. statist.-topogr. Bureau. Stuttgart 1859 (S. 174: Osterholz).
Hagenmüller, D.: Der Fasanengarten im Wandel der Zeit. Stuttgart (o. J.).
Illustrirte Zeitung, Leipzig, 76. Jg., 1881, S. 512 + 514.
H. Schmidt (Hg.): Weilimdorfer Bilder und Geschichten. Stuttgart 1969 (S. 92–95).
W. Maigler: Der Fasanenhof: Fasanerie, Floride, Domäne, Stadtteil. In: Fasanenhof, Stuttgart (1986), S. 11–15.

Vom Maienfest in Stuttgart

Pfaff II, S. 171 – SB Stuttgart S. 97.
Illustrirte Zeitung (Leipzig), 31. Mai 1845.
H. O. Stroheker: Feste, Sitten und Gebräuche. In: Cannstatter Zeiten, Stuttgart 1979, S. 113ff.
Daiber: Beschreibung und Geschichte der Stadt Cannstatt. Cannstatt 1878 (S. 124).
Schwäbische Chronik 1. 6. 1896, S. 1197.

Der Schwarze Tod

Decker-Hauff, S. 208f. + 307 – Pfaff I + II – Sauer 2, S. 112.
Hagel, J.: Naturkatastrophen im Stuttgarter Raum. In: Zeitschrift f. württ. Landesgesch. 57, 1998, S. 65–107 (S. 87ff. u. Tabelle S. 100ff.). (Dort weitere, insbes. archivalische Belege).
Hesse, O.: Geschichte von Feuerbach. Feuerbach 1909 (S. 69).
Keyser, E.: Die Ausbreitung der Pest in den deutschen Städten. In: Ergebnisse und Probleme moderner geographischer Forschung , Abh. d. Akad. f. Raumf. u. Landespl. 28, Bremen-Horn 1954, S. 207–215.
Liebmann, H.: Ein Planet wird unbewohnbar. Ein Sündenregister der Menschheit von der Antike bis zur Gegenwart. München 1973.
Pfaff, K.: Nachrichten über Witterung, merkwürdige

Naturereignisse, Seuchen usw. in Süd-Deutschland, besonders in Württemberg ... In: Württ. Jahrb. 1850, S. 80–166 (Zitat S. 95f.).
Tischler, W.: Grundriß der Humanparasitologie. 2. Aufl. Stuttgart 1977.
Vasold, M.: Pest, Not und schwere Plagen. Seuchen und Epidemien vom Mittelalter bis heute. München 1991
Winkle, St.: Geisseln der Menschheit. Kulturgeschichte der Seuchen. Düsseldorf 1997.
HStAS A 39 Bü 10: Generalrescript 1666.
HStAS A 39 Bü 11: Generalrescript 1679.

»Bei Cannstatt an der Brucken ...«

AOA Stuttgart S. 243 (Ruit) – OA Cannstatt S. 443f. – Pfaff II S. 282f.
Baumgärtner: Beschreibung des Gemeindebezirks Bothnang. Stuttgart 1984 (S. 101ff.)
Böhm, Chr. u.a.: Das Amtsoberamt Stuttgart. Vaihingen a.F. 1915 (S. 50ff).
Daiber, O.: Beschreibung und Geschichte der Stadt Cannstatt. Cannstatt 1878 (S. 41ff., 112f.).
Hähnle, A. u.a.: Möhringen. Stuttgart 1985 (S. 98).
Hesse, O.: Chronik von Feuerbach. Feuerbach 1909 (S. 100, 106).
Vietzen, H.: Echterdingen in Vergangenheit und Gegenwart. Stuttgart 1974 (S. 102, 108f.).
Vischer, Fr. Th.: Dichterische Werke, 3. Bd.: Lyrische Gänge. Leipzig 1917 (S. 295ff.).

Was hat ein indonesischer Vulkan mit Württemberg zu tun?

Hagel, Naturkatastrophen – Pfaff II, S. 339ff. – Sauer 3, S. 16, 216.
Bassler, G. P.: Auswanderungsfreiheit und Auswanderungsfürsorge in Württemberg 1815–1855. In: Zeitschrift f. württemb. Landesgesch. 33, 1974, S. 117–160.
Huber, F. C.: Auswanderung und Auswanderungspolitik im Königreich Württemberg. In: Auswanderung und Auswanderungspolitik in Deutschland, hg. v. E. v. Philippovich = Schr. Ver. f. Sozialpolitik 52, 1892, S. 235–284.
Macdonald, G. A. Volcanoes. Englewood Cliffs 1972 (S. 60, 139, 431).
Miller, M.: Ursachen und Ziele der schwäbischen Auswanderung. In: Württ. Vierteljahresh. NF 42, 1936, S. 184–218.
Moltmann, G. (Hg.): Aufbruch nach Amerika. Stuttgart 1989 (S. 20ff.) [Dokumente-Sammlung].
Rast, H.: Vulkane und Vulkanismus. Stuttgart 1983 (S. 183, 186).
Rehe, Chr.: Von den Fildern nach Amerika. Filderstadt 1996 (Auswanderung, S. 14–17).
Rittmann, A.: Vulkane und ihre Tätigkeit. Stuttgart 1960 (S. 47, 59f.).
Sapper, K.: Vulkankunde. Stuttgart 1927 (S. 106, 268, 292, 294, 330).
Schwäbische Chronik 1817.
Stommel, H. u. E.: 1816: Das Jahr ohne Sommer. In: Spektrum der Wissenschaft, 1/1983, S. 96–103.
HStAS E 143 Bd. 10: Auswanderungstabellen 1817–1820.
HStAS E 146 Bü 1783 Nr. 7–13: Auswandererverzeichnisse 1816–1826.

Schwere Unruhe im Stuttgarter »Brotkrawall«

Kienitz, S.: »Da war die Weibsperson nun eine der Ärgsten mit Schreien und Lärmen«. Der Stuttgarter Brotkrawall 1847. In: Schimpfende Weiber und patriotische Jungfrauen, hg. v. C. Lipp. Baden-Baden 1986, S. 76–87.
Kienitz, S.: Krawall um Brot. In: Stuttgarter Zeitung 2. 5. 1987, S. 28.
Regierungsblatt 1847, S. 183–186: Verordnung vom 13. Mai 1847.
Sauer, P.: Revolution und Volksbewaffnung. Ulm 1976 (S. 63ff.).
Sauer, P.: Stuttgart um 1840. In: Württemberg um 1840 (Lebendige Vergangenheit 18), Stuttgart 1994, S. 103.
Schukraft, H.: Stuttgarter Straßen-Geschichte(n). – Stuttgart 1986 (S. 70f.).
Schwäbische Chronik ab 4. Mai 1847 (S. 493–613).
HStAS: E 14 Bü 1045: Polizeiberichte 1841–1866.
HStAS E 33 Bü 723: Störung der öffentlichen Ordnung 1830–1849.

Die Typhus-Epidemie im Stuttgarter Westen

Hartmann S. 278.
Medicinisches Correspondenz-Blatt des Württ. ärztlichen Vereins, Bd. 42/1872 und 43/1873 mit Aufsätzen von A. Burkart (mehrere wichtige Beiträge!), O. Köstlin und Gerichtsarzt Frölich.
Frölich: Bericht des Gerichtsarztes des Stadtdirektionsbezirkes Stuttgart über die Typhusepidemie. In: Schwäb. Chronik 1872, S. 1629 und 2327.
Köstlin, O.: Die herrschenden Krankheiten und ihre Bewegung. In: Die sanitären Verhältnisse und Anstalten in der Haupt- und Residenzstadt Stuttgart. Festschrift, Stuttgart 1879, S. 47–62.
Medizinal-Bericht von Württemberg für die Jahre 1873/75. In: Württ. Jahrb. f. Statistik und Landeskunde 1877, S. II. 153–160.
Weinberg, W.: Statistik der Bevölkerung, Krankheiten und Todesursachen. In: Führer durch die Haupt- und Residenzstadt Stuttgart, Stuttgart 1906, S. 54–61 (S. 59).

In Stuttgart strömte der Wein im Überfluss

Decker-Hauff, S. 68, 167 – Dölker, S. XIVff. – Hagel, Naturkatastrophen – OA Cannstatt S. 505 – Rapp – Wais.
Abmayr, H. G. u. U. Weitz (Hg.): Alltag macht Geschichte. Stuttgart-Rohracker: Eine andere Heimatkunde. Stuttgart 1990.
Adelmann, R. Graf v.: Die Geschichte des württembergischen Weinbaus. (Schr. z. Weingesch. 8) Wiesbaden 1962.

Bassler, S. u. St. Hammer: Heimatbuch Heslach. 2. Aufl. Stuttgart 1985.
Baumann, R.: Zwölf Jahrhunderte Weinbau und Weinhandel in Württemberg. (Schr. z. Weingesch. 33) Wiesbaden 1974.
Breitschwert, Fr. v.: Geschichte des Ortes Mühlhausen am Neckar. Stuttgart 1852.
Bührlen-Grabinger, Chr., D. Kraus u. M. Zurowski: Vaihingen, Rohr, Büsnau und Dürrlewang. Aus der Geschichte eines Stuttgarter Stadtbezirks. Stuttgart 1993.
Dalferth, E.: Heimat Hedelfingen. Stuttgart-Hedelfingen 1989 (S. 343).
Diehl, A.: Urkundenbuch der Stadt Esslingen I. Stuttgart 1899.
Dolde, M. + G.: Stuttgart-Wangen für Liebhaber. Fellbach 1982.
Dölker, H.: Von den Stuttgarter Straßen zum Stuttgarter Wein. In: Schwäb. Heimat 17, 1966, S. 177–182.
Dornfeld, J.: Die Geschichte des Weinbaus in Schwaben. Stuttgart 1868 (S. 43).
Gräter, C.: Württemberger Wein. Landschaft, Geschichte, Kultur. Leinfelden-Echterdingen 1993 (S. 57, 177, 178, 301).
Hagel, J.: Zur sozialen und funktionalen Viertelsgliederung in Stuttgart um 1795. Ein Beitrag zur historischen Stadtgeographie der württembergischen Landeshauptstadt. In: Stuttg. geogr. Stud. 110, 1989, S. 283–299.
Hähnle, A., G. Brocks u. L. Reinhard: Möhringen. Aus acht Jahrhunderten Ortsgeschichte. Stuttgart 1985.
Herold, J.: Die Verbreitung des Weinbaus in Württemberg. In: Jh. Ver. vaterl. Naturk. Württ. 63, 1907, S. 279–335.
Keidel, F. u. S. Schoch: Bilder aus Degerlochs Vergangenheit. Stuttgart 1986.
Keinath, J.: Untertürkheimer Heimatbuch. Stuttgart 1935.
Link, G.: Stuttgart und sein Wein. Stuttgart 1993 (S. 14, 40).
Ludwig, W.: Eine unbekannte Beschreibung Stuttgarts von Christoph Bidembach (1585). Ein Zufallsfund aus Dr. David Holders Bibliothek. In: Zeitschrift f. württ. Landesgesch. 57, 1998, S. 21–35.
Müller, K. O.: Altwürttembergische Urbare aus der Zeit Graf Eberhard des Greiners (1344–1392). Stuttgart 1924 (S. 1–30: Urbar Stadt und Amt Stuttgart um 1350).
Neuscheler, E.: Die Klostergrundherrschaft Bebenhausen. In: Württ. Jahrb. f. Statistik u. Landesk. 1928, S. 115–185.
Nimmerrichter, W.: Stuttgart-Uhlbach. Der freundliche Wein- und Ausflugsort. o. O. 1982.
Obermann, E.: Obertürkheimer Ortsgeschichte. Stuttgart-Obertürkheim (1990).
Ruckhaberle, W.: Rohracker und Frauenkopf. Stuttgart-Rohracker 1973.
Ruoff, A. u. H. Lutz: Der Cannstatter Wein. In: Cannstatter Zeiten, hg. v. H. O. Stroheker, Stuttgart 1979, S. 64–68 (S. 64).
Sautter, W.: Weinbau. In: Stuttgart-Handbuch, hg. H. Schleuning, Stuttgart 1985, S. 143–165 (S. 157, 158, 163).
Schmidt, H.: Weilimdorfer Bilder und Geschichten. Stuttgart-Weilimdorf 1969.
Schröder, K.H.: Weinbau und Siedlung in Württemberg. Remagen 1953.
Stammheim. 800 Jahre und noch mehr. Stuttgart 1992 (S. 44, 90).
Volz: Beiträge zur Geschichte des Weinbaus in Württemberg. In: Württ. Jahrb. 1850, Teil 3, S. 34.
Wörz, A.: Die Mühlhäuser und ihr Wein. In: Heimatbuch Mühlhausen am Neckar. Stuttgart-Mühlhausen 1993, S. 244–245.
WUB = Württembergisches Urkundenbuch. – Mehrere Bände. Stuttgart ab 1849.
Zielfleisch, H.: Heimat Heumaden. Stuttgart 1970.
900 Jahre Feuerbach 1075–1975. Stuttgart-Feuerbach 1975.
1200 Jahre Zazenhausen 788–1988. Hg. von Bürgerverein Stuttgart-Zazenhausen e. V. Stuttgart 1988.

Am Stuttgarter Kriegsberg grub man nach Kohlen

Bader, E.: Stuttgarter Bergwerk- und Steinbruchbetriebe in alter Zeit. Stuttgart 1939.
Erläuterungen zur Geologischen Karte von Stuttgart und Umgebung 1:50 000, hg. vom Geologischen Landesamt in Baden-Württemberg. Stuttgart 1959 (S. 138f.).
Frank, M.: Technologische Geologie der Bodenschätze Württembergs. Stuttgart 1949 (S. 88–95).
StAL: E 258 VI Bü 3650: Kohlebergwerk 1735.

Die erste Viehzählung in Stuttgart

Sauer 2, S. 217.
Hagel, J.: Die Viehzählung in Stuttgart 1684. In: Alemann. Jahrb. 1989/90, Baden-Baden 1990, S. 83–90.
Heyd, W. (Hg.): Handschriften und Handzeichnungen des herzoglichen Baumeisters Heinrich Schickhardt. Stuttgart 1902.
HStAS A 210 I Bü 28: Reinlichkeit der Stadt 1679–1696 (mit Liste der Viehzählung).
HStAS A 210 II Bü 289: Verbotenes Weiden der Schafe usw. auf Stuttgarter Markung 1717–1729.

Von Maulbeerbäumen und Seidenraupen

AOA Stuttgart, S. 57, 124, 224 – Borst, S. 259 – OA Cannstatt, S. 509 – Pfaff II, S. 392–394 – Reyscher 14 – Sauer 2, S. 131, 154 – Sauer 3, S. 232–237 – SB, S. 223, 226 – Wais, Alt-Stuttgart, S. 72, 105.
Beschreibung des Oberamts Cannstatt. Stuttgart 1832.
Franz, G.: Hohenheim. Geschichte und Gegenwart. Stuttgart 1979 (S. 30).
Wekherlin, F. H. A.: Geschichte der Seiden-Cultur in Würtemberg. In: Württ. Jahrb. 1831, H. 2, S. 116–147, 1832, H. 2, S. 121–141.

Auch Stuttgart hatte eine Seilerbahn

Hagel, Stuttgart im Spiegel, Abb. 57 – Sauer 2, S. 224 – SB S. 232.
HStAS A 228 Bü 1238: Seiler-Ordnungen 1591.
HStAS A 228 Bü 1250: Streit um eine Seilerbahn 1776.

Ein Kanal nach Stuttgart und ein Kran für Cannstatt

Zimmermann, W.: Heilbronn. Der Neckar: Schicksalsfluß der Stadt. Heilbronn 1985 (S. 198ff.).
HStAS A 7 Bü 33: Vorschlag Kanal 1735.
HStAS A 248 Bü 1920: Holzgarten Berg, Plan 1802.
HStAS A 248 Bü 2506: Errichtung eines Krans und Lagerhauses in Cannstatt 1739–1805.

Herzogliche Verkehrsregelung

Reyscher 14 (Verkehrs- und Wegeordnungen 1740, 1749, 1750, 1752, 1772).
Friz, J.: Sammlung der Polizei-Gesetze und Verordnungen für die königliche Würtemberg'sche Residenzstadt Stuttgart. Stuttgart/Tübingen 1829.
Königlich Württembergisches Staats- und Regierungs-Blatt 1806ff. Stuttgart 1806ff.
HStAS A 202 Bü 828: Polizei-Ordnung 1790.

Das »moderne Heinzelmännchen« von Cannstatt und das erste Motorboot auf dem Neckar

Über Land und Meer 61, März 1889 (S. 565).
StAL E 166 Bü 1453: Gesuch für Motorbootfahrten auf dem Neckar 1893–1895.
StAL: E 173/III Bü 7580: Daimlers Motor-Straßenbahn 1887–1894.

Inschriften in Stein wiesen den Weg

Dölker, Nr. 262 – Sauer 2, S. 90.
Feucht, O.: Der Wald um Stuttgart. Stuttgart 1951 (S. 72).
Hagel, J.: Die Steinkreuze und steinernen Bildstöcke von Stuttgart. (Schriften des Verschönerungsvereins der Stadt Stuttgart e. V. Nr. 4) Stuttgart 2000 (in Vorb.).
Weißer, R. (Hg.): Denkmale der Filder aus vergangenen Tagen. Vaihingen-Stuttgart 1929.

Seen und Gärten vor und in der Stadt

Hagel, So soll es seyn, S. 247ff. – Pfaff II, S. 364f. – Sauer 3, S. 215.
Meiners, C.: Kleinere Länder- und Reisebeschreibungen. Bd. 2. Berlin 1794, S. 326f.

Eine grüne Oase inmitten der Stadt

Haupt- und Residenzstadt Stuttgart: Bericht über die Verwaltung und den Stand der Gemeinde-Angelegenheiten ... Jahre 1881–1913.
Schwäbische Chronik 1871.
StAS Depot A, C VII 3 Bd. 35: Stadtgarten 1878–1886.

Oft drei Familien in einer Stube – Wie arme Weingärtner lebten

Hagel, So soll es seyn, S. 275ff.
Model, K.: 1870–1914. Feuerbach-Stuttgarter Erinnerungen. Feuerbach (1932) (StAS).

»Frühe auf und späte nieder«

Breuninger, E.: 1881–1911. Vom Klein- zum Grossbetrieb! Stuttgart 1911 (S. 19f, 23) (StAS).
Hagel, J.: Vom Weinbaudorf zum Industriestandort. Stuttgart 1991 (S. 66ff.).
Leipart, Th.: Beitrag zur Beurtheilung der Lage der Arbeiter in Stuttgart. Stuttgart 1900.
Neher, O.: Zur Lage der weiblichen Dienstboten in Stuttgart. Ellwangen 1908.
Schumann, F.: Die Arbeiter der Daimler-Motoren-Gesellschaft Stuttgart-Untertürkheim. In: Schr. Ver. Sozialpol. 135, 1911, S. 1–144 (S. 84–92).

Viele suchten eine neue Heimat in Übersee

Cast, J. J.: Briefe Württembergischer Colonisten zu Neusüdwales in Australien. o. O., o. J.
Freudenberger, H.: Großmutters Stuttgart-Geschichten. Leinfelden-Echterdingen 1990 (S. 27–32).
Hagel, J.: Vom Weinbaudorf zum Industriestandort. Die Entwicklung Feuerbachs von 1850 bis zum Ersten Weltkrieg. Stuttgart 1991 (S. 18ff.).
Hagel, J.: »Verzeichnis der vom 1. Januar bis 31. Dezember 1851 eingewanderten und ansgewanderten Personen« des Amtsoberamts Stuttgart. Stuttgart Edition Blatt 01037, Braunschweig (o. J.)
Hähnle, A. u. a.: Möhringen. Stuttgart 1985.
Kern, U. u. R.: Seinerzeit und heutzutag: Von Möhringer Land und Leuten. Tübingen 1984 (S. 60ff.).
Leipner, K.: Stuttgart. Daten zur Geschichte. Stuttgart 1987 (S. 98).
Rehe, Ch.: Von den Fildern nach Amerika. Alltag von Auswanderern im Spiegel ihrer Briefe. Filderstadt 1996.
HStAS E 143 Bü 486–495 Auswanderung 1851–1856.
HStAS E 146/1 Bü 1820 fol. 1021–1033: Colonie Stuttgart.
HStAS E 146/1 Bü 1787 Auswanderung 1849.
StAL F 202 Bü 103–106: Auswanderung aus Feuerbach 1850–1858.
Privatarchiv Schukraft: Brief des Emanuel Staiger aus Weilimdorf 22. 7. 1858.

Mit Milch über den steilen Berg

Beschreibungen der Oberämter Cannstatt 1832, Leonberg 1852, Ludwigsburg 1859, Stuttgart 1851.
Binder, B.: »Die Farbe der Milch hat sich ... ins Himmelblaue verstiegen. Der Milchboykott 1849 in Stuttgart. In: Schimpfende Weiber und patriotische Jungfrauen, hg. C. Lipp, Moos/Baden-Baden 1986, S. 159–164.
Gastpar, W. u. W. Camerer: Die Stuttgarter Markt- und Kindermilch. In: W. Weinberg (Red.): Führer durch die Haupt- und Residenzstadt Stuttgart, den Teilnehmern der 78. Versammlung der Gesellschaft Deutscher Naturforscher und Ärzte gewidmet von der Stadtgemeinde Stuttgart. Stuttgart 1906, S.101–114.

Haupt- und Residenzstadt Stuttgart: Bericht über die Verwaltung und den Stand der Gemeinde-Angelegenheiten ... 1881–1913.
Messerschmitt: Zuffenhausen. – unveröff. Manuskr. Stuttgart 1953 (S. 23) (StAS).
Müller, H. G.: Sillenbuch O.A. Cannstatt. Chronik eines Ortes. Stuttgart 1987 (S.39).
Neues Tagblatt für Stuttgart und Umgegend, 4. August 1849.
Ruckhaberle, W.: Rohracker und Frauenkopf. Stuttgart-Rohracker 1973 (S. 143).
Trüdinger: Die Milchwirtschaft in Württemberg. In: Württ. Jahresh. f. Statistik u. Landesk. 1907, 2. H., S. 68–97.

Wohnungselend in der Landeshauptstadt

Chronik der Stadt Stuttgart 1901. Stuttgart 1902 (S. 5f.).
Langner, B.: Gemeinnütziger Wohungsbau um 1900. Stuttgart 1994 (S. 41f.).
Neher, O.: Zur Lage der weiblichen Dienstboten in Stuttgart. Ellwangen 1908.
Westmeyer, F.: Wohnungselend in Stuttgart. Stuttgart 1911.

Saurierfunde

Fraas, O.: Über *Semionotus* und einige Keuper-Conchylien. In: Jahresh. Ver. vaterländ. Naturk. in Württ. 17, 1861, S. 81–101.
Fraas, O.: *Dyoplax arenaceus*, ein neuer Stuttgarter Keuper-Saurier. In: Jahresh. Ver. vaterländ. Naturk. in Württ. 23, 1867, S. 108–112.
Fraas, O.: *Aetosaurus ferratus* Fr. Die gepanzerte Vogel-Echse aus dem Stubensandstein bei Stuttgart. Festschrift zur Feier des vierhundertjährigen Jubiläums der Eberhard-Karls-Universität zu Tübingen am 9. August 1877. Stuttgart 1877.
Fraas, O.: Nekrolog des Oberkriegsrats Dr. v. Kapff. In: Jahresh. Ver. vaterländ. Naturk. in Württ. 44, 1888, S. 28–29.
Kapff, v.: Über einen Saurier des Stubensandsteins. In: Jahresh. Ver. vaterländ. Naturk. in Württ. 17, 1863, S. 93–96
Lucas, S. G., R. Wild u. A. P, Hunt: *Dyoplax* O. Fraas, a Triassic sphenosuchian from Germany. In: Stuttg. Beitr. z. Naturk., Serie B, Nr. 263, 1998.
Meyer, H. v.: Reptilien aus dem Stubensandstein des oberen Keupers. – Paläontographica 7, Lief. 4, Kassel 1861, S. 253–351.
Meyer, H. v.: Der Schädel des *Belodon* aus dem Stubensandstein des Keupers. In: Paläontographica 10, Lief. 5, Kassel 1863, S. 227–246.
Meyer, H. v. u. Th. Plieninger: Beiträge zur Paläontologie Württembergs. Stuttgart 1884.
Wild, R.: Entdeckung und Erforschung der Saurier aus dem Stubensandstein von Stuttgart. In: Aus der Geschichte des Naturkundemuseums, Stuttg. Beitr. z. Naturk. C 30, 1991, S. 56–64.
Wild, R.: Stuttgarter Saurier. 17. Int. Mineralien + Fossilienbörse, Messe Stuttgart, 1994. Katalog S. 10–22.
Ziegler, B.: Der schwäbische Lindwurm. Stuttgart 1986.

Das Ende am Galgen –
Die »Goldmacher« am Herzogshof

Dölker Nr. 431–434, 456, 514, 526 und Anm. 33 zu Nr. 593 – Hagel, Mensch und Wasser, Abb. 6, 77 – Pfaff I, S. 154–156 (Berichtigung durch Dölker beachten!) – Wais, Alt-Stuttgart, S. 79–80.
Hagel, J.: Hinrichtung des Goldmachers Georg Honauer 1597. Stuttgart Archiv, Blatt 05042. Braunschweig (1992).

Ein Mönch trug einen schweren Stein,
und der Herzog gab seinem Pferd die Sporen

Böhm, Chr. u. a.: Das Amtsoberamt Stuttgart. Vaihingen a. F. 1015 (S. 86–88).
Breitschwert, Fr. v.: Geschichte des Ortes Mühlhausen am Neckar. Stuttgart 1852.
Denkmale des Alterthums und der alten Kunst im Königreich Württemberg, Zusammengestellt von dem k. statistisch-topographischen Bureau. In: Württ. Jahrb. 1841, 1. H., S. 1–248, Stuttgart 1843.
Hörner, Th.: Die Sage vom Mönchstein und die Folgen. In: Heimatbuch Mühlhausen am Neckar. Stuttgart-Mühlhausen 1993, S. 163.
Kircher, E.: Das Erbe der Engelburg. Stuttgart-Mühlhausen 1963.
Nord-Stuttgarter Rundschau, 4. 10. 1986.
Schöck, H.: Plieningen. Ein Dorf lebt nicht vom Kraut allein. Stuttgart 1988 (S. 61).
Weißer. R. (Hg.): Denkmale der Filder aus vergangenen Tagen. Vaihingen – Stuttgart 1929.

Die Gerber mussten aus der Stadt aussiedeln –
Wie die Gerbervorstadt entstand

Hagel, Stuttgart im Spiegel, Nr. 122 – Hagel, So soll es seyn.

Ein Bürgerbegehren an den gestrengen König

HStAS E 31 Bü 957: Pulverturm 1816.